在大陆文艺界和学术界，谢冕是个闪耀着光芒的名字。他的一篇短论《在新的崛起面前》，开创了诗歌评论的新时代，是了解新时期文学的必读文件，然而它在当年却受到了来自各方面的围剿。有道是："不批不知道，一批做广告。"谢冕从此名声大振，并赢得了文学气象台预报员之美誉。

古远清　编著

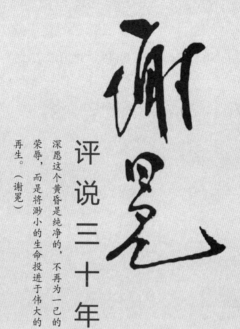

谢冕

评说三十年

深愿这个黄昏是纯净的，不再为一己的荣辱，而是将渺小的生命投进于伟大的再生。（谢冕）

海天出版社（中国·深圳）

图书在版编目(CIP)数据

谢冕评说三十年 / 古远清编著. —深圳: 海天出版社,
2014.1
ISBN 978-7-5507-0884-6

Ⅰ. ①谢… Ⅱ. ①古… Ⅲ. ①谢冕—人物研究 Ⅳ. ①
K825.6

中国版本图书馆CIP数据核字(2013)第252306号

谢冕评说三十年
XIEMIAN PINGSHUO SANSHINIAN

出 品 人	尹昌龙
责任编辑	刘翠文
	陈 丹
责任技编	蔡梅琴
封面设计	Smart 深圳斯迈德设计 0755-83144228

出版发行 海天出版社
地　　址 深圳市彩田南路海天大厦 (518033)
网　　址 www.htph.com.cn
订购电话 0755-83460293(批发) 83460397(邮购)
设计制作 深圳市龙墨文化传播有限公司 (电话:0755-83461000)
印　　刷 深圳市希望印务有限公司
开　　本 787mm×1092mm 1/16
印　　张 19.25
字　　数 330千
版　　次 2014年1月第1版
印　　次 2014年1月第1次
定　　价 39.00元

以平常心做真学问。

——谢冕

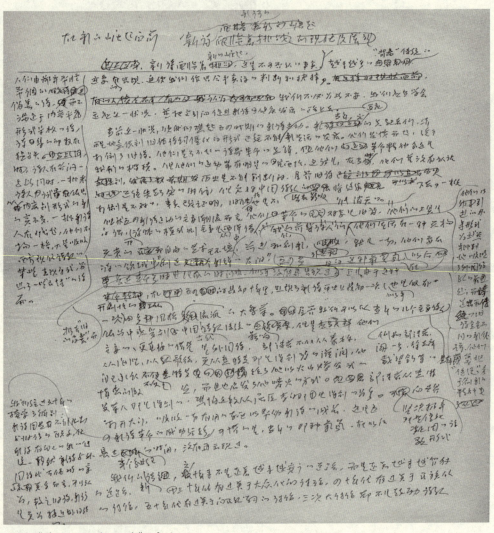

谢冕《在新的崛起面前》手迹

前言
全方位显现谢冕的历史真身

古远清

在中国内地文艺界和学术界，谢冕是个闪耀着光芒的名字。他的一篇短论《在新的崛起面前》，开创了诗歌评论的新时代，是了解新时期文学的必读文件，然而它在当年却受到了来自各方面的围剿。有道是："不批不知道，一批做广告。"谢冕从此名声大振，并赢得了文学气象台预报员之美誉。这自是一段佳话，却也带来了遗憾，因为它造成了对谢冕文学成就进行全方位考察、评判谢冕的文学成就对整个当代文学史贡献的遮蔽。

的确，谢冕是诗歌评论领域里公认的大家。在他的所有学术专著中，诗论占有重要地位，但他的文学贡献决不止于诗歌领域，读读他的《文学的绿色革命》和《论中国二十世纪文学》，就可看出他是一位站在时代前列，为文学新潮呼风唤雨、为文学未来发展把脉和呐喊的评论家。其文学思想的变迁及其鲜活性、其文学姿态的多样性、其对当代文学发展的深切关怀和精确判断，人们均可从十二卷的《谢冕编年文集》中看出。

评论与研究谢冕，属于中国当代文学理论批评史的一个重要组成部分。如果从笔者最初发表在云南一家学报1983年第1期上的《谢冕的诗歌评论》算起，迄今正好三十年。"三十而立"，对谢冕的评说已到了需要重新回顾、检阅的时候。总结谢冕的学术贡献，毕竟有助于研究对象的历史化，改变研究评论家的声音既微弱又寂寞的现状，是功在诗界、学林的盛事，于是便有这册《谢冕评说三十年》的问世。

由文化艺术出版社出版、金宏达主编的《名家评说书系》，以寻踪研究历程、博采相关史料、吸纳最新成果为宗旨，如《郭沫若评说九十年》、《徐志摩评说八十年》、《曹禺评说七十年》，再加上中国华侨出版社出版的鲁迅、胡适、周作人等评说系列，蔚为大观，可惜这些评述对象基本上是盖棺定论的作家，健在的只有两位，书名为《余光中评说五十年》、《金庸评说五十年》，中国内地仍健在的作家一位都没有。现在以谢冕的"三十年"和大师们的"九十年"、"七十年"相比，也许有人会感到不够分量。不过依笔者之见，分量不能完全由年代的多寡决定，这就像余光中的"五十年"不见得就会输于徐志摩的"八十年"一样。这里还牵涉现代文学和当代文学谁的成就高的问题，本文不展开论证。

不管人们怎么评说，《谢冕评说三十年》的问世，总算是打破了以年代多寡论英雄这种论资排辈的陋习。不过，如果把对谢冕研究成果的检阅仅仅视为填补《名家评说书系》或中国当代文论史研究的空白，那必然缩小了研究谢冕的意义。对谢冕的研究牵连到新中国政治、社会、思想、文化的方方面面，编写此书，不仅是为文学史作证，也是为了保留当代中国思想史、文化史翔实可靠的资料。鉴于研究谢冕对推动当代文论发展和两岸文学交流有重要意义，编者从今年初动工时，试图打破"谢冕研究界"或"研究圈子"的局限，广泛征集、搜寻和征求意见。虽所得有限，还不敢说内容繁富、信息齐全——至少谢冕的北大同事当年对当代文学作为一门学科的偏见和歧视谢冕"时文"的看法未能收集到，但大体上仍能反映出对谢冕的评论与研究的现状。

在此之前，已有过孟繁华、张志忠编的《谢冕教授学术叙录》（北京大学二十世纪中国文化研究中心，2003年）、孟繁华编的《谢冕的意义》（中国出版集团现代出版社，2013年）。为了使拙编不与这两本书重复和突出"史"的特点，因而尽量选新的文章，同时注意对境外资料的发掘，让一些被遗忘被埋葬的文学现象重新浮出水面，力求在对谢冕多角度、全方位的观察中显现其历史真身，以进一步说明谢冕是一位在海内外有广泛影响的评论家。

本书名曰"评说"，当然是以"评"为主，但"说"也很重要。考虑到谢冕所缔造的是一个丰富多彩的文学世界，他的学问有时候体现在其学生和友人写的文章中，也为了增强此书的可读性，故除《论列》外，另设了《速写》栏目。又考虑到谢冕的魅力不仅来自其著作本身，也来自于对它所吸收的中外文学养料之诠释、诘难和论战，故选文时也收了一些不同意见的文章，有了《争鸣》、《冤案》、《冷箭》等栏目，不仅可使谢冕的形象富于立体感，而且有助于我们重新审视这位锐敏、活跃、勤勉的文学"地质师"（黄子平语），重新"勘探"谢冕现象并对其著作作多层面的思考，以充实和丰富中国当代文学理论批评史的内容。

对谢冕的研究经历了从诗歌评论到文学思潮、从文本分析到文学思想、从政治批判到学术争鸣、从文学研究到文化研究的转移过程。谢冕的同事和学生，是这支研究队伍的劲旅；文学史家和作家、编辑，也是不可忽视的力量。在本书中，孙绍振、洪子诚等人以亲历者和见证人的身份去论释谢冕现象；而黄子平、王光明、吴思敬、曹文轩、孟繁华等人以研究者的姿态为谢冕对当代文学的贡献作言说；程光炜等人的商讨文章，则表明谢冕的文论在批评史上具有广阔的对话空间，能引出新的话题，能从中找到新的学术生长点。至于艾尚仁当年向谢冕诸君射出的"冷箭"，用"左公"自己的话来说是"难得的反面教材"，本书全文照录，正可看出当年从事两岸文学交流是何其艰难，谢冕诸君登陆宝岛文坛又需要何等的勇气。有了这些来自不同渠道的材料，再加上中青年学者将谢冕的文论放在"庙堂"与"广场"的二维模式之中论证和阐释，这才使得对谢冕现象的研究进入到一个繁盛阶段。

末了要说明的是：

1. 本书内容主要选自境内外报刊和中国当代文学史、中国现当代文学批评史的论述，少量为本书特约稿。编排以发表或出版先后为序。

2. 限于篇幅，有些文章采用节录形式。

3. 为保持历史原貌，入选文章一般不作修改，但按照当下出版社规范作了技术性处理，如"××年代"前为避免歧义加上了"上世纪"或"20世纪"。

4. 本书入选文章得到大部分作家的授权，个别未联系上的作者如看到本书，请与本人联系，以便寄奉样书。

在编此书过程中，得到谢冕先生的指导，以及洪子诚、吴思敬、孟繁华、张志忠、贺桂梅、谢春池等朋友的帮助，特表谢意。

2013年2月1日于武昌

〔载（台北）《葡萄园》，2013年夏季号〕

自述
我的"反季节"写作

谢　冕

　　曹文轩和一些朋友都肯定我的写作风格，说我凸显了某种个人文体，我愧不敢当。但我毕生追求美文却是真的。文字传达人的思想情趣，必须让人乐于接受，所以文字要美。我甚至在写学术论文时也要求文字的魅力。我希望我的文字给人愉悦。生活中的烦恼够多了，我不希望再给人们增添烦恼。我希望人们在阅读时忘记人间的一切不悦，希望阅读成为人们逃避愁苦的一种快乐。这番认识，是我人过中年以后逐渐形成的。青年时代，我有点激进，有很多自以为是的承担，读我的文字一定会有一种紧张感。此中褒贬，只能顺其自然了。

　　至于我自己，其实我的生活并不轻松，甚至还很沉重，人生的一切困厄我都有。某些时刻文网险恶，阴谋如天，我给自己保留了一份远离尘嚣的宁静与镇定；某些时刻天塌地陷，哀痛夺心，我晨昏奔走于毫无遮拦的风寒之中，我的心在流血，我知道此时无人可以替代，只能独自承受。每当此时，我咬紧牙关，我不能让"沉重"把我压垮，因为我经过苦难，所以我有发言权。我告诫自己也奉劝他人："放下！"即使是无可推卸的重压，也要适时地、坚定地全部或部分地"放下"。

　　也许写作对于我，也是一种"放下"。写作可以延年益寿，此话你可能不信，然而我信。尽管我的季节已届深秋，我知道接着来的就是让人惊怖的冬日。人生百年，所有的人都无法躲过那最后一击。然而我依然迷恋于人间的春花秋月，依然寻找我心中的花朝月夕。我相信文字能创造虚空中的实有，我相信文学的特异功能就是无中生有。文学也好，诗歌也好，总是人们感到缺憾时的充填，特别是诗歌。

尽管我居住的城市镇日总是雾霾重重，但我依然寻求一片晴朗，在心的一角，为自己，也为别人。我不是浅薄的乐观主义者，我对世间的苦难早已洞彻于心。其实我是一个清醒的悲观主义者，我知道人如何"在"，又如何"不在"。少年时代我满怀理想，青年时代我充满激情，我不嘲笑自己浅薄，甚至还为命运感恩。中年以后，我深知力不从心，有些事非人为。"共百年易过，底须愁闷，千秋事大，也费商量"，这是谁说的？总有些道理吧！

还是回到写作，我希望写作很快乐，读我的文字很快乐。我不喜欢颓唐之语，而这几乎是老年人的通病。他们喜欢忆旧，总是面对昨天，说不尽的忧患疾苦，说不尽的怨天尤人。当然，他们有他们的深刻，但我不喜欢。我不喜欢唱老歌、说旧事，我不喜欢絮叨，因此我总是回避老年人的派对。因为那些逝去的岁月夺走了我宝贵的青春，我厌恶那种夺去青春的暴虐。所以我不怀旧。

生命于人只有一次，我希望所有的人都珍爱生命，珍爱我们的每一天、每一时、每一刻。我要用我的文字温暖他们，也温暖自己。这就是我的"反季节写作"。亲爱的朋友们，请宽容我，请允许我，我一生写过许多沉重的文字，现在写给你们的是一些轻松的文字，春天的花，秋天的月，夏天的雨，冬天的雪，这都是我所喜爱的，我也把这喜爱转赠给你们。

高秀芹在编我的一本散文集时请教过洪子诚先生。洪先生对她说了如下一段话："谢老师的文章大多质量都很平均，选择有时候有点为难。总的说，能增加一点'沉重'东西较好；因为他不仅是林语堂，也还可能是鲁迅；虽然他自己在极力向林语堂转化。"（语见高秀芹为《咖啡或者茶》所作的序文）秀芹在行文中还加上她认为的"梁实秋化"，等等。此刻，我要展现的不是鲁迅，也不是梁实秋，也许是林语堂，或者竟是徐志摩了。一笑！

2013年4月17日于昌平北七家

（载《中华读书报》，2013年5月8日。这是作者为自己的散文集《花朝月夕》所写的前记。《花朝月夕》是柳鸣九先生主编的《本色文丛》之一种）

目录
CONTENTS

"经典"之争

诗学之辩

漫　议

学派

冤案

温故

冷箭

开卷

速写

后记

访 谈

诗歌，为了自由和正义

——诗评家谢冕访谈

⊙ 素予

一个人的新诗史：

诗歌的理想是自由，倘若离开了自由的表达，我们可以不要诗。

素予：您从1958年、1959年就有《回顾一次写作——〈新诗发展概况〉》[①]，后来一直研究新诗，到1980年写出《在新的崛起面前》即"第一个崛起"支持朦胧诗，直到现在一直进行新诗的研究和探索。作为新诗发展的亲历者、见证者、引导者，在与新诗同生共长的过程中，您觉得有哪些得与失？

谢冕：我从少年时代就喜欢诗，有古典诗，也有新诗。古典诗，它站在高处，我是仰望的；新诗就在我身边，很亲切。古典诗好像一座高山在那儿，我觉得我很向往，但是心向往之而不能及；新诗是身边的，好像就是朋友，对新诗本来就有一种很亲近的感受，大概也是由于语言的问题，因为我们用的是现代汉语。应该说我从少年时代就是诗歌少年，很喜欢诗，而且也学着写。年纪大了对成熟的人生回顾起来，我觉得自己怎么那么幼稚，那么天真，居然写了那么多。但是那种感情是很淳朴的，对新诗很热爱。我从新诗当中懂得了一个道理，即诗歌和人的情感、和人的内心世界是有关系的，特别是和自由的内心世界、一种无拘束的情感是有关系的。倘若离开了自由的表达，我们可以不要诗。正是因为诗歌是和心灵非常接近的一个文体，所以我们很喜欢诗，热爱诗。我是受到了"五四"新文学、"五四"新诗

---

① 谢冕等1958年底、1959年初所著应为《新诗发展概况》，《回顾一次写作——〈新诗发展概况〉》2007年由北京大学出版社出版——编者注。

革命的一些前辈的影响的，我觉得他们能够把自己的内心世界表达得那么充分、那么无拘无束，这个境界实在是太美好了，我也要学。那时候，我知道胡适，知道郭沫若，但是后来出现了一些新的诗人——何其芳、卞之琳、林庚等，我觉得他们的表达更契合我，和我更加靠近。我就是这样接近了诗，学习诗，梦想做诗人。

我17岁的时候，中国大陆解放了，我自己也投身革命，穿上军装。那时是非常自觉自愿的，也是很真诚的，几乎没有任何一种世俗的考虑，就是我要告别旧中国，我要建设新中国，因为旧社会对我来说非常深刻的感受就是饥寒交迫、路有饿莩的一种状态。进入新社会，我面临着一个非常大的新问题，即我如何自由地表达我的内心世界，表达我所向往的自由。我认为诗歌的理想就是自由，新诗尤其要自由地表达内心世界和情感世界。我遇到了一种幻灭的感觉，这是非常矛盾的一种心情，一方面我非常热爱新的社会，但是我又在这个新社会当中不能自由地表达，觉得心怀恐惧。这是当时我由少年转入青年时代最深切的一种感受。从那以后，虽然我还写，但是我所写的不是我想写的，我是按照一种理念、一种号召来写的，那不是真实的我，而且"我"也消失了，"我"的消失是最严重的一个事件，诗不能表达一个活生生的、有活泼的思想和情感的"我"，那是最可怕的一个事情了，不幸这个事情发生了。这就是我最终放弃了诗歌理想、放弃写作的一个最根本的原因，我不能自由表达，如果那样写下去，我只能是三流四流的诗人，一流二流的诗人我做不到。有些人说新诗的路越来越宽广，其实不是，是越来越狭窄，甚至到了无路可走的地步。长话短说，我经历了这些以后，它的标志就是我放弃做诗人，一种恐惧感，一种紧张感，使得我放弃作诗。

一直盼望着，像你说的20世纪50年代《回顾一次写作——〈新诗发展概况〉》①，那是很复杂的一个产物，也可以说是少年无知，受到一种号召，那对诗歌历史是一种歪曲的写作、歪曲的表达。那也是历史的产物，一种非常曲折的、充满了内心矛盾的产物，现在我把它保留下来了。它的主导思想是不对的，将诗歌分为革命诗歌、不革命诗歌、反革命诗歌，现实主义诗歌、反现实主义诗歌，这些观念是有毛病的。当时隐隐地感觉到这是错的，内心深处感觉到是错的，但是又不敢说不对，觉得好像应该是对的，就是这样一种非常矛盾的心情。当时我热爱诗歌，又想写作，但处于那样一种非常复杂的时代环境，只能说是年少无知吧。

---

① 谢冕等1958年底、1959年初所著应为《新诗发展概况》，《回顾一次写作——〈新诗发展概况〉》2007年由北京大学出版社出版——编者注。

　　一直盼望着，盼望着新诗走出绝路，让我们看到希望。这个希望也就是说，新诗能够和我们的时代、和我们的内心世界结合得很好，从而表现出来的一种状态。于是到了"十年动乱"结束，政治的狂热过去以后，到了新时期。在还没进入新时期的时候，20世纪70年代中期，1975年、1976年的时候，在"文革"结束前的这个时间段里头，遇到了现在的朦胧诗，后来又遇到了被流放的那些诗人的"地下写作"，包括那批九叶诗人、白色花诗人、被当作"胡风集团"打下去的、还有右派的，他们在地下状态写的那些诗，还有《今天》上的那些诗，我觉得我看到了希望，我终于等到了这一天。这就是当时的心情。所以当时能够毫不犹豫地站在新诗潮的潮流当中表达我自己的感受，这就是我所盼望的诗歌，我所想念的诗歌，现在终于回来了。

　　我从诗歌少年到重新获得一种新的感觉，大概是这么一个过程。

朦胧诗之后，诗人何为：
诗人应该始终和时代站在一起，在重大事件面前选择人类的正义。

　　素予： 朦胧诗从20世纪70年代末80年代初到80年代末，持续了大约只有10年时间，就被后来的"后新诗"或者说"新生代"取代了，很多好的经验没有接续下来，但在当代仍有借鉴意义。您认为它们有哪些东西是值得现在的诗人学习的？

　　谢冕： 朦胧诗很快地就被取代了，被pass，被挑战。后来的一些年轻的诗人觉得北岛、舒婷他们那一代诗人不行，应该由我们来发出声音。这些年轻人当时要取代朦胧诗、挑战朦胧诗，挑战的就是认为他们太贵族化，他们为时代代言、为一代人代言。后新诗潮认为这样不对，认为我表达的只是我自己，跟时代没关系，所以，我不为时代代言，我也不为一代人代言，我只表达我自己。这是当时他们挑战朦胧诗最理直气壮的一个原因。为什么说朦胧诗人是贵族呢？因为他站在高处，在号召，号召说那是黑暗，我要用黑色的眼睛，去寻找光明，是居高临下的。后新诗潮认为这是贵族的。然后他们认为朦胧诗当中最重要的一个手段——意象化——也是不对的，他们不要意象化，要口语化，嘲笑意象。他们挑战的目的就是要否定新诗潮——朦胧诗——和时代的关系，要把

谢冕和夫人陈素琰

它和时代的关系切断，回到人的自我——我就是我自己。这是当时最重要的一个分歧。

朦胧诗的价值是它概括了一个时代，它能够唤起那么多人的注意，除了诗歌语言等方面的原因以外，诗歌内在的生命正在于此，它对已经过去的那个动乱的时代、那个政治高压持批判的态度。然后在这种批判性、这种和时代的非常紧密的联系里头张扬自我。和过去的所谓"大我"不一样，"大我"是一个非常笼统的概念，所谓"小我"是有真情实感的、在动乱时代当中走出来的、有崛起的灵魂的那个"我"。后来的后新诗潮要否定这些东西，它来不及接收那种宝贵的遗产，来不及继承新诗潮给我们的重大的启示。意象化是非常重要的一个艺术，不应该轻易地去否定它、用口语化来代替它、用日常生活的样子来否定它。我觉得朦胧诗留下的非常宝贵的经验就是诗歌和时代的关系。诗歌表现一个时代，表现一代人的一种刻骨铭心的苦难经历，表现对苦难的反思。如梁小斌《雪白的墙》，写曾经涂污了的雪白的墙；《中国，我的钥匙丢了》，写寻找丢了的钥匙，钥匙如果在的话，他可以回家打开里头的美丽的记忆。到现在为止，不管你怎么写，我觉得非常宝贵的经验就是，要用非常凝练的语言来传达诗人对过去一个时代的批判和对历史的反思，表达在这个过去时代里头个人的痛苦的经历。现在这些表达方式都被否定和忽略了，这是非常可惜的，很遗憾。

素予：朦胧诗为时代代言，同时也通过张扬个性，对过去过于政治化进行反叛。一个时代有一个时代的诗歌，现在这个时代里政治的压迫性很大程度上已经转换为物化的或者说物质的压迫。创作是自由的，诗歌是不是应该有一种天然的反叛性质？现在和朦胧诗所处的环境已经不一样了，那么在这个物化的时代里，诗歌应该是怎样的一种姿态？

谢冕：在这个时代，诗人何为？如何发言？前不久我在北大开了一个会议，会议叫百年诗歌还是什么，是我参与组织的，开幕式是在北大，没有首长、领导，也不设主席台，来自两岸的诗人，按照年序，年龄大的先讲，有六位诗人发言。最先讲话的是大陆的屠岸，他最年长，第二个是洛夫，第三个是余光中，第四个是罗门，第五个是邵燕祥，第六个是郭枫。闭幕式是在友谊宾馆，那天特意请了蔡其矫先生、郑敏先生到会，闭幕式发言是由年轻的先讲，年长的后讲，最年长的就是蔡其矫先生。到蔡其矫先生讲话的时候，他站起来说："诗歌的根本的精神，就是自由。"这是他最后一次讲话，过了几个月他就去世了。我想，诗歌的基本的精神是自由，这和我童年时候对诗歌的崇拜也是一样的，自由地表达你对世界的看法，自由地表达你的内心世界的丰富性，这一点我觉得始终应该是诗人所追求的，应该是诗人高举的旗帜。

你刚才讲了，我们反抗政治对诗歌的压迫，我们做了一些，做得不够。现在看起来，政治的这种压迫、约束越来越淡化，这是有目共睹的事实，时代在进步，社会在进步。你能够想象过去你发表诗歌是需要领导批准的吗？你都不一定知道，这个人，尽管他的诗写得很好，但是他的身份适合不适合发表诗歌，需要审查，需要党委的介绍信，要证明这个人可以，然后才能发表。过去是这样。包括我自己写评论文章也是这样的，《诗刊》拿着介绍信到北大中文系的党委，说我们要发表某某人的文章，这都是要经过批准的。你想想看今天是什么境界，是什么样的一种状态，这个是有目共睹的进步。

作为诗人，这个时代里的物欲和金钱对我们的诱惑实在是太大了，也可以说是压迫。诗人要怎么反抗呢？诗人是独立的，他就是批判性地存在于这个世界里，批判性地发言，表达自己内心独立的一种宣言，诗人始终是这样的。今天，诗人代表着正义和良知，代表着人类最崇高的、最普遍的愿望，我觉得我们现在胸襟、境界没那么高。说几个重大事件吧，比如说纽约世贸大厦轰塌，中国的诗人几乎没有好的作品传世。在这样的重大事件面前，诗人选择什么？我觉得选择人类的正义，选择对邪恶势力的批判抨击，这才是诗人应该做的。

再谈另一个问题，汶川地震时，诗人倒是有很多声音了，但是诗歌质量上不去。现在回顾起来，那么震撼人心的一个事件中，有哪些诗是能够传下来的？没有。传下来的是网络上流行的那几首，《生死不离》、《孩子，快抓住妈妈的手》，这些都不是专业诗人写的，一个是歌词的作者，一个是无名的作者。《生死不离》中"哪怕有一线希望／我也要找到你／我相信我能够找到你"，我觉得写得非常动情，但是那不是最好的诗。《孩子，快抓住妈妈的手》，这首诗技术上还有值得再考虑的地方，但是很动人，"快抓住妈妈的手，去天堂的路，太黑了"。当时那么多诗人发出声音，也就是这两首还留下一些印象。这是艺术层面的问题、表达的问题、概括力的问题、提炼的问题。有的人嘲笑地震诗，我觉得嘲笑是没有道理的，那时候的情况真是这样，就是艺术上不去，表达上不去，胸怀足够高、能够提炼一个时代的能力的诗上不去。世贸大厦轰塌后和汶川地震后诗人众声喧哗却没有留下有力量作品，这两个事例可以说明现存的一些问题。

　　素予： 有些人认为，一般读起来觉得美的诗歌所选取的意象，比如是与自然和乡村有关的，能够给人带来平静，是比较美的。是否可以说诗歌与工业时代或者后工业时代天然就是一种背离的关系？

　　谢冕： 诗歌与工业时代或后工业时代不一定是天然背离的关系，现在我们很多诗表现乡村，书写乡村记忆，那是一个逐渐走远的时代。我们对乡村的怀念，是因为中国就是一个非常大的乡村，从根上来说我们都是从农业社会走出来的，都是农民的后代，所以这种天然的感受是有的。但是工业时代、后工业时代和诗歌背离，我觉得这个结论恐怕有问题。其实关于工业时代，在美国、在英国都有好的诗表现过。像美国和英国这些发达国家，它们离开农耕社会更远了，但是它们仍然有优秀的诗人出现。我的想法是，诗歌始终是和时代在一起的，不管时代怎么变化，诗歌的责任、诗人的责任没有变，诗歌的位置没有变。诗人所处的这个时代的问题，诗人应该面对，诗人不能回避。工业时代、后工业时代的一些问题，诗人应该面对，而且不论是批判也好，歌颂也好，诗歌应该表达出诗人对这个时代的看法。

　　我们现在的问题基本上有两个。一个非常大的问题是回到内心，回到自我，自我的琐碎，鸡零狗碎，诗人一点都不拒绝。比如我看有的诗，写坐在那儿，切西瓜、吃西瓜、吐西瓜子，写吃西瓜的几种方式，不知所云。另一个问题是对远去的乡村的怀念，这是好的，但是他拒绝的恰恰是这个时代，他不能面对时代的问题。我觉得这是比较大的问题，我的切身经验就是，有一次，我对我的一个学生说，某某诗人有几首非常好的诗，表现科索沃的战争，我希望你在选诗的时候把它选进去。我不知道我的这个学生读过这个诗人关于科索沃的诗没有，他当时的反应就是说：谢老师，你对某某诗人好像情有独钟啊！当时这让我非常难过，因为我觉得写科索沃战争是这个诗人写得最好的，这位诗人和我年龄差不多，这样做绝对不是因为我个人对他有什么感情或者情有独钟。这个时代有战争，有世贸大厦的突然被袭击，有恐怖活动，诗人应该面对，不管你持一种什么样的心境，你应该面对它，而且力求把它表达出来。所以说电子时代也好，数字时代也好，后工业时代也好，认为它们和诗是背离的，我觉得这是诗人回避自己责任的一个托辞。我的观点是，诗人应该始终和时代站在一起，所有的诗人都应该是当代诗人，表现当代生活是他最应该做的。李白就是当代诗人，他把长安街头酒肆里的狂放姿态表达出来就是唐代的精神，大唐的气象，因为他表达了当代，所以他能够永恒，能够不朽，这是非常清楚的事情。

海子之后无好诗原因探寻：

诗太容易写了，口语泛滥，误入歧途。

素予： 现在有些诗歌过于口语化，您曾写道：这个病根在"五四"时期就已经种下了，"新诗建设过程中'非诗性'的病根，在它的'襁褓期'就不幸地种下了"。应该如何减轻这种病痛？

谢冕： 当时就有人批评胡适先生，说始作俑者就是胡适，胡适是第一个罪人。胡适先生当时怎么说的？要作诗如作文。胡适误导了。这是他在美国时说的，这句话缺点大了，作诗怎么能够和作文来对比呢？诗比文要高，诗的语言有自己独特的要求，所以后来又有人说，我们不能因为白话而忘了诗，这是"五四"时代就有人说的，白话诗都是白话，没有诗意，那是不行的，当时就有了这个病症。所以后来为什么会有现代派、会有新月派出来呢？新月派就想匡正这个缺点，匡正初期的写诗像白开水一样的问题。自由诗自由是自由了，解放是解放了，但是留下了病根，我觉得是有这个问题。不过我也始终没有怀疑当时的这种选择，只有诗体解放了，新的思想新的思维新的道理才能进来，才能表达。这是没错的。后来有人算了"五四"的账，我觉得是他们不懂中国的这种新旧交替的时代。

素予： 当时倡导白话是为了反封建传统，走了一种极端，现在过于口语化了。是不是应该来一个否定之否定，更多地转向传统中去寻找，更多地向传统靠近一些；还是说新诗本来、天然就是欧化的语言，所以更加进行欧化的提炼？

谢冕： 你提的问题是我的非常理想的境界，就是说，你用现代汉语来写作，但是那里头要考虑我们古典的元素。现在有的人没有考虑到，有的人考虑了但是做不到，这是我们教育的问题，诗人素质素养的问题。你看写诗写得好的，闻一多、徐志摩、戴望舒、卞之琳，在他们的诗中是可以看出古典元素的。相反地，对古典一窍不通，甚至拒绝，要写好诗是很难的，因为中国人写的是中国诗。

素予： 您说古典诗歌是高山，至今仰望。在我的理解里，好的诗歌所取的意象和意境有古典美。您曾说海子之后好诗人比较少，现在的诗人写不好诗，少了含蓄、韵律等特质，是不是也是因为古典诗比较难学，有影响的焦虑，所以大家干脆就不学了？古典诗歌是按您所说作为一种隐含的暗流就行，还是说应该与现代诗有一种传承关系？

谢冕： 要是诗人们真的像我那样地怀着一种敬畏的心情来对待古典诗的话，这是个好事，但是现在可能这种敬畏心很少。诗人们瞧不起古典诗歌，他们只是年纪大了、阅历多了、读得也多了以后，才逐渐懂得一些道理。一些更加年轻的诗人，目空一切，瞧不起那些东西，也不知道里边的奥秘。很多人不懂旧体诗，甚至认为旧体诗很好写。其实不太好写，他们只是不知道。现在还有所谓老干部体，老干部因为年纪大，缺乏古典文学的修养，他认为七个字、五个字搁一起，那就是古典诗歌。你去读他们的诗的时候会觉得索然乏味。为什么呢？就是我刚讲的那些，他不知道诗歌内在的一些规律，不知道怎么用词，不知道声韵上怎么表达才动听。

所以我讲要对古典诗歌怀有敬畏之心，哪怕起码对它有点了解，可是他们不了解。现在的问题是口语泛滥，诗太容易写了，因为他们认为白话诗没有约束，于是一些比日常口语还要差的话都进到诗里面来了。其实，诗的语言是要求最高的一种语言，是需要经过提炼的。他不知道，他的语言比口语还要差，所以就出现了类似于"今天我去找你／你妈说你不在"，这就是诗。这个例子是陈超有一次在北大发言时说的。现在到处都是这种所谓的诗，甚至有比这个还要粗鄙化的、堆起来的、没有节制的诗，它违背了最基本的一个要求，即诗的语言必须是非常精练的、非常精美的、比文学的其他样式要求都要更高的一种语言。现在关于写诗的问题很多，但是这个问题是最大的一个问题。有一些诗语言很俏皮，我觉得我们不会排斥的，像我们都知道的李亚伟的《中文系》，它用很诙谐的语言来表达，写出来也不容易。

素予：古讲"文以载道"，您曾说过："中国特有的社会忧患总是抑制文学的纯美倾向和它的多种价值，总是驱使它向着贴近中国现实以求有助于改变中国生存处境的社会。"您也一直倡导诗歌要和时代结合，这一定程度上也是强调诗的社会功利性。但是如何在诗美和诗用之间达到调和？这一对长久存在的矛盾，是简单的形式和内容的关系吗，还是说需要做出怎样一种努力？

谢冕：要努力，不努力的话诗就是标语、口号、概念化。诗和时代、和"道"之间的联系是很天然的，好的诗必然载道，必然言志，这是没问题的。但是言志和载道需要艺术的方式，不是简单的"我表达了"就行了，而是要艺术地表达和转换，必须在转换的过程中保存着诗的元素、规律。这样才是动人的。虽然有很多问题在里头，但是诗人必须努力去做，不然的话艺术就等同于政治，那是不对的。

我觉得现在有一个问题，就是谈道、谈时代、谈政治好像都是没有面子的事情。这样是不对的。诗能够离开时代吗？我们的表达能够离开道吗？不载道，我们载什么呢？重要的是要看怎么表达。政治是大事情，事关国计民生、生死存亡的大问题，诗人表达它不是诗人的羞耻，他必须这样，而且越是大诗人越是不能脱离这些。只有小的诗人，在那儿嘀嘀咕咕的，都是自己的一些事情，而不顾及外面的世界。外面的世界是非常广阔的，是千变万化的。诗人越来越往内心走，走得越来越小越窄化，小得别人都不知道到什么程度了，别人都读不懂，成为梦呓。

素予：还有一句话说"国家不幸诗家幸"，诗和时代紧密相关，当前好诗少的原因之一是因为时代太"幸"了吗？

谢冕：不是时代太"幸"，时代有"幸"的问题，但是也有不幸。例如说高度发达的很向前进步的时代带来的问题也很多，随着现代化而来的问题非常多，前几天的毒雾（雾霾）就让我们苦不堪言，生存都成了问题，这就是它的不幸。诗人看到这一点，怎么表达？也许有的诗人看不到，不幸侵害不到他就好了，始终歌舞升平。这样是不对的，诗人敏感的神经应该感觉到时代的忧患。你看我们付出多大代价？！时代进步了，社会前进了，但是问题非常多，比如财富增多了，但财富不均，不公平。这是隐忧、隐患，诗人的忧患感就在这儿。诗人的忧患感怎么表达？我们前面讲了，必须是艺术的，是诗的，是充满诗意的，充满幻想的，是有联想、想象的，而不是秉笔直书。

"国家不幸诗家幸"是古代人总结的，诗歌表达忧患相对比较容易。"欢愉之辞难工，穷苦之言易好"，就是说表达苦难容易一点，表达欢乐更加难。社会的灾难对诗人的刺激是第一位的，诗人的神经敏感，苦难对他的冲击非常大，所以就形成了"国家不幸诗家幸"这个问题了。

选诗评诗：
好诗是读出来的，一个独立的诗评家不为哪一个流派代言。

素予：当前编选诗集也存在一些问题。比如诗歌排行榜之类的，编辑在选诗的时候，可能会小圈子化，我认识哪些人，就把他们的诗收进来，不能宏观地把握中国诗歌的发展方向。您曾编过很多文学大系、文学总系及诗歌集，在选诗方面，您觉得我们应该怎么做？

谢冕：选家应该是独立的。一个独立的诗评家，他不为哪一个流派代言，他不是站在哪一个圈子里讲话的。但是现在诗歌界不是这样，这个圈子有这个圈子的评论家，那个圈子有那个圈子的评论家，评论家选诗就在自己的圈子里选，这是一个陋习，应该排除掉。我标榜的是"好诗主义"，只要是好诗就应进入我的视野。

好诗你怎么选出呢？选家必须自己读，是在许多日常的阅读当中积累下来。要读诗，依靠日常的积累，然后你才有发言权，再把它选进去。我觉得，诗人是独立的，评论家也是独立的。

　　如果说到诗评，我也缺少独立自由精神，因为人年纪大了，社会关系很复杂，有很多人情，很多情感写作、友情写作。我这个人吧，人缘好，一般很少拒绝，这是我的缺点。但是我觉得诗歌评论，好处说好，坏处说坏，这是我们应该始终追寻的一个目标，但我自己做得不好。评论界普遍存在这样的问题，而且其他问题更加严重。上世纪80年代还说"我评的就是我自己"，评论家的自我意识很强大，我评的既然是我自己，对别人可能就很淡漠，对人情、红包就很淡漠，我表达我自己，评论是我表达自己的机会。那个时候还很纯净。后来就逐渐地差了，进入21世纪愈演愈烈，我评论的不是我自己。所以你刚才讲的，我自己做得也不好，但是我意识到了这一点，我希望别人做得比我更好，走出小圈子，能够坚持"好诗主义"，面前只有好的诗，没有别的什么考虑，这样比较好。

诗歌的未来：
对于现在的问题，我不悲观。

　　素予： 您也说过，应该是少数人写诗，多数人读诗。现在那么多人写诗，您认为作为一名诗人，应该具备哪些方面的素质？

　　谢冕： 诗人的素质，这个说起来是很难的。但是现在写诗的人多，读诗的人少，这是一个很大的问题。

　　素予： 读诗的人少，原因在于大家没有时间和心情读诗，还是因为没有好诗所以大家才不读？

　　谢冕： 这里头的因素也很复杂。对读者来说，你的诗抓不住我，我当然可以不读，我读你那些"白开水"，还不如去看小说，甚至去看影视作品，我没有必要读你的诗。大家现在读李白，但是不读你那些口水诗，为什么呢？因为李白的诗抓住他了，而且家长也认为李白这个诗写得好，教孩子们读，有那么多新诗，家长没有说让孩子去读，为什么呢？它的价值在那儿。所以，读者的冷淡是有道理的，这就是一种反抗，就是逆反，就是拒绝，你能说他的拒绝没有道理吗？舒婷也好，北岛也好，我们现在还在读，《致橡树》、《祖国啊，我亲爱的祖国》也好，《回答》、《一切》也好，这些诗能够概括一个时代。"卑鄙是卑鄙者的通行证，高尚是高尚者的墓志铭"，用非常简单的词语表达非常丰富的时代内涵，能够引起大家共鸣，当然它就流传开来。你不提供这些东西叫他去读，他又怎么能热爱你呢？这是一个方面。我觉得从读者角度说拒绝阅读是有道理的，他的冷漠是有道理的，因为你没有好诗给他。李白不被拒绝，舒婷和北岛不被拒绝，为什么现在的诗人被拒绝了那么多呢？

从写作者方面来讲，诗人也很可爱。他很热爱自己的诗，甚至可以说是自恋，我觉得这不是坏事情，一个人喜欢写诗，总比喜欢赌博和喜欢毒品要好。再说得严重一点吧，他用时间来写诗总比用时间来打扑克要好吧，对不对？他的热爱是有道理的，我说这是自恋，他觉得他是第一流诗人，这就是他的一种幻想、幻觉：我是开天辟地的，我谁都不学，我就是我自己，表达我自己。所以写诗的人多、诗写得多，并不是坏事情，这是诗人热爱生活、热爱自己的一种方式。

诗人写诗要具备怎么样的素质？写诗对思想层面、情感层面、文学修养层面素质的要求都是很多的，喜欢诗歌的人不一定都具备这些。这个不要过多地谴责了。但是我非常大胆地说一句：诗不是所有人都能写的，不是所有的人想写诗就能写好诗的，诗是贵族的。为什么诗是贵族的呢？它要有贵族一般的姿态，要有贵族一般的语言，用最好的表达方式来表达一种非常高贵的、非常优美的情感，非常丰富的内心世界，你做到了吗？不是每个人都能做到的。现在，我们把写诗的门槛降低了，所有人都在写，这不是坏事，但是，你说这种现象正常吗？一个诗人，在社会上应该受到非常高的礼遇，所有人都在仰望着他：哦，他是诗人。现在是这样吗？现在的情况，胡子拉碴，衣冠不整，越是那样越像个诗人，这是一种误导。也许这是世界潮流，但是在我的心目当中，诗人始终是女神，是在云端的，是讲究一些智慧的，我们现在做不到这些。但是我也不参加那种嘲笑说写诗的人比读诗的人多，这不值得嘲笑，应该说这种爱好是很好的，他喜欢诗比喜欢别的什么都要好。实际上，现在写诗太容易了，让人忧虑的是这个。

素予：再问一个大问题，要推动诗歌发展，您觉得我们还应该做哪些事情？

谢冕：这个问题不大，我的回答很简单：不轻易地否定我们已经取得的成就，我们充分地肯定我们的进步，然后我们也要充分地看到我们的缺陷，看到我们现在有什么地方进入误区了，什么地方是我们的缺失，然后我们照着现在的步子一步一步向前走。对于现在的问题，我不悲观。我退休以后整天很忙，忙的也还是诗的事情，许多的评奖、许多的研讨、许多的出版、许多的编辑、许多的庆典，都是关于诗歌的，从来也没有这么热闹过。热闹归热闹，冷静下来我们想想，我们存在哪些问题，需要我们理性地一步一步去解决。

（载《文艺报》，2013年2月27日）

论列

谢冕的评论道路

⊙ 古远清

为"新诗潮"的兴起推波助澜、为新时期诗歌观念乃至文学观念的变革作过重要贡献的谢冕，他的评论道路大体上可分为三个阶段。

《湖岸诗评》，大都写于"十七年"，也有一些写于70年代末期。这些文章，包括未收入集内的《论贺敬之的政治抒情诗》①，构成了谢冕从事诗评工作的第一阶段。

在这一阶段，他和学友孙玉石、孙绍振、洪子诚、殷晋培、刘登翰等一起编写了《新诗发展概况》②。在《新诗发展概况》编写过程中，他较为系统地接触了"五四"以来的新诗和诗歌理论，为以后从事新诗评论工作奠定了基础。从此，他就一发而不可收拾地写诗评，以青年诗评家的敏感和才力，热情地为新人新作进行推荐和评价。在当时诗评不够活跃的情况下，谢冕抱着推动创作前进的意向，敏捷地穿梭于短诗、长诗、诗集、诗话、诗人论等各种评论领域，在当代新诗评论园地里勤奋耕耘。他对诗作饱含深情与独具慧眼的理解与推荐，还有他那写得简约而又生动的文字，在促进诗坛新人成长和沟通作品与读者之间的联系方面，均起到了应有的作用。

但他这时的诗歌批评，在评论方法上往往局限在振叶寻根、剖文析义或对已出现的优秀之作的解释和赞叹上，视野显得不开阔。也许是这个原因，谢冕这一时期写的文章，给人留下的印象不是深刻的洞察力和挖掘出包含有普遍意义的理论成果，而是思维的敏捷和文笔的清丽。

---

① 《诗刊》，1960年第11～12期。
② 《诗刊》，1959年第6、7、10、12期。

从1976年10月到1978年，是谢冕从事诗评工作的第二阶段。他作为首批冲上充斥"假大空"文艺阵地的突击队员，为新诗的拨乱反正做了许多工作：着力抨击颂诗的丑恶和虚假，批评不求创造的趋同、非自我化的倾向，呼吁作品的真实性和对社会阴暗面的揭露。另一方面，他开始了普及诗艺常识的专著写作。《北京书简》这本书，在谈诗的形象、想象、构思、诗意及散文诗的艺术特点等方面，有不少精辟的见解。作者才思敏捷，吐句清新，处处表现了他对于诗的审美判断力以及他把形象思维与逻辑思维牢牢焊接在一块的才学。

但此书限于历史条件，写得拘谨，全书的结构也无重大的突破。在那个时代，我们每个人最大的幸福就是渺小，是做螺丝钉，现成的、流行了多少年"无论是诗和歌，都是炸弹和旗帜"的理论还显得那样理由充足，谢冕的理性思维也只能在惯性轨道上滑行。因而我们读到这样的论述也就不会感到奇怪："我们的社会主义诗歌，可以没有上述那些诗歌（按：指爱情诗、唱酬小诗——引者），但决不能没有郭小川的《向困难进军》式的歌唱，决不能没有贺敬之《雷锋之歌》式的歌唱"。这种缺乏独立思考和怀疑意识的"惯性滑行"状态，用作者的话来说，它"留下了从冬天的冰雪中走来的重新起步的足迹"①。

1979年，思想解放运动的开展和当代诗歌发生的变革，冰释了谢冕山泉般活跃的思想，从此他的诗评的第三阶段开始了。

在这一阶段，他不再像过去那样专注于微观的考察，而更喜欢在全局性的命题中作历史的沉思，对诗歌的演变规律进行探索和总结。他力图使自己的评论成为文艺思潮的前导，使自己成为文学观念变革的先行者。他送走《湖岸诗评》、《北京书简》后出版的《共和国的星光》，"总的特点是对于历史的反思。这种反思的出发点是：追溯'五四'新诗运动曾经出现过的创造的和多样的繁荣；总结新中国成立以来诗歌创作已达到的和曾经失去的，从中寻找新诗在长时间内所逐渐产生的异变的因由"。写于新中国成立30周年的《和新中国一起歌唱》②，是他对当代新诗创作的最早回顾。它虽然主要是描述新中国诗歌发展历程，赞扬当代诗歌所取得的重大成就，但作者并不单为人民共和国诗星的明亮而欢欣，同时还为它的晦暗而忧虑，初步流露了他思考历史时的批判意向。这个倾向，在他长达四万余言的《历史的沉

---

①　谢冕：《北京书简》，北京：人民文学出版社，1981年，第232页。
②　《文学评论》，1979年第4期。

思》中得到了更鲜明的体现。这篇洋洋洒洒的论文，在写法上，注意通过个体去认识整体，不因侧重于整体考察就放松了对某些诗人诗作乃至一个刊物的稿约的独特性与丰富性的评价。在内容上，没有把十年浩劫出现的"没有诗歌"的局面形成简单地归结为"四人帮"的破坏，而是深入探讨了新诗发展本身存在的问题，如：只强调诗的功利作用，忽视诗的审美价值；片面解释抒人民之情，忘记了抒人民之情还必须通过"自我"得到表现；只强调向民歌和古典诗歌学习，而忽视了向外国诗歌学习等等。在当时人们对诗歌界巨大的标准化工程——只能写"我们"不能写"我"——缺乏清醒认识的时候，谢冕能作出切中"十七年"诗歌病体要害的严肃认真的思考，在当时是鲜见的。文中对不少著名诗人的诗学观及其某些诗作所作的毫不掩饰的批评，均显示了作者独立判断的思想锋芒。

　　如果我们只把谢冕当作一位阐释型的诗评家，或当作像谢冕的同窗孙玉石那样潜心研究现代诗歌的学术型的诗论家，那就会犯判断的错误。谢冕从不愿作经院式的文章。他的心，时时感受着文学前进的脉搏，永远抵抗不住诗歌创作新现象的诱

惑和呼唤，这使他无时间写出像孙玉石《〈野草〉研究》①那样的学术专著，但却促使他成了80年代文坛新诗潮的歌手，成为变革诗歌观念的先锋战士。他对"朦胧诗"的支持及后来写的一系列论述新诗潮的文章，已足以使他成为支持青年诗人在诗的领域扔去"旧的皮囊"而创造"新鲜的太阳"的最佳人选。他之所以能对还不被许多人理解的、着重表现人的隐秘情绪的"朦胧诗"采取理解、扶助、鼓励的态度，一个重要原因是他有浓重的民族忧患意识，并对"十七年"时期政治的倾斜和新诗向统一方面异化非常反感；另方面也由于他对"五四"时期群峰并峙、百舸竞流的局面的憧憬和向往。当然，这时还不能说他已真正透彻理解了"朦胧诗"的艺术特质，如诗的艺术变革成就、诗的语言结构特点等。他主要是基于对民族命运的思索，对"文革"前新诗道路愈走愈窄的反思，和对"朦胧诗"始终活跃着战斗的生命的热爱。正因为这样，他对当时诗歌创作新

---

　　① 中国社会科学出版社，1982年。

潮流所带来的万象纷呈的新气象——包括令人瞠目的"怪"现象——来不及也不可能作出具体的分析，只是发现并描述了这种新的迹象，并将这种探索归结为"不拘一格，大胆吸收西方现代诗歌的某些表现方式……有的诗写得很朦胧，有的诗有过多的哀愁（不仅是淡淡的），有的诗有不无偏颇的激愤，有的诗则让人不懂"。这篇题为《在新的崛起面前》的文章，还不同意对这类诗进行引导，并提倡诗"允许有一部分让人读不太懂"，因而在诗坛上引起了一场激烈的论战。艾青、臧克家、丁力、周良沛等人鲜明地表示不同意这种观点。丁力在《古怪诗论质疑》[①]中说："那种'很朦胧'和'让人不懂'的诗，不能为广大群众所理解、所接受、所欣赏的诗，当然是不好的诗，或根本不是诗（这当然不是指一时看不懂，或少数人看不懂而实际可懂的那些诗）。使人读得懂和读不懂，不但是衡量诗的标准之一，而且是衡量一个诗人是不是愿意为人民歌唱的标准之一。"艾青在《迷幻药》[②]中认为："'朦胧诗'可以存在……但是不宜把'朦胧诗'捧得太高，说成是新诗发展的方向，说朦胧是诗的规律等等。"

　　以《在新的崛起面前》为契机，谢冕在此后相当长的一段时间里，以极大的兴趣关注着新诗潮的发展。后来出版的《谢冕文学评论选》，可看作是《共和国的星光》的续篇。此书所表述的诗学观虽无重大发展，但至少说明它仍未屈从于压力而改变原有的观点。此外，他还写有论新诗史上许多著名诗人的论文。这些后来收集在《中国现代诗人论》中的文章，写得极为得心应手，不仅理性思维与直觉思维高度结合，而且既富历史感又富当代感。特别是论公刘的文章，写得文思飞动，挥洒自如，成了理解公刘诗作的一把钥匙。它把论诗和论文结合起来，把对思想倾向的剖析和审美方式、风格的把握统一在行文中，充分体现了一个批评家的艺术敏感度和透视力。但这本书，只是作者为达到一个更远的目标所作的准备的一部分。他的目标是一部诗史，即从社会思潮的角度宏观地考察进入20世纪以来的诗歌思潮。

　　在谢冕80年代出版的几本书中，《共和国的星光》影响最大，它充当了思维方式变革的桥梁，这一点确定了著者在当代新诗批评史乃至文学批评史上的地位。可贵的是，他并不因为自己支持新诗潮便认为新诗潮将主宰未来的诗坛。他认为，这是一个没有主潮的文学时代，是多元并存的时代。对诗坛来说，这是一个传统诗

---

① 《诗刊》，1980年第12期。
② 谢冕：《艾青谈诗》，广州：花城出版社，1983年，第190页。

潮、新诗潮、后新诗潮同时并存的诗歌博物馆，确定主潮已失去意义。这一论断比他过去过分卑视传统诗潮的观点是一个进步，其源出自于他对秩序的理解。在对后新诗潮评价中，他适时地提出了"秩序的理解"这一新命题。他认为，我们过去只允许艺术以一种秩序存在，而凝固不变的秩序便窒息了艺术的生命力。包括文学艺术在内的任何事物都在从无序到有序的过程中发展，从无序走向有序，在新的有序基础上达到新的无序。永远有序，文学就不能发展。只有无序，才显示青春活力。他认为，伴随着对社会、人生新理解的后新诗潮的出现，给诗坛、文坛带来了新的混乱，但这是美丽的混乱。"一个统一的太阳已经破碎，这个太阳破碎成无数的碎片，这些个碎片就闪闪发光，然后就宣称自己就是太阳！在中国诗歌的天空上，有千万个太阳在闪光。"[1]这种局面是谢冕向往已久的。在《美丽的遁逸——论中国后新诗潮》[2]中，谢冕进一步阐述了这种观点。但他这些文章，写得很不及时。尽管他花了不少伏案功夫，仍使人感到他对后新诗潮未能像对新诗潮的评价那样明晰透彻，多少给人力不从心之感。应该说，对后新诗潮体现的思根基调和处世哲学，谢冕并不是完全认同的——至少从心灵深处无法产生像新诗潮那样的"遥感"、"共振"。这就使人感到他对后新诗潮的研究远不如一些青年诗评家那样有说服力。这就难怪当他用一系列论述新诗潮的论文来刷新诗坛视野的时候，这诗坛也就用更新的尺度来衡量他，感到他对后新诗潮的追踪显得缓慢和疲惫。他远非是后新诗潮的鼓手。其实，我们大可不必苛求他一定要成为后新诗潮的鼓手。他本人也用不着去硬充这种角色。当他对新诗潮及时作出肯定和进行理论总结时，他在新时期诗史上的地位已被这种历史贡献所确定。当谢冕在写《共和国的星光》的时候，历史同样也在写他在诗坛的开拓精神和学术勇气。或许后来的理论家有可能超越谢冕，但他们是靠了谢冕们的脚印而前进的。

　　谢冕以诗论著称于世。但对于他来说，诗论不过是他把握整个文学发展的一个中介。他总是把诗当作一个窗口，当作观察文学思潮起伏变化的重要依据。《文学的绿色革命》就是他在这方面的尝试。这里讲的"绿色"，是因为新时期的文学变革不是过去所说的一场"红色"的政治革命，而是有关艺术思想、观念的变革；它是在许多人还在抚摸政治伤痕时悄悄到来的。这是一场规模巨大、意义重大的反规

---

[1]　《统一的太阳已经破碎》，《科技日报》，1987年11月20日。
[2]　《文学评论》，1988年第6期。

范运动。作者透过从静态到动态、从一元到多元、从有序到无序三个核心论点，高扬文学多功能论与创作多元主义的大旗，就文学与政治、社会、人生以及内容与形式、创作与行政干预、普及与提高等一系列重大的文艺问题，提出了自己的看法，满怀深情地赞扬了新时期文学所取得的初步成就。这本书以政治变迁和时代精神作为参照系，从社会思潮、文艺思潮的涨落来论述这场"不作宣告"的悄悄进行的文学革命是一种无可选择的历史必然。作者的论述，呈运动感，给人一种清晰完整的印象，表现了作者的史识。但同时，缺乏深度的论述，文采胜于理性分析的缺憾也在此书中被放大。在他一些闪耀着创见的论述中，有时思路明敏而不够缜密；激动的思考中，带有某种片面性。比起孙玉石的论著来，谢冕的著作还不够厚重，虽然论视野他比孙氏辽远，论才气他比孙氏横溢，论知名度孙氏难以和他并肩。

　　（此文系最早综合评论谢冕的论文，刊《昭通师范高等专科学校学报》1983年第1期、《批评家》1985年4月创刊号。作者修改后收入《中国大陆当代文学理论批评史》，台北：文史哲出版社，1999年；《中国当代文学理论批评史（1949—1989大陆部分）》，济南：山东文艺出版社，2005年）

通往"不成熟"的道路

——《谢冕文学评论选》序

◎ 黄子平

作序意味着某种资格——尽管我们不必苟同于这样的陋见，但是作序终究是一件庄重严肃的事情。于是谢冕老师陷他的学生于一种"两难局面"之中：写吧，似乎多少有点僭妄；不写吧，又"有违师命"。何况是这样一种再三的叮咛：一定要用批评的眼光写，用你们那一代人的眼光来写！

在二十世纪下半叶东方大陆诗的"造山运动"当中，他是一位锐敏、活跃、勤勉的地质师。当地壳嘎嘎地响着，沸泉嘶嘶地射着蒸气，火山湖尚未变得深沉，他出现了。他敲叩、拍摄、化验，他报道并且预报，他最终却陷入沉思——一种相当沉重的思索。

黄子平

然而，他是幸运的。他曾经多次谈到，由于我们所处的时代，如今生活着的几代人都是幸运的；尤其幸运的是年轻的一代——他为之倾注了如许的热情、希冀和痛苦的一代。他的诗心与年轻的一代相连，因为诗歌，从根本上说是属于青春的艺术，因为一个为诗歌而生活而抗争的人是不会衰老的。（一件真实的事。去年夏天，又一届学生从北大中文系毕业，他们聚在图书馆前的草坪上，跟系里的老师们一起照相留念。一位新来的进修老师悄悄地向我的同学季红真打听"哪一位是谢冕老师"。"老师中显得最年轻的就是"。凭着如此"朦胧"的线索，她准确无误地一次就认出了这位年过半百、两鬓已生华发的"年轻人"。）我们知道，他在谈到与他同龄的那一代诗人时曾经写道："他们不像老年人那样冷静沉着，他们还不失五十年代那种对于生活的理想和信念，却又比较他们更为年轻的一代少了点迷惘。这是更为多情的一代人。"多情易老（"天若有情天亦老"），他们这一代人却似乎最经得起岁月的消磨，永不消褪的那份单纯那份真诚，令人羡慕又令人心酸。《我不怨恨》（梁南）这首诗在年轻人眼里很难不被看作是病态心理的流露，他却从中理解了社会、历史、思想相互交织的复杂的背景。他不单努力去理解上升着的群山，他更能理解仍在起伏的高原和平原，因为在地质师看来，理所当然地，每一地层都应该前去勘探。他是宽宏的，他的历史感正是来自于对互相接续着的几代人毫无偏见的理解。但他又是有所选择的，而且选择是锐敏的。当一种选择被历史业已证明错了的时候，他毫不犹豫地承认错误便是错误。然而，他有所为有所不为，决不轻易否定自己的选择，他尊重自己的判断力。他始终坚持着的，是诗歌在古老大陆走向现代化、民主化进程中塑造民族灵魂的崇高使命，是诗歌通过自己的美学规律服膺于现实和人民的意愿，是诗歌传统的发扬和变革、无可阻挡的开放及探索。在众所周知的一种历史气氛中，这样的坚持绝非一般人想象的那样轻松。然而，他是幸运的，他毕竟是幸运的。据说，如今写诗的人多于读诗的人，诗评的读者怕是更为寥寥。可是，诗评家谢冕从来也没有感觉到寂寞和孤独。我想，这是最能说明一切的了。理解所有的诗人，但不一定（也不可能）为所有的诗人所理解。这是诗评家的局限，却也正是诗评家的操守。

　　克莱夫·贝尔（Clive Bell）说："只有那些一谈到艺术就激情洋溢的人们，才可能占有材料并从中推演出有益的理论。"在谢冕和我们几位同学一块儿编《中国当代青年诗选》的那些日子里，我突出地感觉到他对每一首诗艺术判断的准确和敏捷，好诗和平庸的诗，好在哪里，为什么平庸，总是一语言中。我想，东方思维中对诗质的这种直观把握，实在是我们浩如烟海的诗话、词话中值得自豪的传统。这样的思维优势也鲜明地体现在谢冕诗评的语言结构之中。他常常直接采用诗人自己的诗句来概括诗人创作的艺术特点，一如前人论及"郊寒岛瘦"那样，贴切、稳妥，几乎不可移易。他常常用具象的语言描述、概括一个诗人或者一个流派的总体艺术特征，比如说"新边塞诗"派是"戈壁滩上空盘翔的鹰群"。这样的表述甚至使得诗人自己（譬如周涛）都觉得大有启发。诗评的题目也总是富有具象感和动态感，他酷爱这样的字眼："走向"、"呼唤"、"发展"、"探索"、"生命"、"生长"……这只能是对辩证地运动着的大千世界本能地（倘能这样说的话）热爱的表现。他并不偏爱"古怪"和"朦胧"，但决不偏爱停滞和保守。当他在诗评中引述诗句的时候，那些诗行就像活了似的在纸上蜿蜒甚且腾跃。我揣想，很多诗句正是由于"嵌入"了他的诗评中才变得分外醒目，才被人们注意而留下了印象。但我觉得，在他的诗评中活跃着的，又并不全是具象、直感的东方思维。近百年来自然科学和辩证唯物论的输入业已训练了、改变了我们的知觉能力和整理艺术经验的能力。当谢冕归纳并描述中国新诗的历史发展时，在一系列具体可感的词汇后面正起伏着明晰可见的逻辑线索，他只是不愿意用甲乙丙丁ABCD壹贰叁肆的中药铺模式来表达罢了。我觉得，《共和国的星光》中，《和新中国一起歌唱》、《历史的沉思》两篇力作，以及作为《共和国的星光》续编的这本书中的几篇综论，如《近年诗歌：一个简单的轮廓》、《诗：审美特征的新变》，都显示了一种宏观地把握一个时代复杂文学现象的理论能力，写得气势恢宏、笔饱墨酣。然而，毋庸讳言，严密的抽象推理和细致的训诂考证绝非他之所长。在今天，当"新批评派"、"结构主义诗学"以半个世纪的努力提供了对作品卓有成效的逻辑分析和逻辑重建的手段，当人们引进统计语言学来对文学风格作定量分析的时候，这方面的所短就显得颇为突出了。但是，诗毕竟是诗。庖丁解牛尽管技艺高超，却不足为文学批评所仿效。我们所寻求的甚至不是分析之后的综合，而是综合与分析同时进行的现代系统方法：注目于细部时整体依然存在，把握住整体时洞察其有机的构成。印象主义的可贵直觉一旦与系统研究的精密方法相结合，便会使古人、洋人都不再专美于前。当我重读鲁迅先生那本薄薄的《汉文学史纲要》，朦胧地同时被具象概括与逻辑分析的力量所征服。在这里，已扎扎实实地显示了艺术直觉与实证方法有机融合而产生的魅力。我总是想，本世纪中国的第一代学者们（如闻一多、朱自清）的研究成果和方法，还没有得到很好地重视、总结和发掘——那同样是一个热情地、如饥似渴地寻求新方法来洞察并重建民族文化的时代啊，先驱者们的步伐是值得珍视的。

　　但我常常感觉到谢冕老师热情深处的悲凉：最好的时光被失落了。在他对"归来"主题、"寻求"主题那样感同身受的阐述中，你触到一种深刻的、难言的悲怆。他不止一次地谈道："单一的评论面临多样的创作的挑战，这个挑战是很严峻的。作为一个文学评论工作者，我感到了一种力不从心的困窘。我所熟悉的那一套评论模式，有的已不够用，有的是不适用了，需要用新的姿态、新的面貌去学习许多新的课题，迎接这场有意义的挑战。"这是出自肺腑的由衷之言。然而生活对他催逼得太紧，来访太多，约稿太多，会议太多，杂务太多；中年知识者"超负荷运转"的规律一视同仁地降临于他。在一场艰苦卓绝的"知识结构更新"中，他常常欣悦于青年评论工作者的"崛起"（我找不到别的可以代用的字眼）。尽管有志于诗评的后生家仍属寥寥，他常常提到李黎，提到周政保，提到这些相识的和不相识的年轻同行。一种不无沉重却又坦率真挚的欣悦。能够体验到这样一种心情，我想，无论如何，这又是一种幸运吧！当鲁迅先生讲到阳光下的爝火时，所感受到的，大概就是这样一种心情吧！在一个停滞不前的时代里生活的人，以及但愿时代停滞不前的人，都是无缘体验到这样一种心情的。"五四"时期勇敢的战将之一刘半农先生，在他的《初期白话诗稿》序中曾写道："这十五年中，国内文艺界已经有了显著的变动和相当的进步，就把我们当初努力于文艺革新的人，一挤挤成了三代以上的古人，这是我们应当于惭愧之余感觉到十二分的喜悦与安慰的。"令人昂奋的是那个呼啸前进的变革时代："十五年中"已有"三代以上"的嬗替！但那被人目为"老头子"的鲁迅先生，却正是在"盗来天火煮自己的肉"的痛苦升华之中，永远保持了前进的姿态。然而，即使是"永远进击"者的鲁迅，也时时怀有最深刻凝重的"中间物"之感，这正是深得进化论真髓的现代人才会有的明锐而冷静的认识。谢冕老师经常神往于"五四"时代，神往于那个勇敢、活跃、不妥协地除旧布新的时代，那个"一切都将要发生，一切都正在发生"的时代。当他确认自己是幸运者的时候，其实是确信同样的呼啸前进的大变革时代已经到来。在这样的时代，新陈代谢的速率加快了。一种紧迫感同样困扰着我们这些正在迈向"不惑之年"的一代人。我想起我的同龄人张承志的《老桥》，他执拗地要用这个显然会影响发行量的题目作小说集的书名。他在后记中写道："我并非对这坍塌中的老桥迷恋不舍，我想我终将会把它长留身后。但是，我反对那种轻飘飘的割断或勾销。我甚至认为，这座桥或者就是我自己和大家走向明天的唯一通路。尽管它是老桥，坍塌了一块桥板，散乱着几堆兽粪。它毕竟是桥，是联系着山和水、过去和未来的桥。它是我们重新开始热烈追求的起点，是通往历史的灵气再次降临到中华民族头顶上的时刻的一步。这样看来，处于这种局限中的我们所走的，也应该说是值得和够味儿的一步。"我想，每一代人都各有自己的"老桥"，有自己的局限，便也有自己的起点。谢冕在他自己的这本集子中，同样有着自己的执着、自信、眼光以及时代赋予的决不让渡的使命感：沉静而且清醒，热烈而又悲凉。正是在一个大变革的时代中，几代人各自的局限才会同时暴露出来，几代人各自的执着也就同时闪放出光彩了。却唯有冷静而清醒的智者，既了解自身的局限又决不放弃热烈的追求，在大变革中把握恒定的价值，在坚执中欣悦于新旧的嬗变。被历史所承认并录下的那些声音，也就永远不失其新鲜了。

我所熟悉的一位前辈，曾经精辟地，用一个"生"字来概括谢冕诗评的特点。我咂摸，"生"者，生气凛然、生机勃郁之谓也；"生"者，不成熟、欠老到之谓也。这两者是一而二，二而一的，有如一枚金币的两面，这位前辈的评价侧重于前者。有些论者则在夸赞一种探索勇气的同时，指责所谓"失误"，要求用四平八稳的"科学性"（真的那么"科学"？）来克服"片面性"。我觉得，只有对理论发展和理论建设的基本规律了解甚少才会有这样的看法。舒婷的诗说："……熟苹果／无枝可栖"。对于整个理论进程来说，不成熟是绝对的，成熟是相对的。历史业已证明，对于中国的文学理论和文学批评，可怕的不是片面性（只要此一片面正常地得到他一片面或众多片面的补充和驳诘），而是那个驾临一切片面之上的那个唯一正确的全面，或者那个一片模糊的无个性的"今天天气……哈哈哈"。因此，当谢冕写下"通往成熟的道路"这样的题目时，他既论证了"不成熟"的合理性和必然性，又列举了新时期文学成熟的特征来回答对于"不成熟"的指责。我却不无辛酸地想到，一代人或者几代人的成熟固然值得高兴，那种急匆匆地要求一切有机生命一律成熟的历史气氛（"秋天意识"？）却不免令人悲哀。谢冕的文章确也在日渐成熟，文笔日渐臻于老练，立论日渐无懈可击，文气既凝炼含蓄又舒展自如，一种生气被收敛在豁达从容的字句之中，有如那压抑着说不清滋味的深沉的"火山湖"。但我隐隐约约地总在想，在现今这个清明时世，那条已经开辟的螺旋地通向"不成熟"的道路是不会被堵塞的，最终是不可能被堵塞的。

是为"序"。一篇很不成熟的"序"。无论如何，我已把自己从"两难局面"中拯救了出来……

1985年6月22日于勺园

（载冯牧等主编《谢冕文学评论选》，长沙：湖南文艺出版社，1986年）

谢冕：在历史与审美之间

⊙ 毕光明

　　作为当之无愧的中国当代新诗的首席评论家，谢冕在20世纪后半叶的文学复兴运动中的突出贡献，已经反映在20世纪80年代初以来出版的10部著作①里。谢冕的意义不在于劳绩的赡富，而主要是，他在历史发生转折后的文学新时期，属于最先觉醒并义无反顾地驰突在文学的艺术自觉的前沿，决不退缩和让步，韧性地为从劫难中复苏的新文学争取着创造的自由和艺术上的现代性的集诗人气质与知识分子责任感于一身的拓创性批评家。在20世纪80年代的诗歌"造山运动"中，他充当了别人难以替代的"地质师"②的角色。他因弄潮文学而不失为思想解放运动的一员骁将。他的旗帜作用超出了诗界——诗歌批评只是使他的评论家形象更为纯粹。他在同代知识分子③中比一般人迅速得多地摆脱了束缚，也多少侵入过他们的非艺术的文学观。他比别人更不加掩饰并一贯到底地服膺了"五四"精神、"五四"传统，这使他的身上越来越透射出自由主义知识分子的成色。谢冕的批评对文学的审美本性的维护和艺术价值观的调整跟他的这一文化属性及人格类型是相关的，二者奇妙地对应着彰隐在时代精神气候的变幻之中。谢冕精神生命的种子，50年代降落

---

　　① 这10部著作依次是：《湖岸诗评》（昆明：云南人民出版社，1980年）、《北京书简》（北京：人民文学出版社，1981年）、《共和国的星光》（沈阳：春风文艺出版社，1983年）、《论诗》（西宁：青海人民出版社，1985年）、《谢冕文学评论选》（冯牧等主编，长沙：湖南文艺出版社，1986年）、《中国现代诗人论》（重庆：重庆出版社，1986年）、《文学的绿色革命》（贵阳：贵州人民出版社，1988年）、《诗人的创造》（北京：三联书店，1989年）、《地火依然运行》（上海：三联书店上海分店，1991年）、《新世纪的太阳——二十世纪中国诗潮》（长春：时代文艺出版社，1993年）。——本文引文出自上书的皆不注版本。

　　② 参见黄子平《通往不成熟的道路——〈谢冕文学评论选〉序》，《谢冕文学评论选》，第1页。

　　③ 王光明按李泽厚在《中国近代思想史论》里对辛亥革命以来的中国知识分子的代际划分法，将谢冕列入第五代。

到了现代中国"民主"与"科学"运动的策源地，有着兼容并包、思想自由传统的中国最高学府——北京大学这一永远的圣地上。作为一个北大人，谢冕有理由把自己毕生所要追求的，同"五四"那个迷人的冲动联结在一起。"五四"即中国新文学的创立期始终是他最神往的文学时代：那种反传统的首创精神，那种开放自由的创造风气，那种理性与激情结合的人格魅力，那种多元并存的宽容环境。于是在他的评论文章中出现得最频繁的字眼是：创造，探索，多元化，多样化，个性，自由，宽容。"五四"文学是他用以要求他所加入的当代文学的范本与参照。对于思想环境，他要求的是艺术民主；对于创作主体，他要求的是独创性与个性化；对于文学秩序，他要求的是多种艺术流派竞相探索。无论是对历史错位后文学在外力的强制下陷进单一、规格化的窄狭胡同并严重到艺术被扭曲以至毁灭的反思和批评，还是对又一次社会变革到来文学重获春天后新人崛起、流派纷呈、艺术上突飞猛进的热情肯定与全力阐释，甚而是对"新时期"仍然存在着的教条主义对于文学更生的阻力所表现出的愤激，谢冕的眼前总有一个他所心仪的完全属于文学艺术独立自主地探索和创造的一种节日般的气氛和动人景象，这当然不应是一种奢求。同"五四"精神的血缘联系，决定了谢冕文学评论的格局、个性与价值。在现当代文学分治的学术习惯之外，谢冕确凿地将批评对象放在20世纪中国新文学的流程上加以考察，所获得的既是鉴往知今的历史感，又是皈依创造的现代意识。历史感与现代意识的统一，在谢冕的著作中一体两面地砌筑出坚实而灵动的学术之塔。

在20世纪的批评史上，谢冕似乎是个案。甚至包括他的局限在内，谢冕的作为他的文学研究的灵魂的"现代"情结，由这一情结所反射出来的历史冲动，不能不说是中国文学知识分子在一个世纪中痛苦和欢乐的根源。

新潮诗歌的推动者

"始于诗歌的中国艺术新革命"①在1976年以后的至少十余年内，一直是由诗歌来充当劫后文学的艺术变革的前锋（这大约因为如谢冕所言的诗歌是"时代最敏锐、最充分的导体"②）。诗艺变革的主体，起始大都是名字让人陌生的青年人。这

---

① 《地火依然运行》，第5页。
② 《中国的青春》，见《谢冕文学评论选》，第144页。

些陌生人的陌生的诗每一出现总是引起文坛的惊讶、激动，所招来的疑惧和非议远多于对它的认可与赞美。1979年，在劫后文学经过了两三年的惯性滑行，理论与批评对积重甚深的教条主义文艺传统作了一番打扫之后，一批从现代迷信中觉醒的青年诗人，借着新时期思想解放运动的飙风浮出了历史的地表：舒婷、北岛、顾城、江河、杨炼、梁小斌等年轻作者带着动乱年代的创伤、叹息、怀疑和思索的诗，划时代地从地下和民间登上了正规刊物，进入了公众视野。民族文学的一道崭新的起跑线画出来了，中国诗坛立刻失去了平静。习惯了标语口号式的浅白直露平庸呆板的伪诗、异化诗的人们，面对真实的个性各异的诗歌反而产生没法理解的痛苦。新的诗因而被目为"古怪"、"朦胧"、"颓废派"、"沉滓泛起"的谑号接踵而至，继之甚至有"不祥之音"和比之性质更为严重的判断。诗的变革遇到了来自评论方面的阻力。就是在这样的历史性时刻，谢冕站出来开始了关乎中国新诗命运的呐喊和沉思。面对新的诗歌现象他也激动，但那是为冰冻已久的艺术河流终于解冻、一派荒凉肃杀的文学原野上又竞相冒出新绿而产生的兴奋与激动。从早先写诗走上诗评道路的谢冕，他的个人气质、资秉、学养和兴趣与一种历史要求遇合了。他几乎凭着艺术直觉从青年诗歌中捕捉到了文学新时代来临的全部信息，因而得出跟恐惧者完全不同的结论，用与当年朱自清肯定"五四"新诗相近的语言论断："新诗在进步，新诗在重新获得春天。"①这是1980年春天他在不同意见激烈交锋的南宁诗歌讨论会上公开站在青年一边的大胆表态。紧接着，他在5月7日的《光明日报》上发表了《在新的崛起面前》的著名文章，为"新的探索者"的出现感到兴奋，因为"在某些方面它的气氛与'五四'当年的气氛酷似。它带来了万象纷呈的新气象，也带来了令人瞠目的'怪'现象"。他从新诗的曲折道路中肯定崛起诗的意义，奉劝人们接受历史的教训对它采取"容忍和宽宏"的态度。谢冕自此戴上了一个并非桂冠的"崛起论者"的称号，遭到了"恋旧"者以及比"恋旧"情绪更可怕的观念实体的猜忌。而在实际上，作为有识见和勇气的诗论家，谢冕凭他的实力与信念，肩住艺术惰性和传统偏见的闸门，使得一股已然冲击了传统诗的生机盎然的艺术激流，迅速弥漫、扩大、奔涌开去，形成不可遏止的探索诗潮流。谢冕及时地也是最早地用"新诗潮"为其命名，并带动起一个先锋性的批评群体，与创作相互激荡，造成了20世纪中国又一次壮观的文学景象，从而为文学批评推动一个时代的文学浪潮取得

---

① 《新诗的进步》，见《共和国的星光》，第145页。

了不朽的建树。

在新旧文学观念拉锯战的20世纪80年代前期，朦胧诗论争最具规模性地体现了文学从庸俗社会学的躯体中分离出来的阵痛和喜剧性。诗歌论战中的根本分歧在于用艺术的观点还是用意识形态的观点来看待探索中的诗。以谢冕为代表的建设性批评性格，采取了艺术本位而不是其它什么本位的立场，极其乐观地估价了新潮诗的文学史意义，为"朦胧"诗辩护，为青年诗歌的情感及其表达方式寻找生活的根据。谢冕热情勃发地写了一系列文章：《失去了平静以后》、《通往成熟的道路》、《从封闭走向开放》、《我们需要探索》、《力量的呈现》、《时间将证明价值》……肯定"青年诗人的创作，最为突出的是艺术上的突破"（《失去了平静以后》），"在这代人手中，诗歌业已完成了一个重大变革"，"由于青年的加入，推动并加速了新诗艺术由统一而走向多元的演化"（《中国最年青的声音》）。跟持有危机感的人把新诗的蜕变看成是一场灾难的态度相反，他认为"我们面临着又一次如同'五四'那样的大变革的时代，一种弃旧从新的愿望，使我们进入了继'五四'之后的第二个新诗发展的青春期"（《追求的历程》）。他呼吁："既然新诗的变革已是事实，明智的态度只能是承认它的存在——力求客观地描绘产生的必然，并研讨它的特质，从而估量它的价值，而不是其他。"（《时间将证明价值》）

谢冕就这样不懈地为充满希望而又处境艰难的新诗争取生存空间，并取得了效果。他以一种自觉的历史意识承担起理论批评对文学发展所负的责任，因为他从他参与的文学运动看到了一个确定无疑的事实："现阶段的文学在挣脱文化禁锢的斗争中，明显地受到了理论批评的有力推动。"[1]他的批评由此获得了动力。他表示："我希望我的工作能够推进诗歌的变革，我做的工作不能说很多，但我追寻着中国诗歌发展的轨迹，并力图作出预测。"[2]实际上，对于新潮诗的创作和研究，他的意见经常是指导性的，产生了非常明显的影响与效果。

谢冕的批评，不限于青年诗歌，而是社会变革中的整个的新时期诗歌变革的潮流（这是他对"新诗潮"含义的解释），包括更多历史沧桑的"归来"的诗人和不属于朦胧诗派的雷抒雁、刘祖慈等现实主义诗人；也不只限于诗歌，小说、戏剧、散文等其他文学体式，甚至文学以外的绘画、音乐、电影等艺术种类的历史遭遇及

---

① 《谢冕文学评论选》，第22页。
② 《文学的绿色革命》，第188页。

新变，都在他的"文学的绿色革命"的解释范围之内。谢冕的文学批评超越了那种纠缠于细枝末节和满足于一得之见的小家子气，他的大家风度体现在他始终着眼于中国新文学的作为历史延伸的阶段性完成，在一种世界性艺术地平线上确立汉语文学的创造目标，并将其作为评价文学现象的准绳。纵的"新文学"，横的"世界文学"，形成谢冕的全局性批评思想。他的批评因而是一种规范的文学批评，既超越意识形态，又超越那种脱离活的文学创作史的观念性理论构建。他的评论不以理论思辨见长，作为新潮评论家，看不见多少花样翻新的现代批评理论方法和术语对他的写作的影响。在他的批评里，能够感触到的是他对当前创作中关系到文学进步的每一点艺术律动的全力而敏锐的感应所引起的批评家心血的潮涌。他用一种几乎是共振的方式把骚动不安、迁衍漫流的共处性创作状态加以组织并用感情与思想相熔铸的诗化语言加以布告和评说。经他这一组织和表述，新时期的诗歌创作就不再是自在的存在，而显示为经络分明、流向清晰的震荡力很强的文学运动。处在这一运动中的艺术群落①或群落中的个体，都被呈现为可触知的丰富的实体，很少可以更容易地在新时期诗的星座图上得以定位。从"新诗潮"到"后新诗潮"，谢冕由为崛起的新诗争取生存空间，到为诗坛力量的更迭、诗歌艺术的发展与嬗变作追踪描述、理论概括和美学上的解释，他不遗余力地扩大诗歌运动的影响，文章越写越有气势越见体系化，同一题目往往论述再三。如以"论新诗潮"为副题的就写了《断袭与倾斜：蜕变期的投影》、《冲突与期待：加入世界的争取》等，以"诗歌运动十年"为副题的就写了《传统的变革与超越》、《巨变的解释》、《空间的跨越》等。收在《谢冕文学评论选》中的"中国新诗现阶段综论"一组就是十篇。此外如《美丽的遁逸——论中国后新诗潮》，也是宏篇大论，在声色上恰与要弘扬的对象相称。

新潮诗歌在刚一出现时容易为人诟病，原因通常在于它以新的质和形，与已成定势的文学观念或欣赏习惯甚至欣赏能力相冲突。只有懂得弃旧图新、追求独创乃文学艺术的本质规律的人才不会对自己不熟悉的创作现象产生本能的抗拒或逆反心理，相反会激起设法去理解它的愿望。谢冕就是深谙艺术真谛的批评家。他坚信太阳每天都是新的这一真理。对于他，文学上的事变仿佛都是期待之中的，所以他宁可首先毫不犹豫地以开放的态度去接受，然后再以训练有素的判断力去分析、显影

---

① 1985年谢冕就与洪子诚一道组织过他的研究生和进修生对当代诗歌艺术群落进行研究，当代诗歌艺术群落的全面划分自此始。对这些群落的总体描述可参见他的《作为运动的新诗艺术群落（1949～1986）》，载《社会科学战线》1988年第3期。

出其中闪光的、有价值的部分。当崛起的青年诗受到懂与不懂、思想内容健康不健康的辩难的时候，谢冕表现的是对这些经过了浩劫的一代和他们的诗作的深切的理解。他一点也不隔地读出了"青年一代真实的心声"，发现了他们的诗歌是"矛盾的复合体"。他告诉人们，"他们不曾背弃生活"，也"未曾脱离自己的时代"，他们只是"在一片多种情绪汇集、多种声音呼喊的喧腾的新的世界里""寻找属于自己的声音"。而这不再是单一的和"共同的"声音，而"是在各自的生命搏斗中萌发、迸射出来的心灵的歌唱"。由此，他有理由发表这样的意见："无端的谴责'朦胧'或是不加分析地嘲讽'古怪'是不公平的。"（《面对一个新的世界》）如果说，从诗与生活、诗与时代的关系来论证诗的"真实"性，从而为青年诗人回护，多少是一种被动性的反应的话；那么，谢冕一开始就把批评重心放在"当前青年诗创作的走向内心的探求"上，发现并指出"许多青年诗人摈弃了对于生活的外在摹写，而走向内在世界的刻画"，就表明谢冕的批评与它的对象一起努力向诗歌艺术本体回归，它的生存力量和发展前景也就由此奠定。

尽管谢冕同他这代哪怕最激进的批评家一样宿命般地要在社会功利文学思想中徘徊过一段时间（80年代以前），并且以后也不可能彻底背离历史批评和理想主义的文学精神；但是谢冕的前驱性就在于他一旦确认便不再把艺术自律的权力让渡给任何借文学以实现值得怀疑的历史意志的社会行为。从80年代开始，谢冕对新潮诗所作的研究主要精力就集中在艺术变革的总结上，以同步的方式在评论中加以弘扬，为此他不惜承担风险。他成为新诗潮的权威发言人，就在于他首先站在较高的视点，从别人以为朦胧的现象中发现了前述的诗歌由外向内的转化以及以此为轴心的诗歌艺术向空间上的拓展。在有亲和感的大量阅读的基础上，他把握到诗歌艺术的更新，按抑不住喜悦地连篇著文反复揭示诗艺革新的事实，而且都是从丰富的诗歌创作实例上加以归纳。在重要论文《诗：审美特征的新变》[①]里，谢冕更是全景观照地描写出转折的时代带来的诗歌审美特征的变化，即"诗歌力求以个性的方式再现情感的真实"；诗人为求把对于生活的关切"包含在具象化的情感和情绪之中，间接地和蕴藉地予以表达"；"诗的形象和建构正在由密集转为空疏，形象的间距大了，加上时断时续的跳跃，造成了内容上的多义性和情绪上的朦胧性"；"诗歌开始了一个由具体到抽象，由写实到超脱，由主题的确定和单一到不确定和多义、多解

---

① 见《谢冕文学评论选》，第194页。

的演化过程"；"诗歌的情绪结构总体上趋向复杂化"等等。他把这种审美上的变化归纳为时代使然。比如在谈到情绪结构的复杂化时就分析是"时代的趋向成熟，使人们的思想由单纯趋向复杂，由平面趋向立体"，因之"这种情绪结构的变化，更为符合凝重、曲折、复合的当代人的精神气质"。他把诗歌的审美趣味急剧变化看成是"与科学技术高度发达的人类社会以及向世界开放的中国现今生活相适应，现代气氛刺激"的结果，认为是"新时代那种跃动的、急促的、紧张的节奏，给新诗带来了失去平静的'躁动'"。这样的紧扣诗的审美本性的理论概括和分析，自然明显带有为新潮诗辩护的用意，而且客观上不仅达到了这一目的，也为诗的创作和评论研究作了一种方向上的昭示。

不妨把对新潮诗的激赏看成是谢冕诗性精神的一种自然而执著的表达方式，新潮诗的每一步推进都是他所体认到的诗歌艺术的本质以及他所理想的艺术生态的客观化。批评固然也是一门艺术，但批评总有不能企及它的对象的某些属性的遗憾，因此极端服膺艺术创造行为的批评家比常人更注意创作中的艺术增殖现象，这可以看作是谢冕得出"诗歌艺术的不断更新是迄今为止诗歌变革中的最令人激动的内容"[1]的看法的原因之一。就在他全方位论述中国新诗潮的专著《地火依然运行》里，谢冕用了大量篇幅，以《错动与漂移》、《反拨与突进》为题，对"诗美变革的推衍"进行了动态的辨析和静态的审视。在这里，他系统化地总结了新诗潮作为文学运动的最具实质的诗美变革：从意义的诗到意象的诗，从直接说明到间接效果，从模糊写意到整体象征，从匀称完整到破缺失衡，从平面铺展到立体建构。论述当中，引例精当，真知灼见层出不穷，诗歌现象的批评已上升为诗美理论的建构。这种很专业的理论化批评使得新诗潮的阶段性意义得以彰明而美学价值也得到了提升。值得指出的是，谢冕是有意识地转移批评重心而从诗美角度研究新诗潮的。他看到了"每个时代的人似乎都格外重视各个文学运动中文学表现内容的转移和更新，而往往忽视艺术自身的递进和嬗变"[2]这一问题，故而努力把批评引向深入——着重考察文学的"怎么表现的变化"，而不是"表现什么的变化"（这是对包括他自己在内的传统批评路数的一种超越）。基于诗美变革才是诗歌的实质性变化这一思想，他在同一书中用专章讨论了新诗潮中"现代意象诗"，把诗的意象化看成是

---

[1] 《地火依然运行》，第22页。
[2] 《地火依然运行》，第102页。

诗的"现代倾向"。实际上，谢冕是在努力深入诗歌艺术思维的"黑箱"来回答他的全部诗评所要回答的问题——诗是什么？新诗潮的艰苦探索就是不断地为这一问题提供逐步逼近内核的答案。这是他同新诗潮相依相存的根本所在。

人类的艺术思维有无限发展的可能性，诗歌的艺术探索也就永不会中止。视艺术创造为对一切陈规的反叛、对旧秩序的扬弃和破坏，这是谢冕区别于那些封闭的头脑的地方。作为一个与新诗潮共命运的评论家，谢冕期待于新诗潮的，就是它在不断地自我调整中前进。对于新诗潮内部的衍化，他密切关注，只要是提供了新的艺术信息，他就给予支持。例如江河、杨炼等人的史诗性追求明朗以后，就被他看成是"标志着诗歌的大跨度前进"[1]。谢冕试图从文化精神的"寻根"这一时代命题上去解释所谓"现代史诗"的写作主体由横向扫描到纵向追寻的艺术借鉴重心转移的前趋性，虽然暴露出对这一艺术追求的得失缺乏更深入的理论分析，但评论家对待艺术探索的开放态度却是可贵的。

处在文化大开放的观念和思维嬗替速度大大加快的时代，谢冕并不总是能够充当艺术新生儿助产士，他也有过被青年朋友认为"变得保守了"，自我也感到"也有很多事情不能理解"[2]的痛苦。但是他有勇气而且能够做到不断地自我更新。他乐于追逐他期待中的但不一定是他很快就能熟悉的文学新潮，努力亲近它并试图理论地掌握它。80年代中期以反叛的姿态在"新诗潮"的余震中崛起的"第三代"诗人，他们那"几乎是不顾一切的'粗暴'的侵入"令包括创作者、欣赏者、批评者在内的几乎所有的人感到震惊。面对这突然袭来的"后新诗潮"，谢冕也遇到了在"朦胧诗"那里不曾遇到的尴尬——"新诗变得不美丽，甚至变得很不美丽了"，它意味着意象的经营并非是诗的唯一圭臬。然而谢冕没有固守他已形成的诗歌本体观，而宁肯"以新的生存观念作为依据的思维方式"去理解新的诗歌现象。经过一段时间的观察与思考，他为尚未得到重视的第三代人的艺术行动撰写了长篇论文《美丽的遁逸——论中国后新诗潮》[3]，对"新诗潮"之后的又一重要艺术现象进行整合，考察它的审美变异及其产生的原因，从艺术存在的固有秩序（每一个进步，必须以那些曾带给我们以满足的东西的消失为代价）和结构（艺术多元）来论证它的合理性及价值。他把诗坛上新出现的极端的背逆看成是"禁锢诗歌的艺术教条放

---

[1]　《诗在超越自己》，见《谢冕文学评论选》，第187页。
[2]　《中国新时期诗歌变革的潮流（代自序）》，见《地火依然运行》。
[3]　刊于《文学评论》1988年第6期。前述引文见此。

弃之后所产生的新秩序。'混乱'的秩序宣告了平常艺术生态的恢复"，认为"丑陋"、"荒诞怪异"、"存在的本身便体现一种价值"。在讨论新生代的平民意识及非崇高倾向时，提出"后新诗潮对于它的前一阶段的审美变异，取决于这种创作主体的'身份'的变动"的观点，进而从他们的"调侃和揶揄"的诗歌的基本调性中找出了现实生活给予他们的"那份焦灼的痛苦"。诚然，他的"创作主体的变动导致诗歌内涵的变动"的看法并不多么新鲜，但这里首先体现了他愿意去理解年青一代的这一恰恰是很多人做不到的态度。在评述了第三代诗的非文化倾向之后，他对后新诗潮给予了充分肯定："后新诗潮迄今为止的努力并非无可称道，它为中国新诗在当前行进的速度画出了鲜明的印迹，它结束了作为新诗潮由传统诗潮向现代倾向过渡的进程，而开始了新诗向着本世纪末期先锋诗歌意识的推进。"

后新诗潮是比新诗潮远为复杂的诗歌现象，想要在一篇文章里作出全面而准确的评价那太冒险，而谢冕的聪明和诚实就在于他相信艺术创造史的法则："诗歌的动态结构作为一种秩序被确认之后，这只受到社会的发展力抽打的陀螺不会骤然停止它的旋转——只要作为运动的现代化的内驱力不消失，诗的任何层次的变革都不具有'最后'的性质。"这一认识，无论对于新诗潮的创造主体，还是欣赏者、评论者，都是有启发的。

历史的沉思

经历了大忧患大灾难而后发生大转折的历史时代，不可能不由知识分子来承担对历史的反思。70年代末兴起的文艺复兴运动，文学便走在了全民大反思的前头。"既然历史在这儿沉思，我怎能不沉思这段历史。"[1]谢冕曾引用这诗句，说它"写出了我们如今生活着的几代人的心态。我们时刻都在自省与对于历史的反思之中"[2]。他为历史给予我们以机会，几代人有幸站在两个重大时代的交叉点上进行范围广泛的全民的反思而感到幸运，说："这种历史性的反思，以深刻的批判意识开启民族的灵智，作为这一时代的知识分子，我当然无法（当然也不谋求）逃遁这一历史的使命。"[3]

谢冕所要做的，当然是对文学的历史的沉思。文学在新的历史时期的崛起，

---

① 公刘：《沉思》。
② 《诗：审美特征的新变》，见《谢冕文学评论选》，第206页。
③ 《谢冕文学评论选·后记》。

建立在沉重的历史反思的基础上，它的前进也需要历史反思作为推力。这是因为，一方面历史的转折并不意味着历史的中断；另一方面历史作为镜子可以帮助我们矫正弊端，明确方向。谢冕从事诗歌批评，落脚点是在推动新诗自身的艺术建设，而新时期诗歌每迈出一步都与历史背景相关联，因此他对于当前新诗革命的呐喊与对新诗历史的检讨就是同时进行的。这工作犹如一面欢呼并品评废墟上正建设着的大厦，一面向人们讲述这里从前有过的辉煌和它被毁灭的经过。

在当代文学批评中，谢冕较早用历史的眼光来看待当代艺术革命的因缘，而又坚持得最好。这在他自有一种优势，大学时代参加新诗简史的编写使他熟悉中国新诗史。材料不变，只要换一种眼光，换一个角度，历史就能为当代人的思考提供最明晰可靠的运动图像。谢冕的历史反思越来越带有批判性，有时还十分尖锐。这种勇敢固然为开放自由的时代环境所鼓励，但它在冒了风险之后热情仍未消减，就是由个体人格所决定的了。谢冕在谈到新时期中国文学虽经狂风巨浪但不会使中国已获得的自由的自主意识后退时说过这样一段话："一个无可否认的事实是中国正在造成的新的文化性格，此种文化性格受到了整个开放社会的鼓励。它正在形成一种'硬质'，足以抵抗中国文化界有着悠久历史的软骨症。"①当我们回视80年代以来的当代文学批评界乃至整个知识界，发觉这样的"硬质"实属凤毛麟角，就不能不对谢冕历史反思中保持到底的批判意识肃然起敬了。

谢冕曾透露过："我的兴趣在于从社会思潮的角度宏观地考察进入20世纪以来的诗歌思潮。"②这不妨看作他反思整个新文学的一种方式。他不是为研究而研究，在他这里，对昨天的思考都是为了今天并指向明天。因此他对历史的描述有很强的选择性和鲜明的价值取向，舍弃一些而突出一些、否定还是肯定从不含糊，这是作为批评家治史做学问的独特之处。从写于70年代、80年代之交的《共和国的星光》，到80年代中期的《文学的绿色革命》，再到90年代的《新世纪的太阳》，谢冕的历史反思意识前后贯穿且不断深化，而逐渐强化的历史纵深感总是被拥有艺术自由创造的文学理想所照亮。70年代末文学新时代刚一降临，他就作出了历史抉择：张扬"五四"文学传统，反省文学被异化的历史失误。《论中国新诗传统》、《和新中国一起歌唱——建国三十年诗歌创作的回顾之一》、《历史的沉思——建国

---

① 《文学的绿色革命》，第108页。
② 《中国现代诗人论·后记》。

三十年诗歌创作的回顾之二》等文的写作，首开了"重写文学史"的批评实践。这些论作一反阶级论的文学历史观，而以艺术创造为标准，返还了胡适、周作人、徐志摩、戴望舒等人在新诗史上的功绩和地位，重构了"五四"那个开放创造、宽容自由的文学时代，眷恋之情溢于言表。另一方面对新中国成立前后诗歌一步步被他律、失去自我的历史真实毫不讳饰地给予了评述，为之遗憾、扼腕。

　　也许是对新中国成立以后亲见亲历的创作和评论的不自由有切肤之痛，而新时期带来的解放感特别强烈，但现实又使他不能不保持对艺术自由得而复失的警惕，因而谢冕对"五四"形象、"五四"传统就怀有一种超乎寻常的感情，总是把对现实的希望投射到对"五四"的缅怀上去。"五四"是他精神的源泉，也是他用以衡量此后的文学世界的标尺。他说："我们总是怀念'五四'那个比较宽容、能够进行自由探讨的思想解放的时代。在那个时代里，有着为建设新文学而忘我创造的热情。那时，存在着一种互相蹉磨的自由气氛，大体上保持一种平等对待的气氛。"[1]在谢冕看来，文学就是创造，而创造需要自由的环境和气氛。"五四"就是一个可以进行多样而丰富的艺术探求的时代。"新诗历史的第一页，写着两个字：创造。"[2]"五四"的创造精神和由人的创造和心态反映出来的环境与气氛就构成了新文学、新诗的传统。谢冕由此获得了他反思文学历史的一个尺度，衡量文学发展健康与否，文学时期正常与否，就看它是坚持还是背离了"五四"新文学传统。

　　确认了新时期诗歌是对"五四"新诗传统（自由创造、多种多样的艺术探求）的恢复，就意味着这之间曾经出现了一个大裂谷，中国新诗走了一大段弯路，或者说在新中国成立前后数十年间诗歌存在着偏离了自身建设这一目标的事实。谢冕所要思考的，就是新诗在什么时候、什么情况下、因为什么原因、怎样地离开了艺术发展的轨道，歪曲了形象，或竟完全失去了自我。由于工作目的明确而又掌握着诗歌艺术本质这一尺度，谢冕驾轻就熟地从新诗史上选取了一些重要的创作现象和理论问题，或是整体透视，或是微观分析，有说服力地评价了它们的得失，并找出了造成诗歌异化的症结。这些现象和问题，长期在当代文学创作和理论批评中造成困扰，如诗歌的民族化和群众化问题，民歌和古典诗歌的发展基础问题，写实诗与象征诗，颂歌与战歌，大跃进民歌，两结合创作方法，标语口号诗等等。谢冕注意把

----

① 《共和国的星光》，第15页。
② 《共和国的星光》，第6页。

诗歌现象放到产生它的时代背景上去加以考察，首先说明它的表现及生活基础，进而总结教训并发掘出观念上的病因。比如他发现中国新诗在50年代后期对现实生活的描摹越来越成为主要倾向，大胆的或绮丽的想像越来越少，而作为诗的语言基本特征的暗示，却被过于明白和透彻的乏味的语言所代替，令人厌烦的"一览无遗"俯拾皆是。造成这一现象的原因很多，谢冕主要谈到了当时诗为现实服务，造成了要求一无例外地机械配合某一阶段的某一中心任务的偏差。接着他就总结："这一诗歌发展阶段留给我们的基本教训是：诗应当反映现实，也应当为现实服务，但诗与生活的关系并不是，至少并不主要是直接和如实的。直接和如实的反映，只是呆板而单调的镜子，并不是诗的基本反映方式。基本方式应当是生活的折光。这种折光，犹如太阳光之在三棱镜中泛出异彩一般，可以把生活反射得瑰丽而奇妙。"①这是基于诗的特性来思考诗与生活的关系。这一概括和分析，对当代诗歌发生畸变的诊断应该说是切中肯綮的。

谢冕这个时候意识到了诗歌同生活同现实的关系不是单一的，诗歌反映生活有它自己的特殊方式，但还未能提出诗的多功能论，文学多功能中的主要功能是审美功能，审美是文学的基本功能，也是它的不容侵害的本性。他对文学的审美——自由本性的决然维护是在《文学的绿色革命》里明确表示出来的。

作为一个对艺术和历史抱有同样严肃态度的评论家，谢冕并不满足于检讨我们认识文学以及处理文学与生活的关系上的失误，而要追问这一失误应该由谁来负责。考察中得到的回答一是生活的趋势所致，一是人为的因素，而某种非文学主体对文学的片面理解则在二者之间起着恶性循环的作用。

谢冕对当代颂歌的形成及演变的过程和原因的思考是独到的，充满了幽默的机智和批评的快乐，在轻快中求得了锐利，在宣泄中达到了深刻。他描述了翻天覆地的历史变化给生活倾泻来巨大的光明时，新老诗人由衷地对新社会及它的缔造者唱起了真诚的颂歌。而当生活发生变化，诗歌早已在心理惯性和外力的强迫下失去真诚的品格的时候，颂歌也就畸变为宗教颂词，在造神运动中彻底堕落。像这样富有睿见的思索涉及了当代三十年主要的诗歌现象。如中国人民生活的高度政治化带来了政治抒情诗的繁荣，如新中国成立初期注重现实的变异，就出现摹写现实的写实诗倾向，而50年代与60年代之交社会生活中注意精神的发扬，诗风便追求由具体生

---

① 《共和国的星光》，第45页。

发为抽象的概括，诗歌由摹写现实而转向抒写激情，由太过写实的极端而转向了崇尚虚夸的一个极端等等。诗歌不断偏离自我的审美本性，诗人们不由自主地改变或否定着自己的美学观点，的确是生活这只看不见的手在起作用。谢冕丝毫不加讳饰地举出了一代诗宗郭沫若在进入新中国以后，"一直都在主动自觉地用诗来配合各项中心工作的宣传"①，对"诗由演绎现实逐渐转向图解政治的倾向，从而使标语口号化有了发展"，"起了倡导的作用"②。谢冕也还不止一处地以理解的心情论及抒情诗人何其芳面对新生活的彷徨。历史地检查诗歌的变异和诗人的失误，他首先得出的看法是：讨论当代诗歌的任何一个问题，都不能离开1949年开始的新的时代。许多诗人的困惑、彷徨以至急剧的变化，都由于他所感到的新生活给予的压力。

　　但是笼统地诿过于生活，对历史的反省就达不到为新时期的文学进取扫清羁绊的作用。谢冕回顾三十年诗歌创作史，无法不揪出生活后面的那只政治的手。"回顾历史，我们便会清晰地看到，在三十余年的发展道路上，'配合任务'的诗风实际上从建国初期就开始了。"③谢冕说出这一情况，也就等于指认了政治从当代文学史一开始就入侵了诗歌。在《历史的沉思》这篇写于1981年的长文里，他点明了这种关系："解放以来，政治运动左右着我们的社会生活，同样也左右着诗歌的发展。"④他在检视当代三十年"走向统一的新诗歌"时，实证分析使他不得不得出这样的结论："在三十年的发展中，对新诗起决定性的深刻的深远的影响的是政治。"⑤他以《骑马挎枪走天下》的作者修改自己的作品为例，让人们看到了"政治对于诗歌的无形而长存的制约"⑥，更可怕的是，"在连绵不断的，而且是愈演愈烈的阶级斗争和政治运动中，人们的思维方式和适应生活的能力，也在发生急剧的变化"⑦。要求诗歌为政治服务成为一种无所不在的统一的力量，取消了诗的个性、艺术的多样化，最终不仅统一了诗歌、湮灭了诗歌，更有实质性更为严重的危害是毒化了诗歌创作和欣赏主体也是社会主体。它对一个民族的戕害是远远超出了文学范围的。

---

① 《共和国的星光》，第84页。
② 《共和国的星光》，第88页。
③ 《共和国的星光》，第85页。
④ 《共和国的星光》，第141页。
⑤ 《共和国的星光》，第134页。
⑥ 《共和国的星光》，第131页。
⑦ 《共和国的星光》，第133页。

在谢冕的历史批判中，政治干预文学所倚仗的权力，是顺理成章要受到追诉的。中国新诗由"五四"开辟的众多而宽广的路而被驱使走向后来的单一而窄狭的路，"民族形式"成为长期支配着我们诗歌的形式方面的主导性理论，一个难以撼动的根据便是"新诗发展基础"说。用"五四"新诗传统来衡量，"基础说"显然是有悖于艺术多元化的原则的，它对当代诗歌发展所产生的消极影响已是事实，因此谢冕有理由作出历史评价。开始是有保留的："到了建国，毛泽东同志从理论上把1942年以来的新诗运动加以总结，这就是：新诗必须在民歌和古典诗歌的基础上发展。这一理论的提出，产生了重大的影响，但是，它带有明显的片面性。"[1]稍后，他就指出了片面强调古典诗歌和民歌的基础是导致诗歌走向窄狭的直接原因之一，说："一个'基础'，一条道路，它造成了新诗的单调与贫乏，因为它排除了从多种多样的渠道取得营养的来源，从而获得多种多样的借鉴；它排除了多种艺术风格、艺术流派的形成与发展，也排除了多种创作方法的运用。"[2]

如果说谢冕在《共和国的星光》时期已经把思考新诗问题的触角伸到了40年代，在从延安文艺座谈会讲话那里涌出的民族化、群众化的激流中看到了当代片面化诗歌理论的源头（他甚至认为当代诗歌史的分期就应追溯到1942年）的话，那么，到了写作《新世纪的太阳》，谢冕就有充足的材料来说明诗歌同政治意识形态纠结从20年代起就有了一条贯穿的线索。当他从一个特殊的角度梳理20世纪中国诗潮，他注意到以浪漫激情著称的创造社一开始便有倾向于阶级意识的提倡，其主要成员"很早就用阶级意识审视并否定它的自身"[3]。成仿吾于1923年发表著名论文《文学革命到革命文学》而"成为'五四'新文学运动一个重大的分野"，而郭沫若告别了《女神》的时代，"以《前茅》、《恢复》两部新的诗集实践了他的意识形态的认同"[4]。谢冕据此得出他的独到见解："人们已经以非常肯定的描写确定了创造社在倡导中国新文学革命引进艺术浪漫主义潮流中的贡献，人们似乎还不曾以同样的肯定的描写，确定这一群人在推进中国文学迅速意识形态化方面开风气之先的作用"[5]。从这里，谢冕找到了当代文学政治化的源头，它起自20年代的一个转变：

---

① 《新诗的进步》，见《共和国的星光》，第150页。
② 《道路应当越走越宽》，见《共和国的星光》，第236页。
③ 《新世纪的太阳》，第72页。
④ 《新世纪的太阳》，第73页。
⑤ 《新世纪的太阳》，第74页。

"中国现代文学自'五四'发轫进入第二个十年，其流向有一个根本性的改变，即自个性解放的启蒙而进入阶级意识的倡导。其在诗的体现即是左翼诗歌和革命诗歌运动的兴起。自诗歌革命到革命诗歌，中国新诗以十年的光景实现了一个惊人的转变。这种转变奠定了其后数十年的新诗主流形态，影响是极为深远的。"①30年代中国诗歌会成立，革命意识的膨胀使诗自觉地或被迫地放弃了自己的特性。40年代，延安那个著名的会议强化了30年代以来的文学追求，"它对中国文学、艺术和诗的影响的深远性在此后数十年直至本世纪的最后年代都可以看到。它决定了中国文艺必须通过长途的曲折和坎坷方能达到一种自由的和灵动的状态"②。

逆着中国新诗的行程，回到左右它的那个时代背景上，谢冕似乎感到了历史自体的痉挛对纯文学的要求是一种无言的抗辩。集团主义的（1930年沈端先就在《拓荒者》上著文提倡集团主义艺术）主流形态诗歌的形成，一方面"多半与中国诗言志的儒家诗学传统有关"③，而在具体的历史情境中，历史运作激起的社会思潮所形成的精神风景，无情地对文学进行选择。这就是谢冕在读到30年代急剧转轨的革命诗歌后所震惊的："在中国，社会的因素竟然可以如此巨大而迅捷地改变艺术和诗的生存状态。"④在这个时候，谢冕不再奢想有一种完全从他生存的时代、从社会生活中独立出来的纯文学主体，他只能首先承认这样的实际情况："在新诗历史上，诗人们总是在社会层面与艺术层面、在实用和功利价值与审美价值、在投身社会改革争取社会进步与推进艺术建设方面徘徊犹疑。"⑤能使他心折的，是既能为时代所召唤而投入，投入之后又能自由地进行诗的创造和建设，创造既属于那个时代又充分发挥了个人独创性的诗的辉煌，就像七月派诗人那样。

的确，在中国这个特殊的社会人文环境里，诗歌艺术规律尤其要受到制约，这是中国文学的世纪现象："近代以来中国文学运动的萌起及展开都受到艰难的现实的催促，几乎无例外地承担了以文学改变社会危机和民众苦难的使命，无边的忧患使文学无暇顾及自身审美建设的急迫感，宁肯放弃此种追求而倾心作社会功利的投

---

① 《新世纪的太阳》，第85页。
② 《新世纪的太阳》，第232页。
③ 《新世纪的太阳》，第117页。
④ 《新世纪的太阳》，第169页。
⑤ 《新世纪的太阳》，第204页。

入。"①但是这种看上去的历史合理性仍然有可质疑之处，特别是当一种历史自性里包含有太多的文化惰力的话。谢冕的文学历史反思在这方面表现出批判性并达到了一定的深度。80年代中期在文学艺术全景上概括分析"五四"以来文学的历史走向的《文学的绿色革命》，基于一种由现实惹起的历史忧患，对历史倾斜和文学异化的大命题进行了历史的批判回顾。它着重讨论了包括中国特殊的生存环境下产生的社会和民族自卫需求而导致的特殊策略的涵盖，以及这个社会和这个民族的传统思维惯性对文化性格产生的消极影响。从文学社会化实践的悖谬中看到了诗文载道言志的儒家文学观的"精神化石"的顽固性，也指出了造成"五四"文学传统断裂的来自行政力量的基本原因："在于把特定时代、特定地域的文学指导方针当成了永恒的和普遍的文艺范式。"②最为精彩的是他用犀利的笔剖析了阻碍中国文学艺术现代化的保守力量——中国传统的文化性格。他描述了这种文化性格的可笑而俗恶的表现，并作了"精神分析"，同时简要但透辟地分析了促使中国人消极文化性格形成的历史和现实的诸种因素。他从中国长期封建社会形成的政治结构和意识形态结构一体化的突出现象中，看到了文化遗传因子的难以消除的影响——"中国传统知识分子以及新时代的作家艺术家的保守性文化性格依然潜在地决定着和影响着中国文化和文艺的发展"③。这说明了文学的历史反思的必要。能够对一种"文化警惕"保持高度警惕，这是谢冕的清醒。同样"一身兼有觉醒的批判者与自觉的皈依者的双重人格"，谢冕从鲁迅那里承得了更多的敏感和穿透中国腑脏的洞察力。

　　无论有何种感受、取得了多大作用，文学历史的反思对于谢冕来说是需要继续进行的工作。在即将跨入新世纪之前，他表达了这样的愿望："我们期待着放置于百年忧患背景上而又将文学剥离其它羁绊的属于文学自身的思考。"④已经开始的"20世纪中国诗潮"的系列写作，应该能让他如愿以偿。

---

　　① 《新世纪的太阳》，第84页。
　　② 《文学的绿色革命》，第16页。
　　③ 《文学的绿色革命》，第45页。
　　④ 《世纪末：中国知识分子的思索——〈二十世纪中国文学丛书〉总序》，见《新世纪的太阳》，第4页。

痛苦的"现代"情结

谢冕是个一往情深地热衷于他认定的目标的人。这个目标，就是中国新诗的现代化、中国新文学的现代性的不断获得。

在20世纪的后半叶，谢冕是对历史精神领悟得最为深透的中国知识分子的突出代表，当然是通过他所委身的文学批评事业。谢冕并不因为新文学的现代化进程历经曲折而怀疑它的方向的正确性；相反，他从这一进程的挫折和停顿所反映出来的消极后果里，更加确信现代更新是中国文学的唯一出路，是中国社会转型后文化更新的一个表征。一个是"五四"新文学开拓及成功的参照，一个是历史新时期文学复兴展现出的可能性，谢冕有充分的理由用"现代性"来评价近百年来文学争取的得失来要求当前的文学力量和人文环境。他的勇敢和执著使他成为一面旗帜，同时也将他暴露在一片开阔地上，为此他享受到呐喊者的充实与快慰，也领略到一份不被理解的悲哀甚或陷入无物之阵的痛苦。

文学现代化是社会现代化的伴生物。对于在19世纪中叶被西方列强撞开了闭关锁国大门的古老中国而言，百年来的现代化道路是由被迫到自觉的选择。尽管20世纪有太多的事件使这一过程受到阻滞和扭曲，但中国现代化的推进却是越来越有声势，成为社会的普遍认同。中国实行现代化，是向来自中国之外的"世界"即另一种人类文明模式的"挑战"的回应，这就意味着它在认同世界文明秩序的时候将在不可预料的程度上改变自我的固有的文明特性，它带来的便是反传统的冲动和文化自卫的情绪的持久的冲突。作为现代化的后来者，中国实行现代化有似于诺贝尔文学奖获得者墨西哥诗人巴斯对墨西哥现代化的形容，即一方面是"命定地现代化"，一方面是"被诅咒地去现代化"[①]。要一种"轴心期文明"[②]的主人放弃自己的文化传统去归化世界新文明秩序，并不是一件轻易的事情，而现代化在本质上是文化的前所不具的现代性的取得，从经济秩序到制度文明以及更深层次的精神文明。而中国的发展除现代化之外，别无他途。由于中国的现代化是在以西欧文明为模式的西方现代化因"工具性理性"的膨胀而出现病态的情况下加快进程的，在一

[①]　转引自金耀基《中国现代化的文明秩序的建构：论中国的"现代化"与"现代性"》，《潘光旦纪念讲座第四届论文汇编》，1995年10月，北京。

[②]　德国哲学家耶斯培（Karl Jaspers）把中国与印度、希腊、近东列为纪元前的几个"轴心期文明"，这些"轴心期文明"都有特殊的文化取向，对其后世影响极大。——转引自金耀基文，同前注。

种文化对逆的迷惑性现象中，文明秩序的前冲就很可能被牵掣在一种跛足状态。文学就在时代思潮对"现代化"特别是"现代性"的不同理解中产生不同的追求。

在20世纪的中国文学现代化建设中，诗歌最具有革命性而且承受了最大的压力，这大概是谢冕把文学研究的主要精力放在新诗上的缘故，而非主要是学术上的专业定位。新诗的"新"，乃为"现代"的同义词。中国新诗的现代化，就是"现代性"的获具。取价现代就意味着对"传统"的逆反，意味着从已经高度完善的封闭体系中突围出来面向别一世界。中国新诗的现代取向在应然性上与中国社会的现代化是耦合的。新诗的从无到有就是挣脱中国古典旧诗，取法西方的结果，它的当然背景是世界一体化。谢冕这样概括它："中国新诗从中国传统诗歌的母体中分裂而出，它的新生、自立以及迄今为止数十年的挣扎和奋斗、痛苦和欣悦、憧憬和期待，用一句话来概括，那便是告别古典，进入现代，是一个完整的现代更新的过程。"① 这是同中国社会现代化一样不可倒转的中国新诗的历史走向。谢冕的坚定执拗和悲壮感都来自这里。他在"二十世纪中国诗潮"研究的第一部《新世纪的太阳》里，对中国新诗现代性确立的艰难历程作了迄今最有透明度的巡礼，凄美而遒劲的文笔中饱含着殉道者的欣快与苍凉，令人一再感触到他那不解的现代情结的颤动。他毫不含混地厘划了新诗与旧诗的死生界限、纯诗与社会功利性的分野，分析了现代诗命途多舛的社会、历史、文化方面的原因，表现出对笼罩新诗的古典阴魂的高度警觉。

《新世纪的太阳》里有一段概括新诗自我完善的全过程的话：

> 首先是白话诗的建立，以白话为目标和武器对古典诗进行强悍的、摧毁性的攻击并取而代之。而后，新诗以自由奔放的姿态进入了它的草创期。这个时期的最大特点是对于古典影响的消除，以完全无拘束的形式进行着叛逆性的思想情感的抒发。自由体白话诗的过于散漫和无节制状态以及新诗浓重的社会、人道意识使诗放松了对自身的约束，相当程度地轻忽了艺术的建设，这就引发以新月派为核心的新诗的美学建设——这个建设仿西方古典诗为模式企图建立新诗的格律化。再后，新诗以异端引进的方式进入了它向着世界现代主义诗潮认同的现代诗历程。从新月派开始，经象征派到现代派，在西方现代诗观的影响下，新诗的确进入了它广泛吸收融会的艺术建设期。一批杰出的诗人在这个

---

① 《新世纪的太阳》，第101页。

潮流中涌现出来，新诗也因此推出了一批可以存留的重要作品。①

　　这一概括是建立在书中对一次次诗歌运动、一股股艺术思潮和大量创作现象的分析之上的。从这段话中我们可以注意到的是研究者对现代诗运和创作进行评估所引入的价值标准。从他对戴望舒由《雨巷》向《我的记忆》转轨的分析与首肯，从他对李金发等人的象征诗艺引进的大力肯定，对现代派诗运的欣赏与推崇，以及后面对40年代以西南联大为中心的现代诗的再度滋荣的不无称许的介绍，可以看出新诗的现代化在目标的视域上是以西方艺术为标准，诗的现代性所包含的精神内容上的现代倾向与形式上的自由体，都是对产生在农业文明土壤上的中国烂熟的古典诗的从内到外的有意背离。其实谢冕早就指出这一点："中国新诗兴起的时候，它的批评对象是具有深厚之民族传统的旧诗词，而它所取法的，却是对于我们是陌生的外国诗歌。"②只不过后来他从发生学上把诗的现代本原点明了："诗的现代性和现代化倾向属于城市、城市知识分子，而与农民格格不入。我们的事实是在新诗的运行中几乎现代主义潮流的兴起和繁荣都与都市以及都市的知识者特别是受到西方文化洗礼的知识者有关。"③

　　正由于确知新诗的这一主体属性，因此他也深感始终压在现代新诗身上的重负，这是一种比外在形式的纠缠更可怕的东西："传统的士大夫情趣，以及植根于农业社会广深背景之中的农民文化意识的浸蚀，恐怕是新诗现代化进程中最深层的危险。"事实上如他所看到的："在新诗走向现代化的过程中，几乎是绵延不断地受到干扰，这种干扰基本方向是对抗它走向世界的现代更新，用的则是变了花样的形形色色的'民族主义'，而其内在驱动力则是古典阴魂的伺机再起。"④"时至当今，困扰新诗的却是对于旧诗的过分重视和热情，而促使变形的古代阴魂对现代诗创造的不断'施暴'。"⑤

　　谢冕一再忧愤于带给新诗两难困惑（在诗美规律与意识形态控制之间徘徊，在自由与格律之间踯躅和犹豫）的"又浓重又长远的古典的鬼影"⑥，很容易让人误解

---

① 《新世纪的太阳》，第157页。
② 《论中国新诗传统》，见《共和国的星光》，第19页。
③ 《新世纪的太阳》，第246页。
④ 《新世纪的太阳》，第101页。
⑤ 《新世纪的太阳》，第3页。
⑥ 《新世纪的太阳》，第195页。

为是否定传统。其实他是在肯定了传统是创造的最高完成的前提下希望传统不要成
为创新的阻力的。传统不去保卫，丝毫不会减损它的光辉，但新的创造如果用传统
去覆压，世界上的至美也可能被扼杀在摇篮里！谢冕有机的辩证的传统观（"传统
是长河，源流绵长从远古流淌至今。它处在不断凝聚而又不断更新的状态。"①"反
传统并不是全盘否定传统，只是要求扬弃新诗发展中成为梗阻的因素。"②）与那种
视传统为古董的腐儒主义的传统观是不可从动机上加以比勘的：在中国，没有什么
比躲在传统里更安全，也没有什么比反传统更冒风险。对于谋求现代性的中国新诗
和中国文学来说，传统仍然是值得警惕的，因为："它造成一种抗拒的心理。这种抗
拒无所不在，它的主要目标是那些有悖于传统主流现象的新质，它可以轻而易举地
把这些新质判为异端，而后，利用全社会约定俗成的积习诅咒并吞噬它。"③正是体
会到了文化突围的艰难，所以谢冕把拥有世界性观念而留下了斑驳伤痕的几代文人
称为国中的勇者。

　　谢冕在诸多方面表现了对"五四"一代文化盗火者的知识精英的价值认同和
人格认同，最突出的是开放的世界性视野。在多年的文学批评的经验中，谢冕也通
过考察世界现代诗歌艺术思潮（主要是象征主义、意象派等）对中国新诗建设者的
影响体认到现代诗的特质。所以在他的意识里，检验新诗现代性格也是作为中国新
诗目标性视域的，便是要求它和世界取得共同的语言，取得同向的甚至是同步的发
展。他甚至认为："中国诗歌负有这样的责任，它应当面对世界发言。"④当然，在
他看来，加入世界诗歌行列必须以自有的声音，而不是通过其他途径。这也是他敏
感于传统文化而又把新诗创作中在现代意识的统御下向着民族文化的本源的追溯看
成是新诗潮的另一种景观的理由。

　　要用只有几十年历史的新诗、新文学与数千年时间淘漉出来的古典文学抗衡
（从积极意义上讲），唯有"现代性"才足以给前者以挺进的信心。当谢冕把自己
的文学批评同建设新文学的责任连在一起以后，就犹如跳上了旋转的现代意念的轮
盘，不再有松弛紧迫感的时候。这样的现代意识有可能把已经不那么现代了的东西

---

① 《传统之于我们》，见《谢冕文学评论选》，第31页。

② 《论诗》，第235页。

③ 谢冕：《朦胧的宣告》，见《当代诗歌潮流回顾：写作艺术借鉴丛书》总序，北京：北
京师范大学出版社，1993年。

④ 《中国现代诗人论》，第140页。

当作现代，况且文学与历史进程并不总是同向。然而"现代"作为一个审美的尺度，在谢冕的手中不仅可以用以顶撬任何威胁着诗歌创新的复古企图，而且首先用来估测当前诗歌运动性质，从而肯定其价值，达到推动现代诗潮流的目的。他对新诗潮和后新诗潮的大力鼓吹，着眼的就是诗的现代品格的恢复。他这样评价新诗潮：

> 新诗潮以不同于传统诗艺方式出现在中国诗坛。它从古典的羁绊中挣脱而与流行于世的现代主义潮流对接……这种诗通过诸多现代的手法体现立体的深层意义，以它的不确定和多选择性而与此前风行的直接显露完全区别开来。新诗潮对诗建设的贡献之一是与"五四"新诗传统实行的接续与改善，新诗的本有品质于是得以重现；再就是对世界现代诗的重新交流与加入，从而推进了新诗的现代化进程，使诗的内涵和表现形式得以全面拓展。①

他对后新诗潮的赞许，抽取的也是现代意识："后新诗潮确认：诗只能是诗人生命的形式或自身，它是诗人灵魂的裸露。诗人对自我生命体验的重视是纯粹意义上的现代意识，它具有超脱民族局限的全人类性。诗歌弃客体论趋主体论的结果，是诗人更加勇敢地自省并深刻体验人类共有的内心世界，从人的生存状态考虑到人的心理世界、内在本能意识，从而无限扩展自己的领地。"②

谢冕就是这样总是绷紧着一根现代的神经。这前倾的批评意识，使他对80年代以来中国文学向世界文学尤其是现代主义文艺的广泛寻求持肯定和支持的态度，而任何形式的旧物的复活都令他愤激，包括《杨家将》评书、《济公》主题歌之类。

诗化的批评语言

西方唯美主义者十分看重批评的价值，把它跟创作一视同仁，甚至认为"最高之批评，比创作之艺术品更富有创造性"③。倘若就深刻的思想力、锐敏的艺术感觉与诗性的语言表达这几者结合的难度而言，这话并非没有道理，至少它昭示了文艺批评的最高境界——成为自足的富有创造性的艺术品。

---

① 谢冕：《朦胧的宣告》，见《当代诗歌潮流回顾：写作艺术借鉴丛书》总序，北京：北京师范大学出版社，1993年。
② 《美丽的遁逸——论中国后新诗潮》，1988年。
③ 转引自温儒敏《中国文学批评史》，北京：北京大学出版社，1983年，第128页。

　　谢冕不是唯美主义者。他极力维护文学的审美功能和特性，为此不惜同庸俗社会学冷颜相对，但是他的文学本体观不是为艺术而艺术的，直到90年代他还把"文学必须和力求有用"①作为他在这世纪黄昏的寂寞一角辛苦而又默默地播种和耕耘所能坚持的最后的信念，即使在他最为期盼的文学多元发展的艺术生态恢复和发展得最好的80年代中期，他也对"玩文学"的主张表示明确的反对态度。在这方面他和他同代优秀的中国知识分子保持着一致：艺术理想以社会理想为根基——这是20世纪的深重忧患给他们铸就的生命的精魂。

　　然而这并不妨碍谢冕刻意追求文学批评的艺术化。

　　谢冕是自觉地、有意识地要让批评发挥对艺术的批评功能的同时让批评自身保持艺术性的。他说："我力图把文章写得尽量地让人愉悦。我以为艺术应当是美的，艺术批评也应当是美的。我的目标是史与论的结合、批评与艺术的结合。"②这还只是偶谈中的表白。在诗歌理论专著《诗人的创造》里，他还设了《批评篇》来系统而有力地阐述他的批评美学观。那其实是他的批评经验的总结，也是他认识到诗歌评论的独特性之后为自己确立的美学原则。在这里，他确认了"作家从事的是创造性的劳动，批评家从事的也是创造性的劳动"。他着重强调了批评的主体条件的重要，也指出了批评对外部条件的要求。他点到了诗歌批评因对象的特性而具有主观性，也需要情感的燃烧，离不开"顿悟"。具体到批评操作，他谈到"批评的起点是构思，构思需要等待灵感的闪现"，批评的构思是"再组织"。他深有体会地谈到"题目"的产生在构思过程中的作用，以及有了题目后对"实施方案"进行"调整"的必要及其方法。正如我们所期待的，他谈到了批评的风格，如下这段谈论批评风格的文字向我们透露了谢冕成为标志性的批评家的主要秘密：

　　　　人们往往易于忽略文学批评风格的有意的形成。风格不是与生俱有的，是批评家在从事批评活动的过程中由于自己的执著追求和持久实践生成的。有的批评家一开始就对模式化的刻板化的叙述和论证方式产生怀疑，他的运用自如的不随俗的行文，有力地映衬出他的文学批评中追求真理的自由思想，再加上他锐敏的对于现实问题的体察，他的批评便有了有异于他人的风格特征。风格因人而异地呈现为千差万别，但文学批评的共性不言而喻必须是艺术，即他所

----

① 这是谢冕1992年底在《二十世纪中国文学丛书》总序里说的话。
② 《中国现代诗人论·后记》。

谈论必须属于艺术自身的规律，而不是热衷于追随非艺术的现象的描写。艺术的含义还体现为批评必须是充分艺术性的。这受制于艺术批评的对象，对待艺术现象的批评，不采取艺术的方式而采取其它枯燥乏味的形式是不可想像的。文学批评的文体应该尽量做到是美文。

——思想家的素质与诗人气质的糅合、对语言艺术真髓的体悟与时代提供的创造契机的统一、正确的批评范畴的选择与文体自觉的积极运作，这些，足以造就一个杰出的批评家。

由于把握了诗的实质性因素，努力把诗评与诗的特性相结合，谢冕文学批评的艺术性以诗化语言得到了充分的体现。诗化语言是诗性思维的外化，犹如动作是舞蹈艺术的本体显现。对于文学艺术来说，语言便是它的自身，形式即内容。诗化语言也就是一种表现性语言，它是由强劲的心理势能推动着按照审美的优化和独创原则建立的词语运动形态。它用引人注目的姿势打破语言自身的平衡态，从而打破感知主体的平静。谢冕从中国传统诗学那里吸取了直觉思维营养（他说他喜欢读钟嵘的《诗品》），又借鉴了西方批评语言的精微、复杂、逻辑力量和散文美（他宏观描述的气势和诗意文字让人想起勃兰兑斯、别林斯基和丹纳），融合成富有感性魅力的在姿态中隐含意义的有张力的评论语言，风格明显而又富于变化。他仿佛蕴藏着巨大的创造能源。在他的批评世界里，同一对象（现象或作家作品）哪怕多次被涉及，也不会是同样的论述语言，而总是寻找新颖的表达方式，数百万字的著述竟绝少有重复处。他可以用"柔美华贵"这样的传统感性的四字格词语传达何其芳某个时期诗歌作品的气韵，也能用"传统艺术方式与工业化社会的不适应和意象派对于'甜蜜'的浪漫主义的反动"这样的语义层次丰富的分析型的欧化长句作为文中的小标题来提挈20世纪80年代诗坛的一种艺术走向。他长于以诗解诗，即用意象化或抒情的语言通过创造性的"还原"邀请读者一起沉浸到诗作的意境或意义世界甚至是诗人内心世界中去（例如他这般把我们带进舒婷的《在潮湿的小站》并获得发现——"那是深秋的南方，若有若无的风，稀稀疏疏的雨……她等待，但没有等到，留下的是空荡荡的月台，水注注的灯光，列车缓缓开动，那是一个有着橙色光晕的夜晚。"这里，体现了典型的舒婷式的"美丽的哀愁"，但却有着概括性的价值①），他也善于用概括的方法揭示一个诗人的创作内涵或一个时期诗歌运动的艺术

---

① 《谢冕文学评论选》，第136页。

倾向（例如他用"觉醒"两个字来概括白桦在粉碎"四人帮"之后三四年来诗歌创作的主题，用"早春意识"来概括刘祖慈的创作意向，用"胶着状态"来概括新时期诗歌出现的彼此冲突又彼此渗透、互不相容又互为补充乃至悄悄地吸收的特殊景观，用"从狂热的沸泉，到深沉的火山湖；从奔涌于地面的狂潮，到深潜于地心的力的蕴积"来说明当今年轻一代诗人的诗歌基调的演变）。

诗化批评语言最突出的莫过于用比喻的方法来加强艺术透视的形象性。谢冕在这方面表现了他的天才的诗性思维。例如，他用这样的语言来形容李瑛的国际题材的诗篇："李瑛的诗中，有燃烧的血，有箭镞的雨，有斗争中崛起的英雄民族的形象：火团般站立，狮子般迈着阔步。"[1]末后的两个比喻简直是神来之笔，它使原作的美感力量大大强化。又如，他用"一个统一的太阳已经爆裂而为碎片。这些碎片闪闪烁烁，正在凝聚为一个又一个独立的星体"来形容20世纪80年代中期诗歌生态进一步正常化，无以数计的新风格的探索与诸多流派涌现与聚集，呈现出一种令人兴奋的"失控"状态，就把人的感物视线引到一种宇宙空间中，再也不会怀疑诗歌的多元体系符合艺术运动的自然规律。再如，他为传统的护卫者找到了一个绝妙的比喻："传统是一种强大的存在，但传统又是一种脆弱的存在。它不希望对它进行任何的怀疑，它对任何的不驯都心怀警觉。这已成为全民族的心理积淀。每一个属于此民族的一分子，都成为了一个'白血球'，面对每一个'入侵者'，它都会为了维护这个母体而扑向前去。"[2]在不同的事物之间找到相似性，使一事物的性质毕露无遗，这是语言艺术的创造天才的必备的素质。

谢冕讲求批评语言的科学性和严密性，而又力避固定的格式和毫无新意的平庸呆板的表达，为此他虽然付出过代价（例如《美丽的遁逸》一文追求一种有摩擦力的语言，但不少句子显得生涩），但赢来的是批评语言的新异和精美。有如散文诗一般的段落在他的文章里不胜枚举，使理论批评大为增色，作为艺术品也并不愧色。

（此文经删节后载陈剑晖、宋剑华主编《20世纪中国文学批评史》，海口：海南出版社，2003年。本文是作者提供的全文）

① 《钻石与波涛的流韵——论李瑛》，见《谢冕文学评论选》，第212页。
② 《文学的绿色革命》，第94页。

谢冕和他的文学时代

⊙　孟繁华

　　沙叶新先生《幸遇先生蔡》的发表，在这个时代似乎成为一个隐喻，"五四"精神、蔡元培精神，在今天与知识分子还有多少关系是一件可以讨论的事情。"五四"的先贤们只能存留在舞台的想象中。事实的确如此，五四运动已经成为一个遥远的过去，它只可想象而难再经验。这个判断与我们正在亲历的思想文化环境有关，这是一个与"五四"大异其趣的时代，无论是精神空间、胸怀气象还是话题对象、价值观念。"五四"精神在今天正在消失。

孟繁华

　　今天的思想文化环境，与"五四"渐远，却与晚明相近。晚明处在大变动时代，虽然出现了一些大思想家如黄宗羲、顾炎武、王夫之、李贽等，但普遍的士风却是逃禅归隐、弃儒从商、纵欲享乐。这与我们这个时代的思想文化环境多有相似之处。特别是学院知识分子，在当下学术制度、教育制度的制约下几乎无所作为。因此，"五四"时代形成的现代中国知识分子，正在蜕化为人文知识专家。众所周知，知识分子参与公共事务是这个阶层首要的功能和义务。但是考察本学科知识分子自20世纪90年代以来所思考的问题和发表的言论，更多的是寻章摘句、重复原典的所谓"学术"，能够进入公共论域的话题或引起社会广泛关注、为社会提供思想的著述，几乎凤毛麟角。这时我想起了谢冕先生。他是我的老师，我可以经常见到他，但每当我想起他的时候，竟感觉遥远无比。这个距离是我们与他的文学信念的距离，是与他强大而自信的内心的距离，当然也是与他对文化传统、文化变迁判断的距离。我们对当代人的肯定往往吝啬：一是感觉我们自己更重要，一是因对别人所知未深而自然流露的肤浅轻慢。这是这个时代学界的病症之一。

就20世纪的中国文学而言，"五四"时期和80年代是最有成就的时代，这已是不争的共识。然而，对这两个不同时期的种种议论大概也最多。当然，我们还可以从另一角度考虑这一议论和挑剔：一是它们值得议论，对它们的反复提及人们怀有兴趣；二是人们总愿意以理想的方式设定未来，寄希望于它更完美的形态。然而，这毕竟只是一种情感愿望，历史的发展和逻辑的发展难以诉诸设定的形式。当我们以理性的方式面对这两段历史时，我们竟充满了难以言说的敬意和怀恋之情。这是两段相似又不尽相同的历史，它们深置于我们的记忆而使我们只能超越而难以走出，它是我们的精神故乡、精神遗产，它们以特有的魅力向我们发出呼唤而我们则愿意追随。这一古旧的情怀不合时尚，于我们说来则不可换取。其原因也许在于，在五四运动90周年到来的时候，那一切只能追忆而难以重临。

谢冕与这两个不同时期密切相关。"五四"的精神传统给他以思想和情怀的哺育，这一传统就是科学与民主的传统，它逐渐演化为谢冕的精神信念。在这一信念的昭示下，他不仅仅成为"五四"精神的传人，成为20世纪80年代以降影响广泛、成就卓著的文学批评家、思想家和文学教育家，而且成为一个真正意义上的现代知识分子。这一切，在他20世纪80年代以降的文学批评和教学活动中，以最具说服力的形式得以表达。因此，"五四"精神是谢冕主要的思想来源。这一来源支配着谢冕的情感方式，使他不能成为纯粹书斋式的、内心平静的学者。他不能生存于超然的空间而独善其身，现实的一切与他有关；因此他只能选择介入的方式、入世的情怀，以文学批评的形式展开他宿命般的人生，在知其不可为而为之的生命过程中显示着他特立独行的人格成就和精神风采。但这并不意味着谢冕的批评方式和目标追求是超验设定的；恰恰相反，现代理性和科学精神深置于他的思想深处，在他的批评实践中，他求证和发现的文学思想和概念，因其科学意义和纯正的学院品格而广为流行。上述三个方面，应该说是我们研究谢冕并走进他精神空间不可忽略的视角。

谢冕迄今为止的绝大部分时间生活于北大，这所中外闻名的学府是五四运动的策源地和精神堡垒，近一个世纪以来，这所学府几近成了"五四"精神和传统的象征而被世人所瞩目。谢冕求学并工作在这里，他深被"五四"精神所感染，并决定了他以后许多年的精神信念。这一点不仅在他自传性的长篇散文《流向远方的水》①中有明确的陈白，而且始终如一地贯穿于他的批评实践中。"他经常神往于'五四'时代，神往于那个勇敢、活跃、不妥协地除旧布新的时代，那个'一切将要发生，一切都正在发生'的时代。"②黄子平的这一认知相当准确。我们在谢冕的许多著作和文章中都常常读到他对那一时代充满激情和神往的文字："'五四'运动所体现的时代品质是重新开始幻想和争取。它以决绝的态度批判旧文化、旧道德和旧文学，目的就在于它有一种肯定和憧憬的对象。"③这一对象就是"民主、自由、科学、人权的一套新的思想"④。谢冕将这一套新的思想作为精神信念信守，与他从事文学批评的历史处境密切相关。20世纪80年代初期的中国，刚刚走出"文革"10年的动乱，然而，这10年作为80年代最为切近的历史背景，它的历史形态仍然以惯性的方式无处不在地弥漫四方，那不仅仅是一个"启蒙"话语的时代，那同时也是专制话语余威未尽的时代。于是，一方面是"历史必然要求"的解放的企盼，一方面则是对这一要求的深切惊恐。20世纪初期的历史情境在历经半个多世纪之后，几乎又以相似的形态重演。这一切，首先最敏感地反映在文学艺术上。李泽厚后来对这一时期的时代精神或气氛作过如下描述：

> 一切都令人想起"五四"时代。人的启蒙，人的觉醒，人道主义，人性复归……都围绕着感性血肉的个体从作为理性异化的神的践踏蹂躏下要求解放出来的主题旋转。"人啊，人"的呐喊遍及了各个领域各个方面。这是什么意思呢？相当朦胧。但有一点又异常清楚明白：一个造神造英雄来统治自己的时代过去了，回到了"五四"时期的感伤、憧憬、迷茫、叹息和欢乐。但这已是经历了60年惨痛之后的复归。历史尽管绕圆圈，但也不完全重复。几代人应该没有白活，几代人所付出的沉重代价使它比"五四"要深刻、沉重、绚丽、丰满。⑤

---

① 谢冕：《流向远方的水》，《作家》，1988年第10期。
② 黄子平：《通往"不成熟"的道路——〈谢冕文学评论选〉序》，冯牧等主编《谢冕文学评论选》，长沙：湖南文艺出版社，1986年。
③ 谢冕：《新世纪的太阳》，长春：时代文艺出版社，1993年，第57页。
④ 谢冕：《新世纪的太阳》，长春：时代文艺出版社，1993年，第3页。
⑤ 李泽厚：《二十世纪中国文艺一瞥》，《中国现代思想史论》，北京：东方出版社，1987年，第255页。

　　这样一个与"五四"时期酷似的时代，加之这代人特有的情怀、知识背景和对中国属于这代人的认识，他们选择"五四"作为自己的思想资源就是一种必然。因此，谢冕20世纪80年代初期乃至直到今天的文学批评，正是在这样的思想框架中展开的。1980年5月7日，谢冕在《光明日报》上发表了他的曾引起广泛争论的文章：《在新的崛起面前》。这篇文章所传达的思想观念在今天看来已远远构不成"异端"，然而在当时它却有如石破天惊，它使一些人震怒并且恐惧，作为文坛"公案"，对它的"诉讼"长达数年之久。在这篇不足三千字的短文中，他同样首先谈到了"五四"："当前这一状况，使我们想到'五四'时期的新诗运动。当年，它的先驱者们清醒地认识到旧体诗词僵化的形式已不适应新生活的发展，他们发愤而起，终于打倒了旧诗。他们的革命精神足为我们楷模。"[1]面对又一场诗歌革新运动他指出："对于这些'古怪'的诗，有些评论者则沉不住气，便要急着出来加以'引导'。有的则惶惶不安，以为诗歌出了乱子了。这些人也许是好心的。但我却主张听听、看看、想想，不要急于'采取行动'。我们有太多的粗暴干涉的教训（而每次的粗暴干涉都有堂而皇之的口实），我们又有太多的把不同风格、不同流派、不同创作方法的诗歌视为异端、判为毒草而把它们斩尽杀绝的教训。而那样做的结果，则是中国诗歌自'五四'以来没有再现过'五四'那种自由的、充满创造精神的繁荣。"[2]谢冕对上述观点的表达是柔和而平静的，即便在当时看来，他也不是有些人认为的所谓"激进"。当然，这一从容的表达并不是顾及某种压力或是策略上的考虑。事实上，从那时起他所选择的陈述对象，无论是诗潮还是具体的诗人诗作，他都将"五四"精神作为一个明确的参照，从而去维护、鼓励那些具有革新精神和创造精神的诗人们去大胆地探索。他最先评论、支持的一批青年诗人，先后构成了20世纪80年代"新诗潮"的主力阵容：北岛、舒婷、杨炼、顾城、江河、骆耕野、徐敬亚、王小妮、傅天琳、梁小斌、陈所巨、王家新等等。这已成为史实的现象说明谢冕不仅仅具有民主、宽容、自由的"五四"精神传统，同时亦说明他具有超越于普通批评家的审美洞察力。上述诗人的作品不止于因当时表达了不合世风的思想观念而卓然不群；同时重要的是，他们在诗歌的表达形式、语言、审美取向等方面的重大超越。而谢冕正是以他作为杰出批评家独具的敏锐眼光做出了自信而

---

　　①　谢冕：《在新的崛起面前》，《光明日报》，1980年5月7日。
　　②　谢冕：《在新的崛起面前》，《光明日报》，1980年5月7日。

正确的判断。这一情景自然让人联想到"五四"时期周作人对李金发的支持，鲁迅对萧军、萧红、殷夫、高长虹等青年作家、诗人的鼓励与提携等等，他同样肩着闸门。不同的是，虽然"那时的旧势力太强大也太猖獗"①，但他们毕竟没有像谢冕那样除了文化之外还要承受霸权话语的双重压力。因此，谢冕和与他有共同信念的人一起，是以不妥协的坚持战取了20世纪80年代中国文学关键的一役。从那时起，当代中国文学才有了多种选择的可能。时代多变，但无论任何时候，只要想起那一时期代表当代中国文学健康力量的决绝和坚韧，依然给人以一言难尽的万端感慨。

　　谢冕深被"五四"精神所吸引，这决定了他的"情感方式"和人生态度。在古代中国，知识分子历来处于进与退、出与入、兼济天下与独善其身的矛盾和选择中；到了现代，是做"问题中人还是学术中人"、是重思想还是重学术、是知其不可为而为之还是知其不可为而不为，依然痛苦地困扰着他们。但就中国具体的历史处境而言，那些具有忧患意识和使命意识的知识分子大都选择了前者，百年来的内忧外患，使这样的知识分子难以安于书斋，中国的历史境遇培育了知识分子中国式的特有的思想情感方式。他们虽然历经了"五四"以来新思想、新文化的洗礼，对传统的"入世"思想进行了创造性的改造。但就其本质而言，诚如余英时先生指出的那样：近百余年来，中国知识分子的独特传统不但没有失去它旧日的光彩，而且还焕发了新的光辉。中国近代史上一连串的"明道救世"的大运动都是以知识分子为领导主体的。无论是戊戌政变、辛亥革命、五四运动、国民革命，其领导人物主要都是来自知识阶级。西方文化（包括马克思主义）的冲击使中国知识分子获得了重大的思想解放，是一件无可否认的事实。"五四"以来，中国知识分子不再把传统的名教纲常看作天经地义了。但是这种影响仅限于思想信仰的内容方面，中国知识分子的性格并没有发生革命性的变化。②这一性格隐含着无可抗拒的文化基因，它不是一种姿态或对革命有着先天的狂热，它首先是现代中国历史发展的需要，同时也是他们发自内心的情感需要。谢冕常常表达他这样的看法："我们有幸站在两个重大时代的交点之上。历史给我们以机会和可能进行范围广泛的全民的反思。这种历史性的反思，以深刻的批判意识开启民族的灵智。作为这一时代的知识分子，我当然无法（当然也不谋求）逃遁这一历史的使命。""中国诗歌传统的强大和丰富，曾

---

① 谢冕：《新世纪的太阳》，长春：时代文艺出版社，1993年，第3页。
② 余英时：《中国知识分子的创世纪》，《内在超越之路》，北京：中国广播电视出版社，1992年，第236页。

经痛苦地折磨着、并考验了我们的前辈——五四新诗革命的前驱者们。如今，轮到我们承担他们所经历的一切。"①这多少有些悲怆的意味仿佛成了一种无可回避的被选择的宿命。这种介入或"入世"的精神使谢冕与现实的关系充斥着一种紧张感。他的研究或批评对象基本是在诗歌领域。但是，他的每本著作或每篇文章，几乎都密切地联系着百年中国，尤其是当代中国的现实；联系着每一时期重大的理论命题。也正因为如此，谢冕的影响才远远超出了诗的领界，才会在文学界、文化思想界乃至全社会产生广泛而深远的影响。百年中国的历史境遇和文化的命运始终是谢冕从事文学研究的宏阔背景，他不是为文学而文学、为研究而研究的所谓"学术中人"，他的文学功用观前后虽然有过不小的变化，但他始终没有动摇的则是文学力求"有用"的看法。作为他那一代人，他也难免受到时代观念的影响，他曾经认为："把诗歌当成一种'甜蜜的事业'，实在是一种误会。人们常常喻诗歌为炸弹和旗帜，是就其主要的战斗性能而言的。这种性能当然不是唯一的，当然会有也应当允许有让人娱乐、让人休息、让人轻松的诗。但这些，从来也不构成诗歌的主流。要是把讨人喜欢当作诗歌刻意追求的目的，要是立志只做甜蜜的诗人而回避诗人的愤怒，我们只能为诗歌的失责而遗憾。"②这一看法就其针对长久流行的"颂歌"传统而言是切中要害的，鼓励诗人的社会批判职能同样能够理解，但他后来对文学功用观的表达则更为平实并切近文学有所作为的可能性："文学对社会的贡献是缓进的、久远的，它的影响是潜默的浸润。它通过愉悦的感化最后作用于世道人心。它对于社会是营养品、润滑剂，而很难是药到病除的全灵膏丹。"③谢冕对文学功用观认识的发展是极其重要的，它启示我们对文学的可能性及有限性持有清醒的认知，而免于陷入对文学功用的自我夸大或沉迷于自造的神话。他对诸如"文学救国"的幻觉持有清醒的理性认识，但这并不意味着他对文学作用于社会持虚无态度，他同时被感动的还有"一百年来文学为社会进步而前赴后继的情景"。

　　谢冕的介入意识、忧患情怀和文化批判取向，虽然密切地联系着70多年前的那场伟大的创世纪的运动，他向往、憧憬但并不膜拜，他倒是经常提醒自己和世人对"五四"的激进和偏执有所警觉："70年前的缺憾是创造的激情把旧物当成了否定

　　① 《谢冕文学评论选·后记》，长沙：湖南文艺出版社，1986年。
　　② 谢冕：《诗论》，西宁：青海人民出版社，1985年，第120页。
　　③ 谢冕：《世纪末：中国知识分子的思索》，《二十世纪中国文学丛书》总序，长春：时代文艺出版社，1993年。

物，因而展现出对待传统的无分析性和片面性。"①"我们希望站在分析的立场上，我们愿意认同于近代结束之后中国知识分子的呐喊、抗争以及积极的文化批判。因为它顺应了社会现代化的历史要求，它的功效在于排除通往这一目标的障碍。但我们理所当然地注意到保存和发扬那些优良传统的必要，而避免采取无分析的一概踩倒的激烈。"②这一立场出于不偏不倚的策略性考虑，事实上他对于传统有分析的对待时常有不经意的流露，但他的"传统"不是那个一成不变的古老神话，不是随意可以装进叙事"口袋"的材料。在他看来，"我们生活在传统中，我们也创造着传统。传统之于我们，并不意味着一潭死水，更不意味着是失去意义的河床。传统是长河，源流绵远，从远古流淌至今。它处于不断凝聚而又不断更新的状态。它并非凝固不变，一个历史悠久的民族，经过历代先民的智慧创造，积淀而为丰富的文化诗歌传统，尽管它的构成之中有相当稳定的基因，但又是不断发展不断丰富着的"③。谢冕的这一"传统观"不仅使他拥有了面对"权威"从容自若的心态，自信他既生活于传统之中也以自己的方式丰富创造着传统，同时也使他拥有了对于自己也是传统过程的历史感。他常常坦然地诉说自己那类似"中间物"般的真诚心境。20世纪80年代中期，他已是受到青年热爱尊敬的著名批评家，但他仍不断地检视自己："像我这样的人，可以理解我的师辈，也可以理解我的同辈，我理解他们痛苦的追求、追求的痛苦。但对于我的晚一辈——我的学生——就不能够很充分地理解。"④在具体的批评实践上，他同样认为："单一的评论面临多样的创作的挑战，这个挑战是很严峻的。作为一个文学评论工作者，我感到了一种力不从心的困窘。我所熟悉的那套评论模式，有的已不够用，有的是不适用了，需要用新的姿态、新的面貌去学习许多新的课题，迎接这场有意义的挑战。"谢冕的人格成就和精神风采也许正是因为不仅仅体现于他那特立独行的文学批评实践中，而且同时也体现于他那敢于正视自己、检视自己、以同样真诚的心态进行自我批判并坦然处之的健康心态中才为我们格外地尊重。这种自我更新的内在紧张，是谢冕保有批评活力、长

---

① 谢冕：《新世纪的太阳》，长春：时代文艺出版社，1993年，第3页。
② 谢冕：《新世纪的太阳》，长春：时代文艺出版社，1993年，第2页。
③ 谢冕：《传统之与我们》，见冯牧等主编《谢冕文学评论选》，长沙：湖南文艺出版社，1986年，第31页。
④ 谢冕：《中国新时期诗歌变革的潮流》，见《地火依然运行》代序，上海：三联书店上海分店，1991年。

期处于批评领域前沿的一个不能忽视的秘密。

　　多年来，我曾就学于他，对他的情趣和爱好我们是有可能了解的。在我看来，无论是生活还是审美，他都有一种明显的"唯美"倾向。他喜欢诗，喜欢美文，喜欢哪怕是文学批评的文字也能给人带来"愉悦"。这一切，只要读他的诗意般的批评文字便会明确感知，这自然也确立了他独树一帜的文学批评风格。但是，让我们同样感受深刻的还有他作为学者严谨的科学精神。如果说"问题中人"与"学术中人"、"重思想"与"重学术"这种知识分子类型划分成立的话，一般说来谢冕属于前者。如前所述，他的情怀、使命意识和他身处的历史境况，都使他只能选择知其不可为而为之的沉重，只能选择索性在荆丛中走一走的悲怆。他选择了启蒙话语和特殊时期作为相对真理的人道主义思想作为武器。但是，就谢冕的文学批评活动而言，我们又认识到，上述"类型"的划分又并非是截然对立的，它们只有相互渗透、互为前提才能成立。就人文学科而言，"问题"与"思想"如果失去科学依据和学术品格，也只能流于肤浅或虚假；而"学术"如果不具思想或发现"问题"，也会流于雕虫小技或繁琐考据。因此二者的关系不可能也没必要截然对立。20世纪80年代以降，谢冕作为一个重要的文学批评家和思想家已成为事实，他前瞻性的思想锋芒和他的科学精神同样是我们不能忽略的事实。那是一个必须潜心认真对待的时代，一切似乎都须从头说起，关于传统、关于革新与保守、关于开放与关闭、关于成熟与陌生以及许多与艺术相关或并无直接关联的话题，都需持之有据，立论坚实，他们那代人的沉重和坚韧大概是绝无仅有的。因此，无论从哪个意义上考虑，谢冕都不能允许自己失于严谨和慎重，而这些又必须通过他科学的表述才能得以实现。他那些宏观性的命题常常让人感到高屋建瓴气势宏阔，但却不能离开他对具体的文学现象和作品的熟知。他对自己的研究工作曾有过如下陈述：对新出现的诗歌现象，"在反思的基础上，我看到了新的崛起；继而，我想宏观地了解一下中国诗歌从'五四'以来的发展过程；到了去年，我开始在研究生和进修生中就艺术流派和艺术群落问题进行一些具体考察。这也是我的薄弱环节。这项工作进行了以后，我觉得还不够，因为不断有我们不熟悉、不理解的新的诗歌出现。于是今年，我们进行更加微观的研究，十几个人在一起，一首一首地剖析。一首诗，在我们面前展开了一个陌生的世界"[①]。这种具体的研究，使谢冕首

---

　　① 谢冕：《中国新时期诗歌变革的潮流》，见《地火依然运行》代序，上海：三联书店上海分店，1991年。

先掌握了第一手感性材料，它们成了谢冕立论的基础和最初的依据。也正因如此，才使他的论著有难以抗拒的魅力和说服力。

谢冕文学批评的科学精神还同时体现于他对学术规范的重视。20世纪80年代以来，自由的空气使一些研究有"不拘小节"的放纵陋习，人们随意地使用概念，没有界定，内涵或所指不明的词语几近泛滥，许多时候，我们不得不沿用一些"约定俗成"的概念去从事研究，这在很大程度上损害了研究的可靠程度和学术品质。在这一方面谢冕有自觉的抵制和刻意的追求。他率先废除了"朦胧诗"这一含混不清和感性化的概念（将"朦胧诗"称为概念都十分勉强），而使用了"新诗潮"这一经过论证的、准确的并有极大涵盖性的概念。他认为，"新诗潮"的含义，"就是新时期诗歌变革的潮流。变革是对不变革的固化状态的诗歌现象而言，因此新诗潮是特定时代的产物"[①]。同时他还首先提出了"现代倾向"这一概念，在论证这一概念时他指出："我们还谈不上准确、严格的现代派和现代主义。我们同西方，背景不同，时代也不同，我们是从封闭的文化性格向着现代倾向的一种推进，或说逼进"，"在这样的含义下，无论诗人是什么年龄、什么风格、属于哪个艺术流派，只要具备了这种逼近和推进的性格，他就自然地加入了新诗潮"[②]。这种开放的视野和超越了进化论的胸襟，这种基于具体研究而获得的结论，自然会令人乐于接受并不胫而走。

多年来，谢冕所展示的阔展胸怀和非功利性的目标追求，使他具有一种纯正的学院品格。他身置"永远的校园"，持有明丽真诚的理想主义情怀和鲜明的文化批判立场。他以往的研究，也曾"自愿地（某些时期也曾被迫地）放弃自身而为文学之外的全体奔突呼号"[③]，也曾为文学的自由而不得不着眼于它的外围。因此，谢冕的许多著作都是论文的结集，切近和现实的问题使他不能安于书斋去构建个人的学术体系，他宁愿暂时放弃个人的兴趣而去关怀社会共同面临的问题并及时地作出回应。这常常让我们想起鲁迅的文学生涯。20世纪90年代以来，谢冕企望并为之争取的自由的文学环境或许已经实现，他开始系统地逐步整理并出版他关于20世纪中国诗歌史的著作，然而，这并不意味着他可以对社会现实弃之不顾。恰恰相反，对社

---

① 谢冕：《中国新时期诗歌变革的潮流》，见《地火依然运行》代序，上海：三联书店上海分店，1991年。

② 谢冕：《中国新时期诗歌变革的潮流》，见《地火依然运行》代序，上海：三联书店上海分店，1991年。

③ 谢冕：《新世纪的太阳》，长春：时代文艺出版社，1993年，第57页。

会现实关注已久的情感方式，使他仍不时地以不合时宜的不认同姿态作出反应。最初，谢冕的理想情怀是诉诸全社会的，那是因为，百年来，"人们在现实中看不到希望时，宁肯相信文学制造的幻象"①，他也愿意以文学家的使命意识和忧患情怀作用于社会的改造。然而，"事实却未必如此"②，20世纪90年代以来，谢冕的理想情怀更多地限定于文学的范畴，他对文学现状的考察与批判，比如对《废都》、《英儿》、《我的菩提树》、《露莎的路》、《北京人在纽约》、《霸王别姬》乃至《廊桥遗梦》的分析评价中，都有明确无疑的表达。他看到了文学的可能性和有限性，亦深知作为一个学者在什么样的范畴内才有所作为。但是，现代知识分子的宿命也许就在于知其不可为而为之，他仍心系社会现实，仍寄希望于文学能作用于社会："文学若不能寄托一些前进的理想给社会人心以引导，文学最终剩下的只能是消遣和涂抹。即真的意味着沉沦。文学救亡的梦幻破灭之后，我们坚持的最后信念是文学必须和力求有。"③"对于那些洞彻中国社会根底的人，会对那些旨在启蒙式试图救赎的文学动机感到可笑。但是，关于重建社会良知或张扬理想精神的呼吁显然不应受到奚落……拥有自由的文学家可以尽情地去写你们想写的一切，但是，我们却有理由期望那些有志者为中国文学保留一角明净的精神空间。"④这种理想情怀、精神信念和社会使命意识的坚持，在20世纪90年代以来的文化失败情绪中显得格外醒目，而我们对其则持有如下评价：一个民族或者社会无论发展到怎样的地步，知识分子都无需也不能放弃他的良知、理性和精神传统。社会转型带来的进步已为全社会共享，而它的负面也有人在无声承担。知识分子不能无视这一存在并容忍它的无限漫延，他须以前瞻性的批判加以阻止并告知世人；而不是熟视无睹，以讨人喜欢的面孔加以迎合或认同。这一切的最终目标，无非是以理想的方式诉诸它的未来，使社会更多地告别丑恶和更多地接近文明。谢冕所坚持的一切显然与上述目标相关。

　　谢冕和他的文学时代并不遥远，但今天想来竟恍如隔世。我们都在从善如流。

　　（载《中国作家》，2009年第9期）

① 谢冕：《新世纪的太阳》，长春：时代文艺出版社，1993年，第57页。
② 谢冕：《新世纪的太阳》，长春：时代文艺出版社，1993年，第57页。
③ 谢冕：《新世纪的太阳》，长春：时代文艺出版社，1993年，第57页。
④ 谢冕：《90年代：回归本位或继续漂流?》，《湖南文学》，1995年第9期。

诗意与激情中的历史意识

——论谢冕的诗歌批评

◎　张大为

　　在20世纪70年代末、80年代初，当中国当
代的意识形态实践还没有给出大规模的个人化
的知识谱系以存在空间时，在某一类"崛起"
派的诗论家身上，历史意识以某种诗化人格与
诗性体验的方式个人化了。当然，这里的"个
人化"的意指，不同于90年代以后的文学与诗
歌写作的"个人化"趋向，它的实际内涵应该
是：就"崛起"派批评的意义与有效性而言，
批评家的人格构成与个人趣味出人意料地起到
了相当重要的作用；同样，就其作为一种知识
生产的结果而言，它也并没有完成一种全新的
知识型构，它无疑只是起用了某种公共的、甚
至在旧有的"历史"谱系中也是被视为源头与
正统的知识构成，但它却奋力指向并且也确实
起到了对于健全诗歌秩序的维护的作用。在此

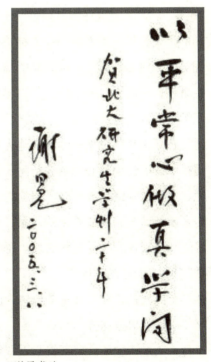

谢冕书法

意义上又可以说，此类"崛起"派的批评就其实质而言，并非是认识论意义上的，
而是在艺术伦理学意义上展开的。因此，此类"崛起"派的诗论家在成为历史主体
之前，先成为被强烈的历史意识所裹挟的个体。他们以其敏锐的诗性感受与昂扬的
伦理激情刺穿了历史的皮肤，率先提供了一个极具诗意特征与感性色彩的思想原型

与原始概念："崛起"。他们超越了历史，因而他们创造了历史。此类批评家的主要代表首先是谢冕。

一、"五四"传统与"百年诗歌"：历史知识的个人谱系与参照坐标

1980年5月7日，谢冕的《在新的崛起面前》刊登在《光明日报》上。对于当时被冠以"朦胧诗"称谓的青年诗人创作，谢冕开宗明义直接将它们与"五四"时代联系起来：

> 当前这一状况，使我们想到五四时期的新诗运动。当年，它的先驱者们清醒地认识到旧体诗词僵化的形式已不适应新生活的发展，他们发愤而起，终于打倒了旧诗。他们的革命精神足为我们的楷模。[①]

"崛起"无疑在当时只是对于历史的个人体验，在这种体验的背后，起支撑作用的是谢冕对于其无限心仪与神往的"五四"传统的理解。诗歌的"五四"传统，谢冕首先将之理解作一种革命的精神、批判的精神。"五四"前后，中国新诗在诞生之初，它所面对的是强大的古典诗歌的传统，胡适等诗歌的革新者所面临的最大困境是其本身也置身其中、欲罢不能的古典传统的影响的焦虑，"胡适曾经详细地描述了在新诗创立过程中他和其他人对于'旧词调'扬弃的艰难历程。他们那时是要甩掉阴影而让全身心沐浴在新时代的新光之下。此外，那时的旧势力太强大也太猖獗，他们的决绝是一种对于旧势力的反抗的唯一选择。那时来不及或者压根就不准备考虑新诗与旧诗的承传的联系，也不想承认旧诗对新诗会有范围相当宽泛的艺术经验和表现技巧的借鉴和启发。那时一心一意想的是摆脱和排斥，而不是吸收和交融"[②]。在谢冕的理解中，"五四"时期的包括诗歌革命在内的文学革命，一方面它并不是突发的，在旧文学的母体内已经孕育着白话文和新文学的因素，对于某些题材如小说就更是这样；另一方面，由于旧文学尤其是诗歌的传统的异常强大，文学革命尤其是诗歌革命就不得不采取彻底割断与抛弃传统的决绝姿态，这也是由当时的情势所决定的。谢冕对于"五四"的这种决绝的革命姿态虽然不是没有保留，而且也指出了其"片面性"，但就总体而言，他对之是持充分认同与肯定的态度的。

---

① 谢冕：《在新的崛起面前》，《光明日报》，1980年5月7日。
② 谢冕：《新世纪的太阳》，长春：时代文艺出版社，1993年。

这表现在对于"朦胧诗"的"崛起"运动的评价上，就是将之与"五四"的诗歌革命放到同一个层面进行比照。谢冕认为，与"五四"时期的诗歌革命承受古典传统的巨大压力类似的是，对于"朦胧诗"论战来说，同样拥有一个大的对立物。只不过这对立物本身与"五四"不同的是，它不是旧诗，而是新诗自身：是新诗的严重异化引发了那一场巨大的艺术反抗，是当时那一声"艺术异端"的猛呼，惊醒了人们的传统梦——那呼声把人们引到了受到扭变的新诗面前。只有这时，人们才有可能从新旧两种形态的参照中，确认当时"朦胧诗"兴起的诗艺锐变的真谛。[①]而当时的新诗本身之所以成为革命的对象，就在于自20世纪30年代起，新诗就违背了"五四"传统精神，在"左"倾思想的支配下，片面强调了诗歌的现实功利目的与诗歌的"民族化"、"大众化"道路，因而走上了一条"越来越狭窄"的发展道路。

这就涉及谢冕对于"五四"传统的第二层理解：谢冕同时将"五四"传统理解作一种开放精神、创新精神。在谢冕看来，"五四"诗人是生活在一种"无拘无束的自由开放的艺术空气中"[②]，他们认准了新的诗歌不仅要有革新的内容，同时也要创造出开放与自由的新的形式，于是他们对于古典的传统采取了一种大胆的破坏与批判态度，又广泛取用与借鉴西方诗歌的诗体模型，为白话诗歌创造出崭新的诗歌形式。由此在新诗的第一个十年里，促成了新诗历史上第一次多流派、多风格的大繁荣局面。这种开放与创新的精神，同样也表现在对待传统的态度上：因为开放，所以并不担心外来传统压倒民族传统、进而失去自身传统；而是以自信的态度，在广泛的吸收与借鉴中将自身传统保持在鲜活的、动态的生长之中。因为创新，所以也不会在吸收与借鉴中迷失自我；而是以充沛的创造力，在对古今中外的融合与会通中延伸自身的传统。这样的对待传统的态度，可以使中国新诗与世界诗歌保持一种正常的、健康的关系。本着这样的对于"五四"诗歌传统的理解，谢冕就将"朦胧诗"的"崛起"，看成是对于"五四"传统的一种修复与回归，无论是从"朦胧诗"所体现的观念形态还是从它所推动的艺术实践看来都是这样。就思想观念而言，"朦胧诗"是继"五四"之后的又一次思想解放运动的产物。这次思想解放运动的本质特征，是在现代神学桎梏之下作为现代人的自我意识的觉醒，"朦胧诗"的崛起意味着诗歌与神学的决裂，人的主题重新成为诗的主题——这可以看作是对于

---

① 谢冕：《〈朦胧诗论争集〉序》，见姚家华编《朦胧诗论争集》，北京：学苑出版社，1989年。
② 谢冕：《在新的崛起面前》，《光明日报》，1980年5月7日。

"五四""人的文学"主题的重新彰显①。就艺术变革而言,"有一大批诗人(其中更多的是青年人),开始在更广泛的道路上探索——特别是寻求诗适应社会主义现代化生活的适当方式。他们是新的探索者。这情况之所以让人兴奋,因为在某些方面它的气氛与'五四'当年的气氛酷似。它带来了万象纷呈的新气象,也带来了令人瞠目的'怪'现象"②。

将"朦胧诗"的"崛起"比况于"五四"新诗革命,实际上是对于"朦胧诗"的"崛起"在新时期以来的诗歌史上的位置的一种肯定,这也成为谢冕对于新诗历史的个人知识谱系的结构方式:"崛起"之于新时期以来的诗歌,就如同"五四"之于中国新诗的历史,它成为谢冕当代诗歌批评的精神支点、价值坐标与灵感源头。以对于"新生代"诗歌的批评为例,谢冕不仅以期许与赞叹的眼光,肯定了更加年轻一代的诗人将"今天"变成了古老的"昨天"的不断超越与更新的取向③,而且将20世纪80年代中叶以后的"港汊纵横"、"乱流奔涌"的诗歌生态,再一次与"五四"初期相提并论,并且认为除了那一个短暂的时期,"中国新诗发展的进入常态的运行始于今日"④。谢冕对于"五四"传统的这种几乎无所保留的推崇,肯定不是没有理想化的成分,然而这种充满诗意与激情的理想主义取向,伴同其个体心性与成长阅历,已经铸入其诗学人格。这种诗化人格的特征,就在于对于其批评对象的真诚地、近距离地靠拢与无所保留地投入,以其生命体验对其批评对象作出诠释。人们可以不同意其结论,却不能不佩服其卓荦的风骨。事实上,这样的人格与这样的批评同其所指向的历史已经化合为一体,它们执着地守护着那段因为生命的浸润而变得仿佛是透明了的历史的真相。

虽然谢冕在《在新的崛起面前》中就强调历史不能割断、旧体诗词不能消灭,而后来也一再强调中国古典诗歌作为经过数千年的传统文化培养出的艺术形态的强韧生命力,和其作为同一个民族文化使用同一种语言文字进行的审美活动及文学创

---

① 谢冕:《浪漫星云——中国当代诗歌札记》,广州:广东人民出版社,1999年,第5、18、257页。

② 谢冕:《朦胧的宣告》,谢冕、唐晓渡主编《当代诗歌潮流回顾:写作艺术借鉴丛书》总序,北京:北京师范大学出版社,1993年。

③ 谢冕:《新诗潮的检阅——〈新诗潮诗集〉序》,《谢冕论诗歌》,南昌:江西高校出版社,2002年,第267页。

④ 谢冕:《朦胧的宣告》,谢冕、唐晓渡主编《当代诗歌潮流回顾:写作艺术借鉴丛书》总序,北京:北京师范大学出版社,1993年。

造与新诗之间的历史文化的连续性；①但是作为对于"五四"传统的坚持的精神实质，就是要维护中国新诗独立于古典传统的现代进程与审美诉求的独立性与完整性："中国新诗从中国传统诗歌的母体中分裂而出，它的新生、自立以及迄今为止数十年的挣扎和奋斗、痛苦和欣悦、憧憬和期待，用一句话来概括，那便是：告别古典，进入现代，是一个完整的现代更新的过程。"②

　　20世纪90年代以后，这样的思想在谢冕的关于"百年中国文学"的构想中逐渐明晰，虽然这样的思路本身却并非是90年代之后才产生的，它应该是贯穿于80年代的一贯考虑的进一步延伸与发展。对于"五四"传统的坚持与关于"百年中国文学"的构想是统一的，"百年中国文学"命题的提出，就是要从新文学历史的总体上凸现其现代化走向的整一性，这种走向是由"五四"前后的文学革命运动所开创、并且在谢冕看来是在现代文学的最初十年里达到第一个高峰。与此同时，谢冕将新文学历史的上限，前移至开中国知识分子思考变革中国之先声的"戊戌变法"发生的1898年前后，从这时起中国文学迈出古典的门槛踏上现代之路。这其中当然也包括诗歌。在"百年中国文学"的思考框架内，中国新诗的现代化诉求的果决意志完整地呈现了出来："新诗在实现自身的现代化目标时，一方面要不断抗击来自复古势力的骚扰，即假借农民或民族意识的名义对于改造更新自身的阻挠；一方面，则要不断宣扬向着世界先进文艺潮流认同的现代思维和现代艺术实践。写实主义或浪漫主义，甚至后来的普罗文艺都是这一努力的组成部分，但也是一种初步的形态。"③中国新诗实现现代化，至少需要冲决传统向未来开放和打开国门向世界开放这两个方面的前提。作为新诗现代化走向的对立面，谢冕对于中国古典诗歌甚至使用了"阴影"、"阴魂"、"天敌"这样的字眼：中国古典诗歌在千百年的锤炼中臻于艺术的极致，但是由此它也因为其完满的艺术规范与历史形成的权威地位具有一种强烈的排他性，因此在诗歌里任何的改变与创新的意图都极难实现；而且，古典诗歌传统的阴影实际上也从来没有从新诗的头顶移开，每当人们对于新诗的现状感到不满时，这一阴影便如神灵般地出现，成为无可奈何之际"疗救"新诗的药饵。与此同时，谢冕指出，由于农业社会的文化背景与传统的士大夫的审美情趣的制约，新诗在走向世界的现代更新过程中，受到形形色色的以"民族主义"借口出现的绵延不

---

① 谢冕：《新世纪的太阳》，长春：时代文艺出版社，1993年，第1~3、101~102、245页。
② 谢冕：《新世纪的太阳》，长春：时代文艺出版社，1993年。
③ 谢冕：《新世纪的太阳》，长春：时代文艺出版社，1993年。

断的干扰。作为这种制约与干扰的结果之一的是，新诗一直没有走向作为中国社会的基本人群的农民，而仅与城市及城市知识分子特别是受到西方文化洗礼的知识者有关，由此也就更加剧了新诗的现代化进程的艰辛，它确实是走向了一条越来越狭窄的发展道路。这种情形在新中国成立之后愈演愈烈达到了极致。20世纪50年代所谓在古典诗歌与民歌的基础上发展新诗的号召，就是这方面的典型例子。回归古典就否定了新诗面向未来不断敞开的合法性指向，学习民歌就关闭了向世界诗歌艺术学习借鉴进而与世界诗歌保持同步发展的大门。让谢冕感到愤慨的是，这两个方面正好是对于"五四"精神的全面逆转，并且彻底走向了"五四"诗歌与文学传统的反面："要是说'五四'当年困扰新诗的是草创期急切间不能彻底迅速地抛弃旧诗的影响，到新诗建立之后，则由于否定了僵硬的旧诗格律，而导致诗的音乐性的削弱以及过于松散自由，而促使变形的古代阴魂对现代诗创造不断'施暴'。70年前的缺憾是创造的激情把旧物当成了否定物，因而展现出对待传统的无分析性和片面性。而自50年代以迄于今的危险则是在堂堂皇皇的号召和倡导之下，违背'五四'的革命精神，向着批判精神的反面肯定被批判物。"①新诗在这种无所不在的阻力之下，其现代之途步履维艰。由此谢冕以为，对于中国新诗来说，现代化是它的生成的基本要素，但却在传统诗学和传统审美习惯的压力下成为外在的原因。新诗的现代性变得不再是当然的成分，它的存在需要坚持不懈的奋斗。②但尽管如此，谢冕对于中国新诗的现代本质之约定，以及因此而来的对于新诗现代化实现必然性毫不置疑，因此谢冕坚信，无论新诗的生计多么艰危，它也仍会在现实与历史的困境中通过奋斗求得生存。这一点已被新时期以来的新诗历史所证明，而由此人们也就不难理解"朦胧诗"的"崛起"运动带给谢冕的振奋，以及它在谢冕的学术视野中的地位了。

作为百年中国诗歌（文学）之整一性观念的结果，是谢冕的关于文学的"绿色革命"思想。如前面所说，尽管谢冕以"五四"文学革命来比照"朦胧诗"的"崛起"，但是，就百年中国文学之整体性来看，它仅是新文学秩序内部的调整，就中国新诗审美诉求的一贯性来看，它也仅是对于既有艺术传统的某种修复。这就决定了它与"五四"文学革命中同古典文学势不两立的革命姿态还是有着根本上的

---

① 谢冕：《新世纪的太阳》，长春：时代文艺出版社，1993年。
② 谢冕：《新世纪的太阳》，长春：时代文艺出版社，1993年。

不同。如果要将它也称之为一种"革命"的话，那它也是一场不作宣告的"绿色革命"。文学的"绿色革命"的提法，不仅从观念上支持着"百年中国文学"的理论构想，而且也必将在实践上对于中国诗歌与中国文学的健康生态起到维持作用。

与上述的关于百年文学历史的时间上的连续与整一相应，"百年中国文学"的设想所包含的应有之义还有"中国文学的整合"。这种整合是地理空间上的整合：它指的是将内地与台、港的诗歌与文学，跨越地理上的隔绝与政治上的分歧，统一到中国文化母体与"百年中国文学"的完整概念上来。①对于诗歌来说，这一点可能尤其重要，港台特别是台湾的诗歌，被评论家沈奇称作20世纪80年代中国新诗的"三大板块"之一（另外两大"板块"分别是20年代至40年代的新诗拓荒期、70年代末至今的现代主义新诗潮），由此可见其在完整意义上的"百年中国诗歌"当中的重要地位。因此，长期以来的诗歌研究中对于台湾诗歌的有意无意地、情愿或不情愿地忽略，造成的可能是学术视野与完整的诗歌概念的严重残缺。而且不仅如此，从更大的方面看，"百年中国文学"观念所带来的中国诗歌与中国文学的整合，其更深远的意义在于它意味着文化战胜了地理，艺术超越了政治，这只能表明中国诗歌与中国文学从其内质上在走向成熟与强大。

二、"断裂"与"倾斜"：对于历史真实的诗性把握

谢冕的诗化人格所配备的不仅是一套个人化的知识谱系与历史坐标，他同时具有一种带着强烈的生命体验特征的诗性认知智能。在中国当代的诗歌评论家中，具有"诗人气质"或者本身就是诗人的不乏其人，但是这样的品性至少并不总是对于批评有所助益——如果不是反而具有负面影响的话。但是对于谢冕来说，诗性智力特征促成了谢冕的批评风格与学术专长：这种诗性的认知方式，使得谢冕在地脉错乱纵横的历史岩体的断层内部，在缺乏时空距离与周旋余地的情况下，总是能够率先对于历史真实作出准确的判断与把握。在谢冕那里，这种诗性智能与认知方式至少具有以下的特征：

1. 无距离观照。在这里，无距离观照的所指，一方面当然是对于谢冕的诗性认知方式的情感性与体验性的特征描述，不过更主要的，尽管它应该不是说真的与认知对象之间不存在任何距离——这样的话任何的"认知"和"观照"都不可能

---

① 谢冕：《1898：百年忧患》，济南：山东教育出版社，1998年，第261、264、278~279页。

存在，但从学理方面在相对的意义上它也确实可以用来标示某种认知方式。就眼下讨论的诗歌与文学研究而言，常用的方法也大致不外以下两种：一种大致是理论的方法，它对于诗歌或文学事实需要圈定至少是某种局部性、片段性的"本质"，然后进行垂直方向的探究与建构；另一种是历史的方法，它不作本质上的假定，而是强调历史场景与文学经验的不可抽绎的具体性与不容轻慢的合法性，它倾向于对于历史事实进行水平方向的推求与呈现。谢冕文学研究的认知方式当然总体上是与第二种历史的方法接近，但这里使用"无距离观照"一语是想表示如下意思：谢冕将这种历史方法推展到了某种极致。就《在新的崛起面前》这篇文章而言，也许有的人将其整体基调看作对于"朦胧诗"仍保持一种矜持的距离与保留态度，但我们却以为在这种态度中，恰恰可以读出谢冕将自身也置于某种被考验、被审查、被"挑战"地步的意味来。再就其"百年中国文学"的构想而言，谢冕不仅追根溯源、敏锐地感悟到在人们"本质主义"视野中被忽略的"五四"之前20余年的文学现代性根脉，并将其从历史的尘埋中细心地发掘出来，而且大胆地将波涛汹涌的历史之流引向自己的脚下：

> 我在北京写下这些文字的时间，是公元1996年的5月。由此上溯100年，正是公元1896年的5月。这一年5月，出生在台湾苗栗县的诗人丘逢甲写了一首非常沉痛的诗，题目也是悲哀的，叫《春愁》："春愁难遣强看山，往事惊心泪欲潸，四百万人同一哭，去年今日割台湾。"诗中所说的"去年今日"即指1895年，光绪二十一年，甲午战败的次年。此年签定了《马关条约》，正是同胞离散、民族悲痛的春天的往事。[①]

这里体现的谢冕面对历史、在历史的激流中本真地在场的勇气，已经超出了任何历史的方法与学术的范畴，可以看到的是浩气凛然的人格和风范。

2．对于"量"的把握。对于历史研究来说，真实往往不是以纯粹的、抽象的"本质"就能包罗与概括的，而是需要在经验的连续与绵延中来度量与把握，因此历史真实经常不是以"质"的范畴而是以"量"的范畴表现出来。这是在历史方法的研究中最为困难的，也就是需要在没头没脑、毫无端由的甚至是错综紊乱的历史

---

① 谢冕：《辉煌而悲壮的历程》，见《百年中国文学总系》总序一，济南：山东教育出版社，1998年。

情境中——这一切足以将任何的方法与纯净的本质思维粉碎，因此历史的方法实际上几乎可以说就是没有任何方法——斟酌权衡、分析判断，尤其是当面对的历史是当下的历史时，难度系数又会成倍增加。然而，谢冕的长项正在于当历史事实风起云涌扑面而来、使得任何思考的触角无所措手时，总能准确地从历史肌体的最关键部位掠取典型性的切片，并迅速地将其置入思想之光的澄明中，由此组织出一幅关于眼前历史的解剖图谱。这一切往往发生在大多数人还处在对于历史现实的变动无动于衷、甚至作着南辕北辙的判断与猜测的时候，也因此，经常只是在事过境迁的多年之后，人们才开始惊叹谢冕的远见与洞识。"崛起"而外，人们熟悉聚合了谢冕的诗歌与文学的历史观念的思想谱系："断裂与倾斜"、"错动与漂移"、"三次文学'改道'"、"美丽的遁逸"、"丰富而又贫乏的年代"……当轻倩妙曼的思维舞蹈以一种让人担心的、似乎是岌岌可危的准确踩出一行行思想的足迹时，人们大概只有在摆脱了思维与语言的纯粹是艺术上的"美丽"的诱惑之后，在经历了对于那些毫无定性的度量的怀疑之后，才能感受到其中的言之凿凿、触目惊心的思想力量。

3．由此，谢冕的批评语言与概念术语，都总是那么生辣新鲜、富于直抵人心的思想的激动力量。谢冕的批评文字永远与四平八稳、平庸拖沓、滞重晦涩无缘。作为批评家，谢冕就像诗人一样保持一颗永远开放的心灵与鲜活的感受力。纵观谢冕的著作，可以看出谢冕对于时代现实超人的解悟能力，但是谢冕似乎很少舞弄各种新潮的西方批评理论术语，这并不能表明谢冕不熟悉不了解它们，就谢冕的心态来说，也很难找到刻意回避它们的理由；这一点只能说明，那些在别人那里使用得欢天喜地、手舞足蹈的概念术语，对于谢冕的思维方式来说，仍然是过于笨拙和生硬了。因此他的语言也就仍然是一贯地优美：在那些飞扬的文采中，朦胧的历史真实得到表象，处于萌动含混状态的历史脉动被强行拖入现时在场的明晰之中；抽象的理论思维被知觉化，洗去了本质概括的武断生硬而增加了学理上的弹性与伸缩余地。因此，可以说，谢冕的观念是现代的，谢冕的语言是浪漫的。谢冕的这种诗性的理论话语，是在对于历史事实进行无距离观照的情况下，由饱含永远新鲜的生命感受力、饱含激情和体验意味及飞溅的灵感火花的思想之流打下的语言印记。而通过这种理论话语所反映出的，是作者与其面对的历史和现实之间的亲密而又并不粘滞的关系，同时还有作者从容自信与乐观的态度。

对于自己的智力特点与学术长项，谢冕本人应该是有着清醒的认识的。谢冕在《谢冕论诗歌》一书的代后记里讲，"这本集子编妥之后回首一望，发现还是偏重于诗史和批评的内容，而对诗的本体论及不多，艺术性的分析亦嫌不足。这就暴露了我学术研究的弱点"①。同时谢冕对于自己关于诗歌文体方面的理论研究也感到很不满意。谢冕的理论研究不一定真的薄弱，但是与其诗性的认知方式相关，对于历史进行总体性的综合观照与整体概括，确实是谢冕的专长。有一个事实与此相关：在谢冕的著作中，各种"序"或"序言"一类的文章应该有相当的数量，可能有的人会对此不以为然。抛开谢冕的"序言"写作是否篇篇精彩这一问题不论，从谢冕的思维特征来看，谢冕应该也是确实善于"序言"、"导论"、"概略"类型的文章的写作，而谢冕的此类文章，确实也大量存在代表谢冕的学术水准的精到之作。其实不仅如此，谢冕其他的大量的写作，也同样具有程度不同的与"导言"、"概略"类似的性质：像《论当代文学》这样的标题之下其实不过是一篇论文，而像《后新时期与文化转型》的题目也不过用一万多字解决，此外像《文学的绿色革命》这样的12万字的"专著"，也未尝不可以看作是放大了的"导论"，这些都一定让那些认定论文（尤其是博士论文）必须"小题大做"的人看了咂舌。其实学术之道需要根据各人个性中的长处来发挥这种个性，认定"必须"怎样者，不过是只知其一、不知其二。

谢冕基于他的思维个性与学术品格，对于黄仁宇"大历史"观念产生认同。这对于谢冕来说与其说意味着一种学术观念上的升华，倒不如说是其个性品格的进一步展开。黄仁宇的所谓的"大历史观"，其要点在于强调有限的个体生命与无限的历史长度之间的认知关系：一方面个体生命存在及其认知能力都非常有限，人们可以以自身经验证实的历史知识，在无限的时间长河中，不过是微不足道的一段小小曲折，因而个体的聪明才智都不足以仰仗，相反，个体经验与生命意义只有在历史中才能获得；另一方面，历史作为无限延展的"自在之物"，对于人们的认识能力来说，它的规律经常不是在短时间内可以看清楚的，只有在更长的时间段内放大眼界才看得出来。当时人的狭隘视野是必须抛开的，"所以叙事不妨细致，但是结论却要看远不顾近"②，这样的历史观念，对于文学史与诗歌史的研究来说无疑具有很大的启示意义。我们长期以来将丛杂琐碎的寻章摘句当作历史，相信可以通过一种呕心沥血的、严肃庄重的历史文本圈定历史真实、反映历史规律，这不仅是作为知识

---

① 谢冕：《谢冕论诗歌·代后记》，南昌：江西高校出版社，2002年。
② 黄仁宇：《万历十五年》，北京：三联书店，1997年，第269～270页。

主体的一种妄自尊大，而且也泯灭了历史的无限的开放性质与作为人生哲学与生命体验的价值。"大历史"的观念将会极大地刺激人们的历史想象力，开拓人们的思想空间，并促使主体在历史与世界面前重新定位。文学史与诗歌史研究中的"大历史"观念的引入，不仅从学术的角度彻底改变人们关于文学与诗歌发展历史的思考模式与知识谱系的构成，同时也必将深刻触动人们的文学观念，进而影响当代乃至未来的文学生态与文学秩序。基于这样的考虑，谢冕将这种观念应用于其"百年中国文学"构想，并主编了《百年中国文学总系》丛书。这套丛书虽然不是专讲诗歌的，但是在"史"的观念与方法上应该是一致的。据孟繁华的概括，这套丛书的编写在史观与叙事方法上遵循如下原则：第一是"拼盘式"，即通过一个典型年代里的若干个"散点"来把握一个时期的文学精神和基本特征；第二是"手风琴式"，写一个"点"并不意味着就事论事、就人论人，而是"伸缩自如"；第三是"大文学"的概念，即主要以文学作为叙述对象，但同时鼓励广泛涉猎其他艺术形式。[1]可以看出，"总系"的思路基本上是与"大历史观"及《万历十五年》的模式相一致的。但也有一点不同，那就是黄仁宇认为的，"将历史的基点推后三五百年才能摄入大历史的轮廓"[2]，对于"百年中国文学"的研究来说，这样的历史观照距离不仅过于拘泥，而且也是根本不现实、不可能的。因此谢冕大胆地将其由时间上的物理距离修正为一种精神距离——虽然这一点也许只有出于谢冕的学术魄力与过人智慧才能做得到：如本章前面所说，谢冕永远不会以自己的研究对象画地为牢、被作为死物的对象所圈死，他与对象之间永远处于一种清通洒脱的、相互诠释的关系之中。谢冕的近距离的诗性认知方式所具有的历史洞察力，同样测绘出了"大历史"的峥嵘气象。因此，谢冕的这种修正是根本性的，谢冕对于"大历史观"的研究方法与其说是强化与强调了其应用于文学研究的特殊性，倒不如说是更加凸现了其作为一种认识模型的东方色彩与诗化特征（其实黄仁宇本人的思维方式相当程度上恐怕也是东方文化渗透的结果，虽然他本人说是受康德的影响）。

　　实际上，谢冕（一定程度上也包括黄仁宇）的思维特征，在此体现出"空中点染"、"烘云托月"式的中国式诗性认知方式："空中点染"是计白当黑，留出大片的空白，让空白本身也来说话；"烘云托月"则是抟虚成实，纯粹就是以空白本身

————————
　　① 孟繁华：《〈百年中国文学总系〉的缘起与实现》，见《百年中国文学总系》总序二，济南：山东教育出版社，1998年。
　　② 黄仁宇：《万历十五年》，北京：三联书店，1997年，第269~270页。

作为塑造与表现对象。这二者的共同点在于，对历史事实本身很少或根本不做圈死的界定，不进行本质的预设，让历史事实本身在差异中呈现自身，而非削足适履地将其归纳进一个抽象的概念之中。这样，历史就并不是支离破碎的死物的堆积，不是黑暗空洞的逝去的时间，也不是"一切历史都是当代史"与仅仅作为"文本"的历史的妄自尊大的主观主义，而是生长在当代生活中的活物。这种彻底改变了历史与当下的关系、进而重新构建了生活世界图景的历史观念与方法背后，是一整套的东方式宇宙观与哲学范式。谢冕作为经受了现代学术洗礼与西方思潮熏陶的当今学者，出于其个性特征与环境袭染，仍然在文化心性与文化人格上与中国古典风范遥相契合。

三、忧患意识与乐观精神的辩证统一：历史意识的整体基调

无论是对于作为个人知识谱系与参照坐标的历史，还是在对于历史的诗性把握当中，就谢冕来说有一点是共同的，那就是尽管他可以对历史提出质询与批评，但其前提是他从来都是相信历史、尊重历史的。因此一种完整的历史意识，在他的批评与学术研究中是贯穿始终的，而这种历史意识的整体基调，就是与历史态度相联系着的忧患意识与乐观精神的辩证统一。惟其尊重历史，才从百年诗歌与文学的历程中归纳出"忧患"的中心主题；惟其相信历史，才使其无论在何种情况下，无论诗歌与文学遇到了怎样的阻厄与困境，他都始终对于未来保持乐观的态度。

百年中国诗歌与中国文学的命运，是与20世纪的中国历史密不可分的，不理解这一段不平凡的历史，也就无法理解这一百年的诗歌与文学走过的艰危曲折的道路。19世纪中叶以后，清王朝的帝国大厦在积重难返、日渐倾颓的情况下遭遇了世界列强侵凌，内忧加上外患，不仅证明着封建体制走到了尽头，而且面临着民族存亡的大问题。从那时起，这样的问题横加在志士仁人、尤其是知识分子的心头，成为难以愈合的大创痛。在当时，救国图强无疑是时代的主题，不过"在那些艰难的年月里，中国人在思考如何拯救民族危亡这一大事的时候，几乎同时的，也在思考诗和整个文学的变革的大问题。这虽是两个不同层面的思考，但却非常紧密地、互为因果地联系在一起"①。造成这种局面的原因，一方面固然出自诗歌与文学自身的发展所面临的困窘，但更重要的、也更直接的原因，是现实因素的激发与促动。

---

① 谢冕：《告别20世纪——在大连诗歌研讨会上的发言》，《当代作家评论》，2001年第2期。

维新人士希望用诗歌与文学改造社会改造人心，也就是说，要将它们用作传播新思想、唤醒民众的宣传工具。这作为当时的一种普遍期待，诗歌与文学的变革作为中国社会改造与社会革命的一个组成部分，其文化身份与文化地位就这样被确定下来。中国一个世纪以来忧患不断，诗歌与文学在历史总体格局中的这种身份地位，也就不断地被唤起、延续与强化，而诗与文学的本体观念与价值观念，实际上也就在这样的趋向中被定位。在这样的情形下，诗歌与文学的内容必然被时代之伤、民族之痛所充斥，"忧患"成为诗歌与文学中压倒一切的主题。

　　作为谢冕对于百年文学与诗歌的基本判别的"忧患"主题，它的过量书写与过度强调，存在着使诗歌与文学承载过重与丧失自身的危险。谢冕讲到，近代以来，一些激进的知识分子认为文学可以救国，而到了20世纪60年代，另一种意义上的激进人士又认为文学可以反党、反社会主义，以至于亡国亡党。这二者对于文学的作用的认识，虽然有正面反面之分，但是他们共同的一点就是把文学神化了，赋予了文学以其自身根本不可能承担的功效。同时，他们虽然将文学的功用进行了如此的夸张，但究其实质，却并不是对文学的真正尊重，因为他们最终仅只将文学当作一种工具来看待。①在这样的情形之下，真正受到损害的是文学自身，文学本身的性质与规律作为艺术的美学特征被无视被忽略了。中国新诗在经历了最初10年的繁荣之后，大概从20世纪30年代起就逐步走上了这样一条越来越狭窄的道路。到了新中国成立之后，这样的状况达到了极致：新中国成立前尚存在的不同流派、不同地域上的风格多样性消失了，被泯同于整齐划一的意识形态标准之中，诗歌与政治的简单应和与从属关系被强调到无以复加，以至于可以说新时期以前的"当代诗歌的历史，几乎就是诗歌为政治服务的历史"②。诗歌因此必然在这种大规模的"标准化"工程中，在虚假的表面繁荣背后，是实质上的萧条与沦丧。真正的创造停止了，剩下的是文白混杂的僵化形式与空洞浮夸的颂歌内容。新诗不仅丧失了自身，而且也走向了与"五四"以来的诗歌革命背道而驰的现代性趋向的反面。

　　因此另一方面，沉重的"忧患"主题负荷之下的诗歌与文学，也存在着与中国古典的旧文学、旧文化合流的深层危机。从文学观念与价值取向上讲，"近代以来的文学救亡思想与中国传统儒家治国齐家平天下的思想，'文章乃经国之大业，不朽

---

　　① 谢冕：《论20世纪中国文学》，石家庄：河北教育出版社，1998年，第43~44页。
　　② 谢冕：《浪漫星云——中国当代诗歌札记》，广州：广东人民出版社，1999年，第5、18、257页。

之盛事'的思想，在根源上就已联合。一旦社会发生动荡，中国文学的这种根本习惯便自然抬头。新文学与旧文学在这点上具有同一性"①。基于此，中国的新文学形成一方面不断地建设、一方面又在不断地自毁的局面。而造成这种局面的因由，一方面是外力的强加，而另一方面却也是文学自身与社会进行调节的结果：反传统的新文学总是在历史的转型期或是被迫迎合或是自觉配合了非文学的要求，获得了独立与自由的文学不时要为社会放弃独立与自由，这是百年中国文学的最大悲剧。在这里，谢冕得出其令人动容的结论，那就是承载了"忧患"主题的文学，在充当改造社会的先锋角色的时候，同时也具有充当扼杀异端、扶植因循守旧势力的同犯角色。这种两面角色是孕育于旧文学的母胎中时就带有的遗传基因。②仍以新时期之前的当代新诗而言，高涨的政治热情挤走了新诗的现代精神取向与文学革命的艺术积淀，为诗歌古典形式的简陋复辟腾出了空间。这种状况发展到后来，形成了以华靡浓艳的程式化语言与讲究严格工整的骈偶与对仗为特征的"新时代的庙堂文学"③。中国新诗至此走上了绝境。

一百年来的时代忧患，把中国诗歌与文学带入空前曲折的歧途，同时它也给中国诗歌与中国文学带来了空前的厚重与严肃。以上所讲只是问题的一个方面，从另一角度来看，这也未尝不是一件幸事。在谢冕看来，百年中国的忧患连绵不绝，忧患主题以各种方式在百年文学中得到接续与继承，这样的文学因而成为拒绝抒情、欢乐退场的文学，成为悲情的文学、苦难的文学。正如古来所言，悲情与苦难作为文学的最好的滋养，造就了一个世纪的文学的丰富，"从这点看，近代以来的内外苦难的夹攻与袭击，却是中国文学的福祉"④。因此，谢冕不仅给予了忧患的文学、诗歌与忧患的主题以历史的地位，同时他还要求今天的诗歌与文学从忧患意识的角度进行必要的承担：

> 一百年来文学为社会进步而前仆后继的情景极为动人。即使是在文学的废墟之上我们依然能够辨认出那丰盈的激情。我们希望通过冷静的反思去掉那种即食即愈的肤浅而保留那份世纪的忧患与欢愉。文学若不能寄托一些前进的

① 谢冕：《论20世纪中国文学》，石家庄：河北教育出版社，1998年，第43~44页。
② 谢冕：《论20世纪中国文学》，石家庄：河北教育出版社，1998年，第43~44页。
③ 谢冕：《浪漫星云——中国当代诗歌札记》，广州：广东人民出版社，1999年，第5、18、257页。
④ 谢冕：《1898：百年忧患》，济南：山东教育出版社，1998年，第261、264、278~279页。

理想给社会人心以引导，文学最终剩下的只能是消遣和涂抹。即真的意味着沉沦。文学救亡的幻梦破灭之后，我们坚持的最终信念是文学必须和力求有用。①

不过诗歌与文学的"承担"与"有用"，不再是要求它们去承担那些它们根本无法达到的现实功用，不再是要求文学拯救危亡，而是要求文学承担起"拯救心灵"的责任。诗歌与文学的领地是心灵。在这里谢冕仍然坚持一种启蒙的立场：他认为开启民智、重铸民魂或者直接就叫做"改造国民性"的问题，对于今天依然存在。在新的环境之下，要求于诗歌与文学的，是阻止人向着世俗的泥塘无限度地下滑。诗歌与文学理应为恢复人的尊严与高雅而抗争。②

对于谢冕这一代知识分子来说，他们所描绘所阐述的历史是单纯的，但也是神圣的，它已经实实在在地织入他们作为个体的成长历程与人格结构；而他们也还没有学会与自己的研究对象彻底区分开来的机巧，更不会以嘲弄、戏谑的态度对待历史。历史的忧患就是他们的忧患，历史的欢愉就是他们的欢愉。只要历史没有终结，他们永远不会以颓废、绝望的态度面对历史。因此，无论是谢冕对于百年来诗歌与文学的"忧患"主题的反思，还是要求诗歌与文学对之进行的再次承担，在对于既往历史保持了足够的尊重与严肃的同时，其中有一点是共同的，那就是贯穿于其中的历史信念：相信历史、相信未来的乐观态度——这其中自然也包含了对于诗歌与文学的信念。

在本文看来，这种对于历史的乐观态度，其内涵至少包含以下两点：第一，谢冕他们相信，历史虽然有时可能撞入歧途、偏离正道，但是最终必将被引入通衢大路。也就是说，历史是可以"回归"与"修复"的。出于这样的观念，在当年关于"朦胧诗"的论争中，谢冕除了针对"新诗走着越来越狭窄的道路"的迷失方向的历史现状的批评之外，作为同一个问题的另一面，就是将"朦胧诗"的"崛起"运动视为对于"五四"传统的"回归"与"修复"，在《失去了平静以后》③一文中，极力为"朦胧诗"在情感上与艺术上的正当性进行辩护。"朦胧诗"的"崛起"无疑强有力地激发与强化了谢冕的历史信心与乐观态度，这一点从根本上影响着谢冕

① 谢冕：《世纪末：中国知识分子的思索》，《20世纪中国文学丛书》总序，长春：时代文艺出版社，1993年。

② 谢冕：《1898：百年忧患》，济南：山东教育出版社，1998年，第261、264、278~279页。

③ 谢冕：《失去了平静以后》，《诗刊》，1980年第12期。

对于此后20多年的当代诗歌发展的历史态度与基本判断。第二，谢冕确信历史本身是无限开放的，在这种指向未来的无限过程中，不存在历史的终点。20世纪80年代中期，"后新诗潮"出现以后，谢冕将其放入历史发展的开放视野与动态过程中来考察："诗歌的动态结构作为一种秩序被确认之后，这只受到社会的发展力抽打的陀螺不会骤然停止它的旋转——只要作为运动的现代化的内驱力不消失，诗的任何层次的变革都不具有'最后'的性质。"①在历史的无限展开中，谢冕指认了"后新诗潮"诗歌作为诗坛多元生态的组成部分的合法性，并对其未来抱以乐观的希冀："只要诗的生命力没有萎缩，多元结构就不会解体。那么，在纷呈杂现的中国诗中保留一种、若干种'古怪的极端'或'极端的古怪'，当然不会是暂时的现象，甚而可能会是永恒的现象。当然，永恒依然不是唯一。对于那些怀疑的目光，我们的回答是：你们有权利困惑，但你们没有理由忧虑！"②当然，后来的历史不仅证明了这种乐观的正确性，而且显得当时的估计甚至有些过于保守。

　　谢冕坚持诗歌与文学对于"忧患"适度承担的要求，并且始终以乐观的姿态面向历史，但是历史的现状却并不总是让人乐观。20世纪90年代以后，随着中国社会生活的全面转型，诗歌写作状况也再一次发生了深刻的变动：思潮性的事件没有了，轰动性的效应沉寂了，诗歌走向个体的内心世界与平凡普通的日常生活的开掘与书写。虽然也有诗人强调诗歌与历史的关联，但从总体上讲，即便是这种意义上的"关联"，也不再可能对于诗歌以外的东西进行什么承担，它最多只有主题学上的意义，它与谢冕所理解的诗歌与历史忧患的关系，已经完全不同。在这样的情况下，谢冕的忧患意识与乐观精神相统一的态度，使得他对于90年代以后诗歌基本状况的看法是一种"辩证"的判断：丰富而又贫乏的年代。谢冕以其一贯的乐观态度，肯定90年代以后的诗歌在主题开掘与诗歌内涵等方面的"丰富"，但是在大量的诗歌表现出的对于历史的隔膜与对现世的疏离中，在与过去的惯性的决裂的巨大热情中，他认为也存在着刻意回避与隐匿"忧患"主题的倾向，诗歌也因此陷入了"丰富之中的贫乏"③。在这里，谢冕没有着意批评什么，他对于"理想的星火"仍然不无信心，但是，看得出来，谢冕内心中不无犹疑与困惑：

---

① 谢冕：《美丽的遁逸——论中国后新诗潮》，《文学评论》，1988年第6期。
② 谢冕：《美丽的遁逸——论中国后新诗潮》，《文学评论》，1988年第6期。
③ 谢冕：《丰富而又贫乏的年代》，《文学评论》，1998年第1期。

　　我们曾经自觉地让文学压上重负，我们也曾因这种重负而蒙受苦厄。今天，我们理所当然地为文学的重获自由而感到欣悦。但这种无所承受的失重的文学，又使我们感到了某种匮乏。这就是这个世纪末我们深切感知的新的两难处境。①

　　这不仅是谢冕一个人的困惑，也是留给我们大家的世纪难题。我们应该感到幸运的是，它在谢冕那里又一次被敏锐地感知，并且得到了刻写着丰盈的历史意识的无所顾忌、直抒胸臆的明晰表达。

　　中国一向被认为是一个注重历史的国度。然而黑格尔认为中国是一个历史最悠久却又最没有历史的民族。诚然中国有着浩瀚的史籍，但这并不能掩盖我们民族历史体验的空洞与单调，而"历史"经常就是在这种空洞与单调中、或者就是因为这种空洞与单调，保持着一种人人敬畏的神秘而神圣的权力。"历史"是中国人的上帝。经历了新时期以前的中国历史的人们都会清楚地知道，这样的情形并非只发生在遥远的古代，此种意义上的"历史"阴影就在不久之前仍在人们身上停留，并且有可能在某些方面以各种不同的形式继续停留下去。在中国当代文学史上，"朦胧诗"的"崛起"运动，就发生在这种意义上的"历史"知识谱系的边缘。种种夹杂着不可想象的蒙昧与自大的不容置辩的说教与独断专行的话语言犹在耳，而这些都是这套知识谱系的现实展开，或者就是以"历史"的权威名义发布的训导与戒律。"朦胧诗"的"崛起"以及"崛起"派的诗歌批评，就发生在这一"历史"谱系的某种程度的变动的间隙之中，成为在当时的情境之下不可复现的知识生产的奇观："朦胧诗""崛起"之初，从客观上讲，当时的事态发生之迅猛、时代思潮之激昂，使人们来不及做过于细致的学理反思与充分自觉的姿态调整，而当这一切与谢冕这样的批评家的个性风格与身份地位结合起来的时候，就成为历史动态与历史讯息的最初传达。谢冕也由于在对于历史的敏锐把握中彰显的历史意识，成为"崛起"派批评之知识谱系的基本坐标与最初框架的规定者、构造者。

　　（载《阴山学刊》，2005年第6期。收入本书时作者有修改）

---

　　① 谢冕：《辉煌而悲壮的历程》，《百年中国文学总系》总序一，济南：山东教育出版社，1998年。

"谢氏文体"

——又一种批评

⊙ 曹文轩

现在这个被我们研讨的人，是一个写作文学史同时又是被文学史写作的人。写，与被写，享有如此规格的学者并不多。对于这个人以及这个人的皇皇十二卷大文集，我们可以有一打以上的话题作谈资。比如"诗性批评"、"审美批评的沿用"、"有一种大于知识的力量"，比如"一个文学史的描述者与一个文学史的参与者"、"既关注已经定形的历史，更关注正在变形的当下"，再比如"让材料说话和借材料说话"、"将学术理

曹文轩

性与艺术感悟熔铸一体"等等。还有，我们可以透过这些流动的、诚实的文字谈论它们背后的这个人的品格、性情与趣味。即使谢冕文集的内容呈现方式与编排方式也大有文章可做。该文集对作者历年的文字不作任何删改和修饰，曾经的幼稚、迷茫，过往的是非恩怨和隐秘记忆，如实收纳。眼下众多文集大多动过手脚，作了一番纯化与美化处理。两相对照，谢冕文集对曾经的文字不离不弃，虽算不上壮举，但事情背后却有深藏大义的题目可做。作者明白一个朴素的道理：历史不可也无需修剪与粉饰。承认并尊重历史，这是一个有力量的人的自信。

可说话题很多，只说两点：

其一，回到创作情景。

文集第十卷有一篇名为《先生本色是诗人》的文章，是为林庚先生九五华诞而作。文中说道，"林先生本身是诗人，有很多实际的创作经验，他知道创作的甘苦"。随后说道，"这种从作品'回到'创作情景中去的学术研究的路子，是我从林先生那里学到的，一直影响着我的学术工作"。

谢冕先生的学术路子是否只是受到林庚先生的影响，我以为不必当真，这只不过是写文章为了强调一种关系而已。当时的中文系还有吴组缃先生在，要说"回到创作情景"的学术路子，我倒觉得吴先生的路子更加鲜明。考证谢冕先生的学术路子的渊源，意思不大。要说渊源，根本上讲还是他自身。即便没有林先生、吴先生的影响，这个"路子"，他注定了也是要走的。因为，诗歌创作是他经年不灭的梦想和激情所在。他在诗歌创作方面所显示出的非凡才能，被他"大红大紫"的诗歌批评遮蔽了。没有多少人看到：一个重要的批评家的身影，隐去了一个时代重要的诗人的身影。他对诗的体会，对诗人以及诗歌创作过程的体会，决定了他在研究中必定使用他个人的艺术经验。唯有如此，才能在批评中找到确切感，才会以为真正地完成了对那个诗人或那首诗的解读与阐释。他在从事批评文字的写作时，"诗人"作为一个隐秘的形象始终是在场的。看他的大文也好，读他的短章也罢，无论是论作者、论诗篇，抑或是纵论一个时期、一段历史的文学，他总会身出其表，拉开必要的距离，对论述的对象加以高屋建瓴式的概括与描述，又总会心入其内，回到创作的原有状态，依据自己的心得与体会，揣摩作者的艺术用心。创作现场，是他的文字长久流连的地方。他是一个擅长宏观把握大局的学者，喜欢俯瞰大略、走向和潮流，但也总会在"一览众山小"之后，悄然返身，回到具体，回到过程，回到细节，回到诗人的视角与立场。他看出了诗的隐秘门道——而这些门道，常常是一些"专业"批评家看不到的，或者看到了而将其视为"何足挂齿"的一介之物而被忽略了。不论是说艾青、蔡其矫，还是说闻一多、徐志摩、郭小川、何其芳，谢冕先生所论皆是经验之谈，是行话。

都说文学研究分外部研究与内部研究，出于研究的方便，如此划分也未尝不可。我的印象中，前者偏大，大致与天地相当，说历史，说传统，说阶级，说人道，说民族，说宇宙和人类；后者向小，小至一个细节，一种形式，一种叙述语气，一个词，甚至是一个字的安排。当然，这只是一种大致印象，其实外部研究也有谈细小命题的，而内部研究也有谈重大命题的。若论两者高下、谁更具合法性，一设问就沦为错误。因为正是两者的共存，才构成了完整的批评史。

但就当下中国的批评格局而言，我们似乎更应当注意一下所谓的内部研究，因为事实是：当下的批评几乎是清一色的外部研究。问题不在外部研究，而在批评的格局。结构的合理性才能保证结构之下各项的合理性，内部研究与外部研究的共生互长，才使得双方的存在变得合理与完美。而现在，内部研究被抑制了，甚至已黄鹤西去，销声匿迹。一味游移在外，而不能入其内部窥探其动机与机关，无疑是一种很糟糕的局面。打个蹊跷比方：一只鸽子需要高阔无垠的天空，但鸽子不可能在空中下蛋，孵出它的后代——后代必定是在巢中孵出的。当然失去天空也会使鸽子失去鸽性，鸽子的美是由翱翔与归巢共同构成的。

在这样一种过于倾斜的批评格局中，我们现在来谈论谢冕先生的批评，也许有着它特别的意义。他将两种批评集为一身，并做到了和谐和圆满。他可以恢宏地谈论"新诗与新的百年"，谈论"二十世纪中国诗潮"、"从诗体革命到诗学革命"、"文学和二十世纪"、"新文学一百年"，也可以细密地对《长干行》进行逐字逐句地分析，谈人称，谈语气，谈开头，谈结尾，谈起承转合。而此类文字，在这十二卷中占了相当大的篇幅。从民族、国家、人类的存在方式与万古天道，直说到气韵、节奏、一唱三叹的复沓、一个字安放此处的美妙，乃至标点的意义与取消标点的意义。他潇洒自如地游走于大词与小词之间。一般情况下说到谢冕先生，我们总会自然联想到一个宏论"长河"、"星光"的形象，只以为这个人喜谈善谈宇宙洪荒天地玄黄之大题，觉得这个人仰面朝天（他的大量照片都是如此造型），擅长于纵横捭阖，在指点文学的江山社稷中得到快意；殊不知这个人却常会闪身而出，沉浸于一景一物、一词一字的欣赏。在谈论林庚先生时，他说，令他不忘的最是林庚先生对艺术的"细致分析"。他欣赏的是林庚先生于别人一笔带过的地方驻足与停留，着迷的是林庚先生的"条分缕析"，然后"直抵那艺术性最核心的也是最精华的部分"。回忆起当年林庚先生对"无边落木萧萧下"一句的细析深究，他说他"那时的欣赏无以言状"。

这便是"回到"——回到创作的情景。这个转身动作，是他从批评开始的那天直至今日，都从未停止过的经典动作。

谈及当下批评的诟病，作家们往往概以一词：无用。我体会这两个字的背后是这样的潜台词：你对我的作品所进行的阐释，是无效的，也是无用的，既不能使我明白何为诗，又不能使我懂得诗何为，又怎样写诗。

我不太喜欢这种讥诮和轻蔑。但我也不太喜欢一些批评家的偏激与傲慢：这就是文学批评，文学批评只是一种知识，并不负有指导文学创作的义务与责任。在充分拥有"无用批评"的另一边，我们还是应当给"有用批评"一席位置的。这恐怕是常识——常识是不容颠覆与论证的。俄国十九世纪所谓的文学"黄金时代"，是值得我们去回首去观看的：那些批评家们与作家们相濡以沫、共同书写了一部豪华的文学史。那些操持社会历史批评的批评家们一边谈论国家、阶级、制度、法权，一边向一个小说家指出：你那个人物的出场似乎太早了一些。或是向一个诗人说：那只鸟的鸣叫不是在四月，而是在五月，并且不是在早晨，而是在黄昏。他们会对某个作家的作品结构提出看法，并对某个人物的肖像描写提出看法。

文学批评可以有"隔"的一路，也当有"不隔"的一路。

在有用批评成为稀罕之物，甚至几乎失踪的语境里，我们今天在这里谈论谢冕先生的批评，是否当对批评的功能有新的思考？是否应当对谢冕先生的批评表示敬意？当然，我想，他一路走过，已接受过无数诗人和小说家的敬意了，我们再表示对这种批评的敬意，大概无足轻重。

其二，坚信形象化语词背后的理性力量。

说到谢冕先生的批评，自然会涉及"批评文体"的话题。

这个话题是有意义的——特别是在学术性文章、著作陷入"机械性僵硬"的当下，我们来谈论由谢冕先生独自营造的一种批评文体，更加意味深长。

不知从何时开始，我们认定了一种共同的学术文体，以为学术表达，就一定得是这种语体和格式。加之对所谓"学术规范"愈来愈严厉的强调，我们看到了一道枯燥无味的风景：一年一度的硕士生、博士生的学位论文，在用同样的语体、同样的格式在表达同样的观念。对个性化表达的无休止地打压，使大量的学术论文成为学术公文。格式化的培养机制以及有关学术机构对学术著作的若干明文规定，最终使学术著作成了无性别、无调性、无具体写作人的公共文体。对这种文体的合法性、合理性，我们从未有任何论证。我们也视而不见那些被我们研究、被我们奉若神明的经典思想家们，其学术表达却并非都是"规范化"的。福柯、海德格尔，还有改造与借用日常语言而将其转变为哲学语言的维特根斯坦，莫不如此，而沉醉于酒神精神的尼采则更不必说。说来很具讽刺意味：徒子徒孙们如此伺候文字，而他们的主子却自由自在地驾驭文字大马行空。如今，殚精竭虑写出的堆积如山的学术著作，其作者似乎只是一人。

当我们在这成千上万的文章、著作中，不用看署名，就语体和论述的推动方式就能大体判断出它是出自谢冕先生笔下，我们作何感想呢？

我们先按下"谢氏文体"不作分析，来揭示这种"公共文体"——当我们说出这种公共文体的特征后，"谢氏文体"的特征也就自然彰显。

"公共文体"的特征：依仗成串的抽象术语、各种抽象程度很高的概念以及各种论资源（大多为外来），明确标榜使用了何家的研究方法，再加上一系列固定不变的写作格式和要求。它最大的敌人是形象化语词，以及形象化的语词表达。形象化似乎是与规范化冲突的，是天敌。我们在潜意识中接受了一个看法：对形象化的接纳必将导致学术性的降低，甚至最终会毁掉学术性。因此，我们看到在学术著作中对形象化语词的回避。从文章著作的题目到文中的表达，都力求术语以及抽象性语词，并形成了一个没有加以证明的共识：术语越多，运用抽象性概念越多，就越具有学术性。近几十年的学术文章、著作的写作过程，实际上是一个不断贬抑、轻看和驱赶形象化语词的过程。

再回到"谢氏文体"。

谢冕先生的学术表达，恰恰是青睐甚至是崇尚形象化语词。一般，他喜欢这样的命名：暴风雨的前奏、和新中国一起歌唱、死水下面的火山、在新的崛起面前、北方的岛和他的岸、潘多拉魔盒的开启、新世纪的太阳、前夜的阵痛、七月的希望、暗流涌出地表……2010年，他以"玉取其润　石取其坚"为题祝贺《孙玉石文集》出版。当然，也有不少所谓学术化的命名，即使这部分命名，也不是以术语与概念作为修辞的。"历史启示着未来"、"中国的循环：结束或开始"、"被掩埋的期待"、"一个世纪的背影"、"文学性格"……这些命名依然与时下学术杂志上的通常标题风格相悖。他也会常常用非形象化的语词进行他的观念表达，但大多限于讲话，而一旦正襟危坐写文章——特别是炮制具有历史感的大文时，他就又会回到形象化语词或形象化语词与抽象概念（他很少使用引进的流行术语，他对这些来自异域的理念、术语一直抱有警惕之心）相混搭的语体上——那时，他会显得更加的自如、得心应手、风生水起、一往无前、汤汤而去。

那是他钟爱的语体。

他没有专门谈论他批评文体的文章，但我们依然可以根据他一贯的文体风格作出判断：选用如此语言进行学术表达，是因为他坚信形象化语词背后的理性力量。

一旦新诗潮涌起，恍若密云的天空透进了一线炫目的光亮。这对于陷入庸常的诗界而言，不啻是一声惊天的雷鸣。

——《一个世纪的背影——中国新诗（1977—2000）》

他对如此的语词所具有的表达理念的强大能力从未有过片刻的怀疑。这些看似非学术化表达的句子，在他看来，不是一般的陈述句，而是意思圆满的判断句。"崛起"、"一起歌唱"、"背影"、"暗流"……不仅是对一种状态的描摹，也是对一种性质的判断。它们与"同构"、"吊诡"、"悖反"、"场域"之类的抽象术语，具有同样的理性功能。我们可以尝试着把他的句子译为由术语与概念构成的句子。但我们也将会发现，其中有些语词，我们无论如何也找不到可以替换的相应术语和概念——那个形象化的语词或句子，在表达理念方面是独一无二的。比如"崛起"，它既使我们看到了一种形象，也使我们看到了一个事实、一个事理。而我们很难找到一个抽象的词取代它并能揭示出现代诗歌的这一突然的、空前的革命性变化。同样，"一起歌唱"这个看似简单的句子，呈现了一种姿态，指出了诗与国家机器之间的趋同关系，是对诗与国家机器"共鸣"的性质判断。谢冕先生对形象语词的运用，在许多时候，是因为他注意到并领会到了一些被我们忽视了或意识到了却还未找到适当言词加以概括的现象。从这个意义上讲，他发现并收复了被我们遗忘了的或无法问津的理念空间。他对形象化语词的理性功能心领神会，他以他的文体实践让我们懂得了：形象化语词不宜作为学术语词的结论是个错误的结论；现在要做的，只不过是让形象化语词进行转化——而转化后的形象化语词，其表达理性的能力是出乎意料的。

多少年来，我们都不能对他的批评文体作一个学术性的解释与论证，给那些强调所谓的学术性表达的人一个理性回应。

对谢冕先生文章和著作的学术性程度的质疑，其实，一刻也没有停止过。其质疑很大程度上缘于对他的批评文体的误解。

我们别忘了黑格尔会在他的著作中说：你要想知道阿拉伯人吗？那么，你就首先要了解阿拉伯人的天空、沙漠和骆驼。我们别忘了，勃兰兑斯通过一个陪同一位浪漫主义诗人游览德累斯顿的风景区的故事（那个诗人对白天与黑夜的风景其敏感程度有天壤之别），而一下子揭示了浪漫主义的风景描写的根本性特点：浪漫主义在意的是大自然的精灵。我们也不要忘了王国维用"昨夜西风凋碧树"那样的语词去呈现他对艺术三境界的指认与界定。更不要忘了老庄正是转借形象化的语词而将其摇身一变为哲学语词的。

谢冕先生的学术贡献其实长期以来一直是被低估的。一个人与一个时代的若干文学话题纠缠在一起，就这一点，已足以说明这个人的意义。然而，因为他的学术文体，却常常让一些人自觉不自觉地对他的学术贡献打了折扣。

与"谢氏文体"相关的另一话题便是：批评的个性。

选取视角、选材、对材料的妙用乃至章节安排，哪怕是一段小小的题引，批评文章与批评著作的写作，实与写小说同理，这里也有一个写作艺术的问题——批评的艺术。我们在面对这十二卷文集时，领略到了何谓"批评的艺术"。这是一项充满创造性的劳动，也正是在这里，他为我们展示了一种具有独特个性的批评文体。

做人作文，若无个性，多少是件让人遗憾的事情。谢冕先生做人是有个性的：当人们普遍滑入平庸的现实主义情景中，他却还一如既往地徜徉在浪漫主义的情调中；而当人们普遍接受无边的自由主义，一身随意的打扮踏入一个庄重会议的会场时，我们却一眼看到他一丝不苟地打着领带、西装笔挺地端坐在那儿。这是他的魅力所在。而他个性十足的批评文字，更是在成千上万、连篇累牍的学术文字中闪烁着夺人双目的亮光。

当年梵高岁数大了，却还没有婚姻，家人便自作主张从茶会上给他物色了一个女人。梵高一口否决，理由十分简单：茶会上的女人没有个性。"个性"这个词，只有梵高那样的艺术巨人才懂得它的含义。

个性比统一规格下的深刻，可能更有意义，也更有存在的活力。历史常常以有无个性作为优胜劣汰的标准，这也许毫无道理，但事实就是如此，数百年数千年，一成不变。

创造一种文体——"谢氏文体"，这个人当一生幸福并荣耀。

该说出我的一份遗憾了——这份遗憾来自于我对谢冕先生20世纪60年代诗歌的阅读——特别是对写于1968年的长诗《告别》的阅读，还有对写于1961年的一系列叙事性文字的阅读，特别是对《洪水峪王金生》一文的阅读。他写诗的才能让我感到无比惊讶。我说不上来，同时代的诗，究竟有多少首能作为诗而在这首长诗之上。在那样一个个性化、概念化的时代，在那样一个词汇贫乏、意象平庸雷同的时代，为什么竟会有这样一首思绪复杂、心灵隐秘、意义多重难以琢磨的诗？它是怎么游离和超越那个时代的？如果，当时或者之后，谢冕先生没有引人注目的批评文章；又如果当时有一个高人向他指点：谢冕，你的诗绝不在批评之下，你应该是个诗人。也许，我们今天在这里讨论的不是一个重要批评家，而是一个重要的——甚至特别重要的诗人。当然，谢冕先生的选择也许应该得到我们的敬重：他牺牲了作为重要诗人的机会，而成就了中国当代文学批评史上一段佳话。更让我开眼的是那些叙事性文字中所显示出的叙事能力。我承认谢冕先生的抒情能力，却对谢冕先生的叙事能力从未有过奢望。但收在文集第二卷中那些叙事性文字着实让我大吃一惊：这个人的叙事，居然有最高级叙事作品所需要的一切品质：淡定、纯粹、入木三分的细节、氛围感、现场感、惟妙惟肖、画龙点睛。

我想对谢冕先生说：您有丰富的生活经验、人生经验，这是您的财富，但也可以转化为让别人共享的财富。而这种转化，欲要通过您的批评文字，可能有较大的难度。诗才、叙事能力，大概不会因为经久不用而退化，它会像矿藏依然贮存在地表之下。对现在的您而言，多写一篇批评文字和少写一篇批评文字，对"谢冕"这个名字既不会再增加什么也不会再减少什么。您已创造了高峰并达到了高峰。在安静的、多少还有一点田园味的海德堡（谢冕先生的住处），在写作批评文字之间，可以适当干一些其他活计，比如写诗，比如写小说。

（载《中华读书报》，2012年8月1日；《文艺争鸣》，2012年8期）

中国当代诗坛：谢冕的意义

⊙ 吴思敬

　　我与谢冕先生初次见面，是在1980年秋天《诗刊》社在北京东郊定福庄召开的全国新诗理论座谈会上。当时正是拨乱反正前后乍暖还寒的季节，朦胧诗的幼芽刚刚冒出地面，一方面是抱有传统诗歌观念的人面对新的艺术感到"气闷"而对朦胧诗大加鞭挞，另一方面则是较为新潮的学者对青年人的探索予以热情的肯定。谢冕已在1980年5月7日的《光明日报》发表了《在新的崛起面前》，对青年人的探索表示支持；我也在同年8月3日的《北京日报》发表了《要允许不好懂的诗存在》，为朦胧诗呼吁存在的权利。对朦胧诗诗人肯定与支持的共同态度，使我们感到心灵的贴近。在研讨会冷静而热烈的论战中，谢冕、孙绍振是主将，我和钟文是急先锋，我们成了一个战壕中的战友。饭后休息时边散步边聊天，使我对谢冕的生活道路和精神世界有了进一步的了解。此后30年，为促进中国当代诗歌的发展，我追随谢冕先生，和他一起穿过了诗坛的风风雨雨。在这一过程中，我一直视谢冕为精神上的导师、人格上的榜样、学术上的引路人。我深深地感到，谈论中国当代诗歌，就不能不谈谢冕，他的存在对中国当代诗坛有着特殊的意义。

第一，谢冕作为评论家的高瞻远瞩

　　在"朦胧诗"这一新生事物刚刚出现在地平线，在中国的年轻的艺术探索者最需要扶持的时候，他发表了《在新的崛起面前》这样一篇具有划时代意义的当代诗歌史上的经典文献。它的理论价值在于：一是体现了对"人的解放"的呼唤。谢冕把"朦胧诗"直接与"五四"新诗运动衔接起来，把"朦胧诗"的崛起，看成是对"五四"诗歌传统的一种回归。他以一种神往的语气描述"五四"时代的诗人："我们的前辈诗人，他们生活在一种无拘无束的自由开放的艺术空气中，前进和创新就是一切。他们要在诗的领域中丢掉'旧的皮囊'而创造'新鲜的太阳'。"①在谢冕看来，"朦胧诗"与"五四"时代的新诗都体现了人的自我意识的觉醒，体现了对一种僵化的传统诗歌模式的反叛与破坏，体现了一种创新的精神。二是对创作自由的呼唤。谢冕是在战争年代形成、并在解放后进一步完善的大一统的政治化诗学中成长起来的，但难能可贵的是，他对这种政治化诗学的反思精神和批判意识。在这篇充满激情的檄文中，他对长期统治诗坛的一种"左"的思潮予以声讨，尖锐地指出："我们的新诗，六十年来不是走着越来越宽广的道路，而是走着越来越狭窄的道路。"他反对艺术禁锢，呼唤一种多元共生的艺术生态。三是对艺术革新者的真诚的、全力的支持。他以巨大的勇气，肩起了沉重的闸门，为年轻的艺术探索者争来了较为宽阔的生存空间。而与此同时，谢冕本人却承担了强

谢冕（右二）与吴思敬（左二）等人在一起

大的思想和政治的压力。《在新的崛起面前》以及此后谢冕的一系列支持年轻人探索的文章，体现的不仅是作者的艺术才华，更是远见卓识的眼光和勇于承担的人格。

第二，对百年中国文学和百年中国新诗的研究

进入20世纪90年代，谢冕通过主持"批评家周末"，引领一部分青年学者进行百年中国文学的研究。他首次提出"百年中国文学"的概念，他说："百年中国文学这样一个题目给了我们宏阔的视野。它引导我们站在本世纪的苍茫暮色之中，回望上一个世纪末中国天空浓重的烟云，反思中国社会百年的危机与动荡给予文学深刻

---

① 谢冕：《在新的崛起面前》，《光明日报》，1980年5月7日。

的影响。它使我们经受着百年辉煌的震撼，以及它的整个苦难历程的悲壮。"①在这一思想指导下，他先后主编《中国文学百年梦想》、《百年中国文学总系》等系列丛书，为百年中国文学的研究做出了坚实的实绩。与此同时，他把新诗也放在"百年中国文学"的框架下进行研究，他所主编的《中国新诗总系》，他所推出的《新世纪的太阳》等专著，以五四运动为主要的时间节点，上溯1895年前后，下达20世纪末，从而在整体上展示了中国文学现代化的走向。由于有这样一个宏观的视野，谢冕描述新诗发展历程中的种种现象，不是就事论事，而是具有一种历史的眼光，既看到某些诗歌现象出现的偶然性，同时又看到这种现象出现的必然性。他指出："新诗在实现自身的现代化目标时，一方面要不断抗击来自复古势力的骚扰，即假借农民或民族意识的名义对于改造更新自身的阻挠；一方面，则要不断宣扬向着世界先进文艺潮流认同的现代思维和现代艺术实践。"②这样的分析是客观而深刻的，对于百年新诗的研究具有启发与开创的意义。

第三，对新诗评论语体建设的贡献

谢冕打破了长期充斥于诗歌评论界的大批判语言和八股文风，他的评论文章，力戒官话、套话、大话、空话，凸显评论家的主体意识。谢冕认为：诗代表一个民族的智慧，它是文学的宝塔尖。诗评是一种对于"文学的文学"的评论，"正如诗歌创作是主体性很强的创造活动一样，诗歌评论也是一种具有强烈的主体意识的文艺批评活动。'诗无达诂'，一方面说明诗歌艺术的多义性与朦胧性，一方面说明对诗的理解不存在绝对的模式。诗评对诗评家'自我加入'的再创造的期待，远较他种艺术为甚"③。正是出于对诗歌评论语体的深刻理解，谢冕的文章在诗歌评论界独树一帜。他以诗人的激情书写诗歌评论，笔锋常带感情，他的评论是诗化的评论，不仅以强大的逻辑力量说服读者，更以富有诗意的语言感染读者。请读这段评论文字：

> 那时候，月亮落下去了，东边露出了曦微的曙明。尽管层云依然深深地镇住天穹，但周遭的一切毕竟在光明即将降临的拂晓时分呈现了勃发的生气。这是黑夜与黎明际会的庄严时刻。这方生未死的特殊历史，造就了一批敏感于生

---

① 谢冕：《百年中国文学总系·序》，济南：山东教育出版社，1998年，第1页。
② 谢冕：《新世纪的太阳》，长春：时代文艺出版社，1993年，第102页。
③ 谢冕：《评诗与诗评》，《文艺报》，1986年8月9日。

活的诗人，他们把握了这特有的时代氛围。他们使自己的最初一批诗篇，成为富有现实感的早春意识的传送者。

这是谢冕评刘祖慈诗歌的专论《早秋的年轮》的开头，用充满深情的诗一般的语言，概括了一个历史时代，以及这一时代所造就的诗人。

第四，为诗歌评论界和当代文学研究领域培养了一批人才

他不仅通过在北京大学设席传道，循循善诱，言传身教，培养了一大批当代文学研究方向的硕士生和博士生，而且通过创办《诗探索》等，团结和培养了一批诗歌评论的作者。我是《诗探索》早期的作者，1984年至1985年为《诗探索》的责任编辑，1994年《诗探索》复刊以后为主编之一。在与谢冕共事的过程中，深深感到他作为《诗探索》的灵魂人物为办好刊物的一片苦心。在办刊的指导思想上，他强调"高举艺术探索的旗帜，站在引领诗歌变革潮流的前沿"①。在具体的编辑工作中，他主张开放与宽容。2010年在纪念《诗探索》创刊30周年的座谈会上，谢冕说："《诗探索》的立场是坚定的，它选择了前进和自由，《诗探索》不想充当某一诗歌流派的代言人，也不谋求成为某一种风格的鼓吹者。它矢志不移地为诗歌思想艺术的前进和变革而贡献热情和智慧，它始终不渝地与探索者站在一起。"②这是对《诗探索》所走过的道路的回溯，也是对《诗探索》所坚持立场的宣告。谢冕是襟怀磊落、宽容大度的，作为主编，他欢迎向自己开炮，在《诗探索》创刊号上，他发表了丁慨然、单占生两篇"与谢冕同志商榷"的文章。正是由于谢冕坚持学术自由，坚持以多元求共存，以竞争求发展，《诗探索》周围才团结了一批不同年龄层次的诗歌评论家，为新时期的诗歌理论批评造就了一支朝气蓬勃的队伍。

第五，为诗歌评论界树立了一种人格的典范

谢冕是一位追求真理的理想主义者，或者说他是一位寻梦者。他为《中国新诗总系（1949~1959）》所写的导言，题目便是《为了一个梦想》，在2010年两岸四地第三届诗学论坛上他也说过："诗歌是做梦的事业，我们的工作是做梦。"而主持《百年中国文学总系》、《中国新诗总系》等重大项目、创办《诗探索》、建立北京

---

① 谢冕：《〈诗探索〉改版弁言》，《诗探索·理论卷》，2005年第1辑。
② 谢冕：《为梦想和激情的时代作证》，《诗探索·理论卷》，2011年第2辑。

大学新诗研究所等，就是谢冕的一个又一个的梦想。这其间我有幸和他一起参加了某些工作，也就是说和他一起寻梦、圆梦，对他的精神品格有了进一步的了解。这些年来，他始终坚持"知识分子"和"民间"的立场，以王国维为陈寅恪书写碑文中的"自由之思想，独立之精神"为自己的座右铭。在对"三个崛起"的批判中，他顶住了巨大的压力，孤独地漫步在圆明园，面对废墟，与历史对话。后来，当他看到他所鼓动的新诗潮出现了远离他的诗歌理想的东西的时候，他也照样直言不讳，发出了批评的声音。谢冕又是一位具有传统儒家风范与现代民主意识的知识分子，他严于律己，宽以待人，言必信，行必果。谢冕的论敌可谓多矣，但他对论敌的态度是坚持自己的主张的同时，也尊重对手的人格。这么多年来，我从未听他在背后议论过什么人。谢冕葆有一颗童心，率真、自然，热爱生活，善于发现生活中的美和诗意。到老年，更是摆脱了世俗的功利的束缚，越来越像个"老顽童"，到哪里，都给大家带来欢乐。

在我眼中的谢冕，永远是一位人生的长跑者。我1980年第一次见到谢冕时，就注意到他床位下的运动鞋，原来他出来开会，还是不忘每天跑步的。2008年4月《中国新诗总系》在杭州西湖开定稿会，会议结束的那天，谢冕也圆了他围西湖跑一圈的梦。当天午后，他从我们所住的柳浪闻莺出发，沿着西湖往北经断桥到白堤，再到苏堤，最后从雷峰塔往东，返回柳浪闻莺。那时的谢冕已76岁高龄，他围着西湖奔跑的形象是感人至深的，也是非常有象征意义的。几十年来，谢冕在文学研究的道路上不也是一直这样奔跑着，生命不息，奋斗不止吗？

（载《南方文坛》，2012年第6期）

灵魂的窗口向着春天

——谢冕散文的创作特性与文体意识

⊙　庄伟杰（澳大利亚）

　　在当代文坛，他的名字足以构成为一个特别的文化符号，一个时代典型的精神镜像。或者说，谈论中国当代文学、尤其是诗歌，他是一个绕不过去的重要角色。无论在学术界、批评界、创作界，抑或是读书界，当人们站在不同的视角和领域观察审视，总是赋予他不同的"命名"并展开评价。于是，"永远的独立思想者"、"与当代中国诗歌同行"、"为诗歌的一生"、"新时期诗歌的揭幕人"、"青年人的精神导师"、"中国社会的一面镜子"、"当代诗歌研究界泰斗"等一连串美誉接踵而至，令人目不暇给。当然，由于他自20世纪50年代开始涉足中国新诗史和新诗理论批评研究，因此人们更多的是谈论他在推动中国新诗的发展和诗学理论建构上举足轻重的地位和功绩。在笔者的心目中，他更像是一尊立体透明的水晶造像，或者说是一个独特而鲜明的案例。成就他的人生与文学的丰富历程和盈芳果实是多层面的，呈扇形展开。这种多重的角色注定了他的经历具有多重的身份——学者、教授、诗人、作家、评论家，还有诸如系主任、新诗研究所所长、《诗探索》主编、文学活动家等等。可以说，在当代中国，他无疑属于为数不多的、且影响巨大的知识分子之列。作为"二十世纪文学"理念的支持者和实践者，他还拥有着多个"第一"。譬如，他是20世纪80年代引发了那场新诗潮的拓荒者，即"三个崛起"之第一个；是创办并主编中国当代新诗理论刊物《诗探索》的第一人；他参与了北京大学中国当代文学的学科建设，为北大建立了中国当代文学的第一个博士点，成为北大历史上第一位指导当代文学的博士生导师……

　　岁月会老，他的心永远不老，灵魂的窗口总是指向春天。他是谁呢？他就是兼具诗心、爱心和童心的谢冕先生。

举凡文坛大家都是特殊的个案（现象），因为其营造的是一个繁富多彩、丰盈立体的人生与文学世界。这让我更加坚定自己的看法：能称上大家者，皆具有多面手。换句话说，人生与文学的缤纷色彩和无穷奥妙在他的身上显露殆尽。诚然，大家是难以言喻的，这恰恰是其真正魅力之所在。因此，当远在荆楚大地的古远清教授传来佳音，表示经谢冕先生同意，正在编一部名为《谢冕评说三十年》的集子。我发觉远清教授虽姓"古"，然其学术远见却是相当清醒、清晰的。古远清教授因与我素有往来，也知晓我曾有幸于北大谢冕门下做过访问学者，特意提供机会让我发发声。为了表达对谢冕老师的敬意，我未敢怠慢。如今，面对一个不仅善于用文心诗弦娴熟自如地弹拨多种文体，而且在当代文坛诗苑、尤其是青年知识分子当中拥有广泛影响力的智者，值得谈论的话题实在太多了。尽管各种文学史或批评史对其展开评说不计其数，但尚留下诸多空间有待拓展。人贵有自知之明，我只想尽力寻找谢先生的另一种可爱之处。此时，谢冕老师那满面红光的风采，两眼炯炯有神地看人的表情，谈起话来十分响亮且显得异常诚朴的爽朗，弥漫周身的一派长者气度，又活灵活现地浮动于眼前。可以说，经历过大风暴大波浪，感受过大欢乐大痛苦的谢先生，无论是胸臆间沸腾的澎湃涛声，还是日常中呈现的平易近人与质朴无华，抑或是思维敏捷、精神勃发的形象与举止，让人总是无法与他的实际年龄联系起来，总是给人留下特殊而深刻的印象。

要知其人，可读其文。面对谢冕先生皇皇的十二卷大结集，我们唯有静下心来慢慢地学习、吸收和滋养。不言而喻，作为诗歌理论界的重镇，其长处不仅独标高格，卓然自成一体（曹文轩先生撰文称之为"谢氏文体"，认为这是"又一种批评"[①]），而且难以仿效。然令我惊奇的是，已近耄耋之年的谢冕老师，其散文随笔写作劲头不减，甚至是越来越老到，也越来越文采风流，可谓：铺纸情怀千种，落笔景致万象。走进其散文书写空间，我发现其文字依然隽永而华美，文质优雅而大气。不管是诗性文字铸造的思想者形貌，还是智性文心融入的哲意之沉思；不管是阅历随感律动的自由真切心声，还是乡土根性蕴含的自然人文情怀：字里行间流露的是一种有趣且有识的属于人文学者的生命精神。沉浸其中，既可以开卷获益，增长见识；又可以恢廓视野，涵养身心：令人或可窥见其别树一帜的大家风范，或可

---

① 曹文轩：《"谢氏文体"——又一种批评》，《中华读书报》，2012年8月1日。

领略其审美情趣及独特文风。

一、诗性文字——灵魂的窗子如花开放

　　散文作为一种自由的文体，在内容表达上随意性较大，在题材选择上的限制量较小，在形式技巧上的自由度又相对于其它文学体裁来得灵活。可以说，散文包容量广、宽容度大，易于从兄弟文体中汲取营养，达成对诗性及叙事话语的兼融，或对哲思、政论和日常口语的接纳。譬如，它可以具有凝练瑰丽的诗性资质，可以带有随笔文字的自由散漫，也可以运用小说叙事状物的生动描绘，还可以吸收理论言说的抽象与深邃，甚至借用杂文语言的谐趣与幽默。这种兼容性注定了散文语言是极具丰富艺术表现力的，而语言美感则是散文的重要审美要素。

　　自上世纪至今，散文写作热一直持续升温，成为一种颇为罕见的文学现象。究其原因，除了文学自身的发展规律外，与特定的时代语境密不可分。然而，伴随全球化浪潮的席卷，一切要求似乎都是合理的，当下世界已逐渐从诗性转变为黑格尔所说的散文性。宏大与辉煌似乎不再，神性与诗性似乎消失，英雄不见了只见俗人，诗歌边缘了只见流行歌，以致生活只重物质不重精神，从而丧失了存在的意义。由于散文的宽泛、自由度和应变力强，容易向时尚和世俗靠拢，以求最大限度地满足读者的阅读趣味，于是出现了散文的泛化。"散文时代"的这种美学氛围，一方面是降低了自身的品位，导致一种致命的虚空，导致了散文文学性和精神向度的缺失；另一方面，当实用取代了审美，世俗性取代了精神性，也就遮蔽了自身的诗性、价值取向和独立品格。对当代中国文坛各种现状和思潮了如指掌的谢冕先生，对此总是保持高度的警惕。

　　尽管有学者认为，谢冕老师的一生，是"为诗歌的一生"（张志忠语①）。然而我想补充的是，除此之外，他也动用了心灵里最富张力和弹性的部分——写散文随笔。当然，作为一个纯粹的文化人，可能内心注满了太多的憧憬和希望，因而诗性和激情始终伴随着他，这正是本文标题《灵魂的窗口向着春天》的题中之义。如果说，文字是他手掌中灿然盛开的花朵，激情是一湖涟漪在时光中飞扬，那么，他笔下那些次第舒展而出的、以诗意的情愫感悟生命，以诗性的文字在路上构建起一个个温馨、浪漫而又精彩的风景，乃是真情的阐释，灵魂的华彩，思想的形貌。

---

　　① 张志忠：《为诗歌的一生——散记谢冕先生》，《文景》，2010年11月号。

从某种意义上说，诗性是心绪化的，其指向更多的是片刻的感受。或者说，诗性的东西并非注重写实，而是遵从于内心世界的律动。海德格尔诗性本体论对人的基本看法是：人的本源性大于人的主体性，人向诗性本源的回归，就是从此在主体性出发，对主体狭隘性的断然否弃，就是向此在这"在"的真理的敞开，就是从根本上肯定人的神圣性以及在澄明中恢复人的世界与大地的和解。可见，诗性乃是诗、思、人的三位一体。这同样适合于真正意义上的散文。由于先天的诗人气质使然，谢冕先生的散文书写常常向内心倾斜，注重诗性的自由表达，既以诗性的方式思维，也以诗性的方式存在。那是一种举重若轻的生命言说，一种充满个性化的灵魂书写。比如他对校园生活的感受和描述，既带有浓厚的感情色彩，又讲究文字的诗性情调，内蕴上则是诗意的延宕——

这里是我的永远的校园，从未名湖曲折向西，有荷塘垂柳、江南烟景；从镜春园进入朗润园，从成府小街东迤，入燕东园林荫曲径，以燕园为中心向四面放射性扩张，那里有诸多这样的道路。年复一年，日复一日，那里行进着一些衣饰朴素的人。从青年到老年，他们步履稳健、仪态从容，一切都如这座北方古城那样质朴平常。但此刻与你默默交臂而过的，很可能就是科学和学术上的巨人。当然，跟随在他们身后的，有更多他们的学生，作为自由思想的继承者，他们默默地接受并奔涌着前辈学者身上的血液——作为精神品质不可见却实际拥有的伟力。

这圣地绵延着不会熄灭的火种。它不同于父母的繁衍后代，但却较那种繁衍更为神妙，且不朽。它不是一种物质的遗传，而是灵魂的塑造和远播。生活在燕园里的人都会把握到这种恒远同时又是不具形的巨大的存在，那是一种北大特有的精神现象。这种存在超越时间和空间成为北大永存的灵魂。

以上文字摘自谢冕先生书写北大校园情景的优美篇章《永远的校园》①。全文自始至终洋溢着一种灵动飞扬的诗情与诗意，仿佛是生命感悟与个体沉思相互交织律动的校园之歌。其中闪烁的诗性光彩和带有美文特点的品质，更像是一章别具一格的散文诗。换言之，谢冕先生写校园生活，多系心性的抒发，且流曳诸多闪光的

---

① 本文所引谢冕散文随笔作品，未另注出处者，或见谢冕《流向远方的水》，成都：四川人民出版社，1997年；或见谢冕散文三部曲：《一条鱼顺流而下》、《依依柳岸》、《阅读一生》，天津：百花文艺出版社，2011年；或见谢冕先生散发于国内外诸种报刊的篇章，兹不一一注释。

思想。那本关于北大的散文集《红楼钟声燕园柳》，一处一个风景：那塔、那湖、那园、那月，举凡北大的一草一木，一花一石，在他如椽的彩笔下都染就个体情感色调，在诗性的叙述中都充满迷人而纯净的美，并将这一切融入自身的生命体验之中。他写北大的人物风情、写北大的诗歌记忆，写北大留下的声音……是在追忆着一份萦绕心怀的人文景观和传统意蕴，是在追怀着一代人文知识分子的人文风骨和生命精神，是在追寻着一种千古文心及"不朽之盛事"。这些篇什内含的美，令人读后如临其境，

北京大学红楼

如染其情，如坐春风。有些篇章简直是诗，宛如松枝举雪摇曳生姿，或似阳光下的花絮飘逸飞香，四处流光溢彩；有些篇章诗性意味浓郁，倾向于内心隐秘的敞开，同时注入了丰博的学识，流动着智慧和思想的波光，让文字的生成腾挪跌宕，妙趣盎然，仿佛生命精神提炼而成的佳酿，叫人回味醇甘。

只有丰富而广博的内心世界，才有可能映现弥满真力与美的灵光妙思，然后凝聚为饱满而坚实的诗性文字。诗性作为人类文学精神的共同原型，当属于本体论的范畴。回到诗性就是回到智慧，回到文学精神的本原。作为对感性与理性二元对立的超越努力，诗性指向的是对于文学的本体论思考，由此而生发的诗性元素，应是出乎原初的、抒发真情的元精神。一句话，诗性是以智慧整合并贯穿于人类的文学形态。我们从谢冕的散文世界中，发现他往往是凭借诗性的品格去进入散文的腹地，从容练达地驱使散文尽可能抵达诗性的生命路径，然后"通过这条个人心灵的'窄径'到达社会"（谢冕语）。在他笔下，那些一唱三叹的生花妙词，那些表现内心苦乐的心灵智光，固然皆从自身、从现实人生出发，但心声的释放和思想的拷问异常真切深沉，要么是美的勾勒，要么是神性的诉说，要么是真挚的呼唤，那是一颗向着春天的灵魂起舞传递的庄严回声。这让我想起了他那篇散发着精神内力的近作《窗子如花，开向春天》，俨然如一篇从尘世的语境中脱颖而出的"春之

声"，不！应当是一篇属于中国诗歌的美丽宣言，而且径直面对大地与天空，接通历史与未来。请听文章的结语：

> 窗子郑重而庄严地打开了。诗歌首先宣告了中国的新生。这就是先行者们日夜梦想着的中国的青春。在中国广袤的国土上，所有的窗子如花开放，向着春天。

二、智性文心——发出属于自己的声音

打开谢冕的散文世界，像打开内核丰盈的果实，感动我的是春天般葳蕤的芬芳。我吸吮到特有的清新，扑面而来的是紧贴灵魂羽翼的美感与华贵，是顺着"流向远方的水"带来的温暖与亮洁，是光阴穿过指尖留存下来的通透与光泽，让我感受到世间交加的苦乐悲欣以及事物真实的一面，总有生命不息地涌动，任流驶的时光磨亮得如此斑斓和机智；解读谢冕的散文文本，感染我的是其情感结构散发的无穷意味以及引发的种种思考，是其语言无与伦比的"个人的音调"（屠格涅夫语）构成的魅力与风韵，是其诗性的生命力超出世俗的深沉与流转，让我纷飞的思绪，氤氲成穿越时空的云烟，发觉智慧的力量，足以透过文字的激光向美与哲思掘进。

然而，更多的人常常遭遇到这样的问题，即到底什么样的散文才算好散文？由于众口难调，各有所爱，常常没有标准。当我再次展开谢冕先生的文集，越读越有味，不禁拍案称快。因此评说其散文，可以借此发出自己的一孔之见，道出我对好散文的理解，并以此作为切入点窥探谢冕散文独特的文体风貌。

好散文一定要有文体意识，优秀的作家在文体上有自己的觉悟和自觉。鲁迅先生生前就非常重视文体意识，有"卓越的文体家"之誉。在我的感觉中，谢冕先生之倾心于文体一如他十分欣赏所有与美有关的东西，譬如美女、美食、美酒、美景之类的。诚然，文学家未必都是文体家。而读谢先生之文，只要读开篇，即可以认定此乃谢老先生之作也。在欧洲，尤其是法国，据说"文体家"是对文学家的最高尊称。汉语中也有"文体"这个词，但这里所谓的"文体"并非我们理解中指不同体裁的"文体"。或者说，这里所言的"文体"，其内涵和外延都远大于后者。

其实，作为外来词的"文体"，即英文中的style，据德国文学家威廉·威克纳格（1806~1869）考证，最初应源于希腊文，后由希腊文传入拉丁文，再传入德

文、英文和俄文。在英文中一般把style译为风格，俄语亦然。可以说，该词在广义上可用于指明包括绘画、雕塑、音乐、建筑、文学等一切艺术的特性。把它译为"文体"，乃专指义，用以指明作为语言艺术的文学的语言特性。根据学者们大致认同的意见，文学中的"文体"具有三个层次的涵义：其一指文学体裁，这与汉语中的"文体"一词的涵义大体相符；其二指语体，汉语中的"文体"在特定语境中也包含此层意义，在俄语中则有修辞的意义；其三指风格，这是"文体"的最高和最后的范畴。①可见，文体意识和文体特点是一个作家的重要品格。换句话说，作家的创作，重要的是要写出个性和这一文体的新品格来。

值得称道的是，谢冕先生的散文随笔带有自己的强烈风格特征。此得力于他驾驭文体时的自如操控力。尽管文体多指作家富有的强烈个性气质，却并非天然自成或从天而降，乃取决于作家自身的辛勤磨砺和锤炼。唯有道行高深，功德圆满，方能成就也！是故，一旦自然功成，圆融大化，即便只语片言亦令人为之悄焉动容，过目难忘。我说谢先生之文具有自觉的文体意识和鲜明格调，理由起码有三大点：

首先，抒发属于自己的声音和气味。谢先生的散文随笔，林林总总，亮丽缤纷，有"依依柳岸"呈现而出的记录和书写他生活时间最长的北大校园和北京城的历史风云和人文景观，有"往事已成风"却始终挥之不去的那对故土的回忆和怀想，有人文学者"阅读一生"过程中来自内心召唤的广度和深度展示，有像"一条鱼顺流而下"的以壮游、生态环保为观照留下的印象与思考……这些不同类别或主题所凝聚的文字，既有人文学者（型）散发的浓厚生命气息和情怀，又有诗人气质外化的特殊韵味。此两者的兼而有之，可谓相得益彰，发出的声音和气味自然是与众不同的。因此很容易让人读后将他与别的散文作家区别开来，尤其是其文章的简洁与精辟、唯美与大气，以及或长或短、不拘一格中突显的精思妙悟，万千气象，叫人读来兴致盎然，甚或叹为观止。我们可以随意摘取其诸多文章中的片段便可窥斑见豹。

生命选择风暴，并非生命的情愿。清醒的生命知道风暴的不可避免，于是选择了它。

---

① 参见朱宪生：《在诗与散文之间——屠格涅夫的创作和文体》，西安：陕西人民教育出版社，1999年，第8页。

这对于中国人，尤其对于中国的知识者，情况就更是如此。置身于中国这个环境中而不认识并不承认风暴的，是蒙昧者。也许正因如此，明智和清醒的生命的芦苇，有了坚质。

　　　　　　　　　　　　　　——《暴风从生命的窗口吹过》开篇

那里有一座钟楼，钟定时敲响。那声音是温馨的、安祥的。既抚慰我们，又召唤我们。不高的钟楼在那时的我看来，却是无比的巍峨。那感觉就像是50年后我在泰晤士河上看伦敦的"大本钟"一样。

　　　　　　　　　　　　　　　　——《我的梦幻年代》开篇

还有，还有，那座闪烁着梦幻般光华的、当年我并不喜欢的教堂。教堂里的风琴，圣洁的乐音，凛冽的寒气里温暖的平安夜，那是一种庄严的新生的通知。曾有几次，我重返校园，我寻找我梦境般的教堂，寻找风琴和平安夜，寻找七彩玻璃幻出的奇光，我失望，我什么也不曾找到。梦是不可重复的，丢失了的梦境已融进丢失的时间，又到哪里去寻找它呢？

　　　　　　　　　　　　　　　　　——《我的梦幻年代》

一颗蒲公英小小的种子，被草地上那个小女孩轻轻一吹，神奇地落在这里便不再动了——这也许竟是凤缘。已经变得十分遥远的那个八月末的午夜，车子在黑幽幽的校园里林丛中旋转终于停住的时候，我认定那是一生中最神圣的一个夜晚：命运安排我选择了燕园一片土。燕园的美丽是大家都这么说的，湖光塔影和青春的憧憬联系在一起，益发充满了诗意的情趣。每个北大学生都会有和这个校园相联系的梦和记忆。

　　　　　　　　　　　　　　　　——《永远的校园》开篇

奇迹是诗人创造的。那些在历史的风烟中隐匿和消失的，却令人惊喜地因诗人的锦心绣口而永存。

诗歌提供的主要不是"实有"，而是"虚有"，是精神和气韵。所有的眼前景、身外物在它那里终将化为恒久的心中情。

　　　　　　　　　　　　　　——《那些空灵铸就了永恒》开篇

此外，《苦难的给予》、《消失的故乡》、《我的遥远的天空》、《我只想有一个书斋》、《窗子如花，开向春天》、《绿荫深处一座古城》、《读〈喜雨亭记〉》等等的开篇，同样十分精彩动人。之所以不厌其烦地摘录或罗列，且多以开篇为例，相信举凡经历创作者，皆有同感：正所谓万事开头难也，作文谋篇尤甚。除此之外，我想说明的是，谢先生为文常常是开篇奇崛，引人入胜。诗性的文字，独特的句法，非凡的气势，或直截了当，率然流露；或至性至情，令人会心；或漫不经心，信手拈来；或大开大合，有的放矢。时有神来之笔，如石破天惊，读来叫人眼前醒亮。有时如品头遍铁观音香茗（功夫茶），回味无穷；有时如饮特醇葡萄美酒，微熏欲醉。凭着直觉，一闻一览一品一读，便知这是"谢氏文体"。具体地说，这是属于谢先生个人的"专利"，是从其身心中激发出来的独特声音和气味。好比我们读李白读杜甫，读王维读白居易，一眼便能辨认出各自迥然不同的气味；或如观韩（愈）雄、看柳（宗元）峻，声情各异且自成特色；再如同读书法艺术法帖，颜筋柳骨、苏黄米蔡，一看便可分辨其体态风格殊异。从谢冕的散文随笔中，读者诸君只要静心细品，相信会有同感的。

其次，充满智性的思维方式。好散文的思维方式是令人称奇的，作者追求的是一种具有弹性又充满张力的语言，在语言的感性与理性之间，使那种"澄明之境""自我解蔽"，意欲让"作为表象的文字"成为"一种道说的语言"，从而实现"语言自己说"的目的（海德格尔语）。谢冕先生对散文语言的灵动掌握不是刻意说出来的，而是在自如构造的字里行间透露给读者，并且感染读者。这是属于"流向远方的水"一样的思维方式，即便是沉郁和苍凉也会在不动声色中置换成淋漓与痛快，生命中的苦辣辛酸经由哲思流水般的洗礼，竟闪烁着暗香浮动的澄澈，那是智性、气韵和生命精神交相浑融的澄澈。这种话语方式与众不同之处是，谢冕的语言能够让人品读之后立即明白过来，不像那些故作高深者让人越看越觉得胡涂乱抹而难以卒读。究其源，在于谢冕的文章有一种风骨在，有一股气韵在。当然，值得称奇的不仅于此，而是他充满智性的思维方式。或者说，其散文有一种向思维极限挑战的智性意味。因而，其文常常出其不意，行文不以旧的套路为然，而是致力于亲切友善的自然表达，精神超拔且多有奇蕴。比如他以"阅读"作为生活方式所阐发的话语：关于"生命因诗歌而美丽"的深情追求，关于"中国诗歌梦想"的美丽期盼，关于"诗歌是民族骄傲"的庄严论断，关于众多诗人、尤其是女性诗歌群体的精析妙论，乃是把温润的诗心与智性的机智放在同一个调色板上，呈现出明净与辽阔。这并非一般儒生可为，其思维的高远，言他人所未言，无不扩大了文章的内蕴。是否可以说，因为开放自由的生命精神以及从中不断产生自我生命乐趣的思维方式，不仅与作者的修养内涵和人生姿态紧密相关，而且比他表达的任何思想更能震撼人心。请看作者如何倾诉《生命的感悟》之心声：

> 生命是一道流向远方的水，对于以往的遗憾我不愿叹息。我愿这小水流是鲜活而不腐的。它只知一径地向着前面流去，并不湍急，也不浩大。我知道它有停止的一天，但它只知流动。我不相信伟大或不朽，我只知道作为平等的人，他对历史的尽责。少年壮志，青春狂傲，于我都成了昨日。生而有涯，但愿生而无愧。我期望着推迟衰老的到来。对于令人羡慕的青春，我喜爱"20岁的教授"的称呼；对于同样令人羡慕的对传统和习惯势力的反叛，我甚至欣赏"老顽童"谑称的发明者；我不崇拜青年，但我崇拜青春的热火。长沟流月，寂然无声，但流向远处的水希望有不竭的后续。云雀在歌唱中抛出弧线，雨后天际那稍瞬即逝的虹彩，还有秋夜匆匆划过银河的流星，作为过程都是美丽的。它们留下的是记忆，记忆中有那么一道匆匆的抛物线。它们抛掷过，而后它们消失。

全文仅三百来字，堪称当代散文的精短典范。这是有水一样流动的简洁，是充满想象力的简约，是富有弹性张力的简朴！生命是无声而强大的，但生命是有限的。作者的思维与肺腑已形成一种同构关系，与血脉也有相似的流动方式。在思维拓散中，在生命感悟中，作者已然发现了巨大的美和能量，同时捍卫了思维的纯粹性。然而，作为美丽的过程，作为留存的记忆，终将伴随着时光的流逝而消失。

再者，具有透亮的文心诗韵。我敢断言，这是谢冕老师最可爱之处。可爱在于他透亮的心既有丝绸般的柔软（弹性与张力），又有汉白玉般的坚韧（质纯有韧性）。如果说"纯朴"之于他似乎是不必追求的品质，那么他的思想方式和情感构造，完全容不得"虚假"插足。读他的散文随笔，我们几乎看不到像时下许多散文那种四平八稳，或装腔作势，或过于甜腻无趣的文风。他素来以为，那些动辄就喋喋不休的行话套话老话会让我们的感官迟钝。他属于天真烂漫的性情中人，坦率如婴儿式的，并未泯灭的一颗童心可爱得只见欢欣和豪情，灵魂的窗口始终向着春天敞开。且不说他那篇《我只想改一个字》的短文流露的至真至纯，就说他文字中时常和盘托出的那份情感飞扬和智性思索，常常不得不令人在感动之余不由自主地顿生敬意。在《我的梦幻年代》中，他对于"文学梦"的表白，娓娓道来，却在自然的叙述中撩拨文心诗韵，流淌着精神的美和理趣的美："那时我做着文学梦。我发现文学这东西很奇妙，它能够装容我们所感、所思，不论是爱，不论是恨，不论是失望，还是憧憬。我心中有的，在孤寂之中无从倾诉的，文学如多情的朋友，能够倾诉并给我抚慰。我的人生遗憾，我对社会不公的愤激，我对真理和正义的祈求，我都借助那支幼稚的笔自由地流淌。现实生活的缺陷，我从文学中得到补偿，文学启发我的想象力和生活的信念。"读这样的文字，作者自身的心路历程、时代背景、性格遭遇、理想愿望，一下子跃然纸上，也可感可触。

三、根性文脉——乡土与自然人文情怀

记得笔者曾经说过：好的诗人不是历史必然，而是历史偶然。叩问书本是学术，叩问内心方成诗。因为我们所有外在的追寻，都是为了完成一个内心旅程。[1]可见，无论从事学问（研究）还是创作（实践），内在与外在的完美结合是至关重要的。抑或说，视野的拓展、思路的开放、心灵的放飞、精神的向度，注定一个人能走多远，诗人、作家和学者皆然。纵观谢冕散文随笔，令人叹服的不仅是其涉猎的题材相当广泛，更为突出的是以宏阔多元的视域，表达了对人类、对存在、对自然、对乡土等的深度思考。我们在《一条鱼顺流而下》这部散文集中读到的：有以深沉的忧患意识和悲悯的人间情怀叙写"蝴蝶的哭泣"、"一条鱼的独舞"、"后山松鼠的悲剧"、"再没有回来的白鹭"等"风景"；有寄兴于自然山水间，以深度的人生思考与广泛的日常生活体验为杠杆抛起的"情思"，或感动于"抬石头的女人"，或寄情于"南太湖城堡"，或缅想于"寻找雨花石"，或哀叹于"消隐了的桨声灯影"，或感受于"夜香港的魅力"，或失落于"维也纳"；此外，尚有被乡土记忆唤醒而搏动的根脉意绪，即对有世事沧桑的生命个体进行家园的回望和文脉的指认乃至触碰到的疼。这一切在其散文中，有时是具体可感的意象，有时是作者的想象或联想，有时是与自然风物的对话或审视。其表现方式给读者带来的是生动鲜活且颇具现场感的画面、在场感的沉思，让我们惊叹于他的博学多识，也惊叹于他的思考深度——关于历史、关于生命、关于生态、关于故乡、关于人的使命，都

---

① 参见《由家园去　归家园来——澳洲海归诗人庄伟杰访谈录》，《中国诗人》，2012年第4卷。

有他自己独特的感受与思考。

> 我的家乡是开放的沿海名城，也是重要的港口之一。基督教文化曾以新潮的姿态加入并融汇进原有的佛、儒文化传统中，经历近百年的共生并存，造成了这城市有异于内地的文化形态，也构造了我童年的梦境。然而，那梦境消失在另一种文化改造中。人们按照习惯，清除花园和草坪，用水泥封糊了过去种植花卉和街树的地面。把所有的西式建筑物加以千篇一律的改装，草坪和树林腾出的地方，耸起了那些刻板的房屋。人们以自己的方式改变他们所不适应的文化形态，留给我此刻面对的无边的消失。
>
> ——《消失的故乡》

> 东关头呢？东关头沿路断续的歌声呢？利涉桥呢？大中桥呢？大中桥边的疏林淡月呢？在朱自清的散文中，我看到了"黄而有晕"的灯火，在繁星交错的光雾中摇曳的"杨柳的柔条"，盈盈地升上柳梢的月亮，如梦似幻的轻悠的歌吹，如今，都隐失在现代声光的繁华奢靡之中了！炫奇、刺激、肤浅的陶醉，唯一缺乏的是自古而今的文化上、审美上、情感上的夜秦淮！
>
> ——《消隐了的桨声灯影》

> 我登上兴隆塔的塔顶，我知道这塔巅的一个台阶上，曾经坐过一位为许多优秀男人所倾心的风华绝代的女子林徽因。作为杰出建筑学家的妻子，作为著名哲学家的挚交，作为天才诗人的密友，她出身名门，学贯中西，谈吐高雅，本身也是诗人、小说家和建筑学家，她还能用流利的英语表演戏剧。她就在那里，就在塔巅那一角青砖垒成的洞穴口上，她美丽如初，她在沉思。有多少泛着轻愁的往事，在她的身边流过。如今她在哪里？我的闪光灯亮了，照出了一个明亮的此时此刻。
>
> ——《绿荫深处一座古城》

如此深沉的笔调所流露的忧思，透彻出一种历史感与沧桑感，有追问，有反思，有观照，有感悟。同时在对客观物象的描述中，除了注意对题材的挖掘外，还将这些题材作为一种中介物或一种倾诉的对象，从而沟连了历史与现实的衔接，沟通了自然与人文之间的密切关系，沟引了眼前之景与作家之间的情缘，赋予自然景观以丰厚而又凝重的人文内涵。如是，在引人寻思、发人深省的同时，向我们证明：散文是一种心灵的反光镜。这种情融自然万象、根连故土命脉、思入风云生态的散文叙事话语，具有令人折服的大气。或许散文的优劣，关键不在于抒情的堆积与排场，而在于作者情感的流露是否自然与真诚，能否与读者生发遥相呼应的共鸣。

记得近代大学者王国维曾将世界划分为"可信"之世界与"可爱"之世界，并提出这可信与可爱是人生的二律背反。是故，他始终徘徊于两者之间。在笔者看来，谢冕先生的为文与为人皆能化解"可信"与"可爱"的矛盾，把这两个极难统一的"世界"，交相聚合地融化在自我的生命精神和艺术境界之中。譬如，他散文的书写空间，无疑有"可爱"的一面，属诗意化的东西；同样地具有"可信"的因素，那是智性的哲意沉思与辨析。其可贵之处，是在散文创作中巧妙地把诗人（型）情怀与学者（型）思辨加以高度融合。有时凭借意象的嫁接，有时选择景物的映衬，有时依赖结构的营造，有时借助修辞的手段，把"可爱"与"可信"、诗性与智性有机地糅合在整体的艺术文本中。对此，清代叶燮云："大凡人无才则心思不出，无胆则笔墨畏缩，无识则不能取舍，无力则不能自成一家。"①反之亦然。诚哉斯言！

我们感叹作家文字之瑰美多姿，文笔之精彩纷呈，文心之从容练达，其背后定然有一个无可置疑的原因，或许那是海德格尔所谓的"诗意地安居"在大地上的一种本真状态和理想追求。从这个意义上说，无论是作为学者还是作为散文家的谢冕，首先应是一位诗人。正是其诗人气质涵养成就了他的"才胆识力"，驱使他在散文创作中总是弥散着诗人的心性和智慧，守护着诗意化的审美情趣、艺术冲动和文化精神。对他来说，拥有一颗诗心，就能以一种非功利性的、非实证化的眼光去看世态观人生，乃至超越现实语境，始终保持一定的审美距离和姿态，径直走向自然万象也走向自我内心；拥有一颗童心，就能以本真澄明的心境去渗透宇宙人生，并在融入自我生命体验中，以真切的目光感受人事物理；拥有一颗爱心，就能把自己对生命的深刻理解及其内心所感念的东西，用澎湃的热情展现出迤逦的神采，并化成属于自己的奇妙境界。于是，作为散文家的谢冕始终具有超人般的梦幻激情和直觉思维，具有一种穿透时空的想象力和领悟力，连同他对美的永恒迷醉。同时具有一种雅量洽春风的人格气韵，具有一种高怀同霁月的生命境界。正是这些重要元素，构成了谢冕先生的诗性智慧、智性文心和诗意人生。

---

① （清）叶燮：《原诗·内篇》。

　　至此，不妨说出一点遗憾。这种"遗憾"源自于许多人往往有一种错觉，认为谢冕先生仅是一位诗歌批评理论家，因而忽略了他的散文、随笔在当代文学中同样有着不可忽视的重要价值。不错，在中国当代新诗史（包括批评史）上，谢冕有着闪光的一页，已然锁定；但笔者敢断言，在当代散文史上，谢冕也应占有一席之位。依愚浅见，作为当代评论大家，谢冕先生并非是以所谓"学院式"的论著受到人们的注目（当然，作为中国最高学府的大学者，他同样有"堂而皇之"的论文），而是伴随着他全部文学实践活动所发表的艺术见解，甚至在他的散文、随笔中，也包含着丰富而闪光的诗学思想。笔者无意也无力在此对散见于谢先生各类文章、作品和书信中的艺术美学思想去进行归纳或概括。所有这些，有待于更多的研究者作更深入而全面的探讨和采掘。

　　总之，谢冕是一个说不尽、道不完的话题。读者诸君想必没有任何异议吧！

2013年春日急就于国立华侨大学华文学院

　　（本书特约稿）

争鸣

·"崛起"之战·

在新的崛起面前

⊙ 谢冕

新诗面临着挑战，这是不可否认的事实。人们由鄙弃帮腔帮调的伪善的诗，进而不满足于内容平庸形式呆板的诗。诗集的印数在猛跌，诗人在苦闷。与此同时，一些老诗人试图作出从内容到形式的新的突破，一批新诗人在崛起，他们不拘一格，大胆吸收西方现代诗歌的某些表现方式，写出了一些"古怪"的诗篇。越来越多的"背离"诗歌传统的迹象出现，迫使我们作出切乎实际的判断和抉择。我们不必为此不安，我们应当学会适应这一状况，并把它引向促进新诗健康发展的路上去。

谢冕

当前这一状况，使我们想到"五四"时期的新诗运动。当年，它的先驱者们清醒地认识到旧体诗词僵化的形式已不适应新生活的发展，他们发愤而起，终于打倒了旧诗。他们的革命精神足为我们的楷模。但他们的运动带有明显的片面性，这就是，在当时他们并没有认识到，历史是不能割断的。尽管旧诗已经失去了它的时代，但它对中国诗歌的潜在影响将继续下去，一概打倒是不对的。事实已经证明：旧体诗词也是不能消灭的。

但就"五四"新诗运动的主要潮流而言，他们的革命对象是旧诗，他们的武器是白话，而诗体的模式主要是西洋诗。他们以引进外来形式为武器，批判地吸收了外国诗歌的长处，而铸造出和传统的旧诗完全不同的新体诗。他们具有蔑视"传统"而勇于创新的精神。我们的前辈诗人们，他们生活在一种无拘无束的自由开放的艺术空气中，前进和创新就是一切，他们要在诗的领域中扔去"旧的皮囊"而创造"新鲜的太阳"。

正是由于这种开创性的工作，在"五四"的最初十年里，出现了新诗历史上最初一次（似乎也是仅有的一次）多流派多风格的大繁荣。尽管我们可以从当年的几个主要诗人（例如郭沫若、冰心、闻一多、徐志摩、戴望舒）的作品中感受到中国古代诗歌传统的影响，但是，他们主要的、更直接的借鉴是外国诗。郭沫若不仅从泰戈尔、从海涅、从歌德，更从惠特曼那里得到诗的滋润，他自己承认惠特曼不仅给了他火山爆发式的情感的激发，而且也启示了他喷火的方式。郭沫若从惠特曼那里得到的，恐怕远较从屈原、李白那里得到的为多。坚决扬弃那些僵死凝固的诗歌形式，向世界打开大门吸收一切有用的东西以帮助新诗的成长，这是"五四"新诗革命的成功经验。可惜的是，当年的那种气氛，在以后长达半个世纪的时间里，没有再出现过。

我们的新诗，六十年来不是走着越来越宽广的道路，而是走着越来越窄狭的道路。三十年代有过关于大众化的讨论，四十年代有过关于民族化的讨论，五十年代有过关于向新民歌学习的讨论。三次大讨论都不是鼓励诗歌走向宽阔的世界，而是在"左"的思想倾向的支配下，力图驱赶新诗离开这个世界。尽管这些讨论曾经产生过局部的好的影响，例如三十年代国防诗歌给新诗带来了为现实服务的战斗传统，四十年代的讨论带来了新诗中国作风、中国气派的新气象等，但就总的方面来说，新诗在走向窄狭。有趣的是，三次大的讨论不约而同地都忽略了新诗学习外国诗的问题。这当然不是偶然的，这是受我们对于新诗发展道路的片面主张支配的。片面强调民族化、群众化的结果，带来了文化借鉴上的排外倾向。

当我们强调民族化和群众化的时候，我们总是理所当然地把它们与维护传统的纯洁性联系在一起。凡是不同于此的主张，一概斥之为背离传统。我们以为是传统的东西，往往是凝固的、不变的、僵死的，又是与外界隔裂而自足自立的。其实，传统不是散发着霉气的古董，传统在活泼泼地发展着。

我国诗歌传统源流很久：诗经、楚辞、汉魏六朝乐府、唐诗、宋词、元曲……几乎每一个时代都有自己的诗的骄傲。正是由于不断地吸收和不断地演变，我们才有了这样一个丰富而壮丽的诗传统。同时，一个民族诗歌传统的形成，并不单靠本民族素有的材料，同时要广泛吸收外民族的营养，并使之融入自己的传统中去。

要是我们把诗的传统看作河流，它的源头，也许只是一湾浅水。在它经过的地方，有无数的支流汇入，这支流，包括着外来诗歌的影响。郭沫若无疑是中国诗歌之河的一个支流，但郭沫若却是溶入了中国古典诗歌、特别是外国诗歌的优秀素质而成为支流的。艾青所受的教育和影响恐怕更是"洋"化的，但艾青却属于中国诗歌伟大传统的一部分。

在刚刚告别的那个诗的暗夜里，我们的诗也和世界隔绝了。我们不了解世界诗歌的状况。在重获解放的今天，人们理所当然地要求新诗恢复它与世界诗歌的联系，以求获得更多的营养发展自己。因此有一大批诗人（其中更多的是青年人），开始在更广泛的道路上探索、特别是寻求诗适应社会主义现代化生活的适当方式。他们是新的探索者。这情况之所以让人兴奋，因为在某些方面它的气氛与"五四"当年的气氛酷似。它带来了万象纷呈的新气象，也带来了令人瞠目的"怪"现象。的确，有的诗写得很朦胧，有的诗有过多的哀愁（不仅是淡淡的），有的诗有不无偏颇的激愤，有的诗则让人不懂。总之，对于习惯了新诗"传统"模样的人，当前这些虽然为数不算太多的诗，是"古怪"的。

于是，对于这些"古怪"的诗，有些评论者则沉不住气，便要急着出来加以"引导"。有的则惶惶不安，以为诗歌出了乱子了。这些人也许是好心的。但我却主张听听、看看、想想，不要急于"采取行动"。我们有太多的粗暴干涉的教训（而每次的粗暴干涉都有着堂而皇之的口实），我们又有太多的把不同风格、不同流派、不同创作方法的诗歌视为异端、判为毒草而把它们斩尽杀绝的教训。而那样做的结果，则是中国诗歌自"五四"以来没有再现过"五四"那种自由的、充满创造精神的繁荣。

挥毫的谢冕

我们一时不习惯的东西，未必就是坏东西；我们读得不很懂的诗，未必就是坏诗。我也是不赞成诗不让人懂的，但我主张应当允许有一部分诗让人读不太懂。世界是多样的，艺术世界更是复杂的。即使是不好的艺术，也应当允许探索，何况

"古怪"并不一定就不好。对于具有数千年历史的旧诗，新诗就是"古怪"的；对于黄遵宪，胡适就是"古怪"的；对于郭沫若，李季就是"古怪"的。当年郭沫若的《天狗》、《晨安》、《凤凰涅槃》的出现，对于神韵妙悟的主张者们，不啻是青面獠牙的妖物；但对如今的读者，它却是可以理解的平和之物了。

接受挑战吧，新诗。也许它被一些"怪"东西扰乱了平静，但一潭死水并不是发展，有风，有浪，有骚动，才是运动的正常规律。当前的诗歌形势是非常合理的。鉴于历史的教训，适当容忍和宽宏，我以为是有利于新诗的发展的。

（载《光明日报》，1980年5月7日）

从"朦胧诗"谈起（节录）

⊙ 艾青

……朦胧诗作为一种文学现象，不足为奇，反对它也没有用。

奇就奇在有一些人吹捧朦胧诗，把朦胧诗说成是诗的发展方向。

他们理论的核心，就是以"我"作为创作的中心，每个人手拿一面镜子只照自己，每个人陶醉于自我欣赏。

艾青

这种理论，排除了表现"自我"以外的东西，把"我"扩大到了遮掩整个世界。

……据说有这样的评论家，凡他所指的都是方向，而他所指的方向是经常变换的。也有人说"朦胧美是规律"，把所有写得明朗的诗都看成违反规律的了，希望整个世界烟雾弥漫。难道是这样吗？

（载《文汇报》，1981年5月12日）

关于"朦胧诗"（节录）

⊙　臧克家

　　现在出现的所谓"朦胧诗"，是诗歌创作的一股不正之风，也是我们新时期的社会主义文艺发展中的一股逆流。

　　"五四"以来，中国新诗的诞生，就是要面向人民，面向人生。诗人站在时代前列，在反动统治的黑暗社会，揭露社会的矛盾，唱出人民的革命要求；在革命战争年代，作为时代的歌手和旗手，鼓舞人民冒着敌人的炮火前行。新诗在中国革命中发挥了重要作用，受到广大人民群众的喜爱。中国新诗的优良传统，一是有深厚的生活基础；二是反映时代精神；三是联系群众，就是在内容上反映群众的生活、思想和感情，在形式上能够为群众接受。自然这是现代诗歌创作的主流。半个多世纪中产生的许多为人民传诵的、有进步思想性的诗歌，直到现在还有生命力，不断再版发行。二十年代和三十年代，也有人提倡脱离社会现实斗争，搞"为艺术而艺术"，是新诗发展中的逆流，三十年代就受到左翼的批判。那些唯美主义、形式主义、颓废主义的创作，只是当时在微少的一部分知识分子小圈子里有点影响，早就被人民摈弃。

　　现在的"朦胧派"，也有他们的理论。一曰，他们的诗艺术性高，你读不懂是你的事，自然有水平高的人欣赏。这就是说，他们写诗根本不是给广大人民群众看的。二曰，诗要抒发自己真实的感情，我对生活是这样感受的，就这样写。这就是说，他们写诗并没有考虑文艺有社会功能，我写我的，社会效果是不管的。你写你一个人的狭小感情，对社会有什么用处？你的感情颓废，效果就不好了。三曰，好诗难懂，一看就明白的不是好诗。他们举李商隐为例。其实，李商隐写了许多诗，千载流传的都不难懂。李白、杜甫、白居易等大诗人的许多诗，千古以来脍炙人口的名篇名句，都能传诵，人人明白。诗贵精炼、含蓄，但并不等于晦涩，更不等于叫人不懂。

门户开放以后，外国的东西一齐涌了进来，因为长久隔绝，一时我们还不能完全辨别，于是，有一些外国资产阶级腐朽落后的文艺思潮和流派，在我国也泛滥起来。这是"朦胧诗"等产生的国际方面的影响。十一月二十三日①的《解放日报》有一则报导，我们有些人现在津津乐道的东西，在外国已经被批判了；有些人现在学习的东西，人家已经抛弃了。学外国，要立脚在我们社会主义的立场上，要通过我们自己的民族形式。

（载《河北师院学报》，1981年第1期）

---

①　指1980年11月23日。——编者注。

蛊惑人心的崛起论（节录）

⊙　程代熙

　　三个"崛起"论者提出了这样几个主要论点，即："五四"传统断裂论；"新的美学原则——表现自我"论和"走向现代化的脚步，决定了中国必然产生与人相适应的现代主义文学"论。

　　谢冕是三个"崛起"论中第一个"崛起"论的倡导者。他的"崛起"论的核心思想，就是他提出的"五四"新诗传统"断裂"论。他在《断裂与倾斜：蜕变期的投影——论新诗潮》①一文里，对他提出的"断裂"论作了如下一番历史的概述。

　　他认为五四运动后的第一个十年，是新诗运动创造的十年。从胡适、刘半农等人"背叛旧诗词的勇敢尝试"，到郭沫若的"女神再生式的激情的狂歌"，到闻一多、徐志摩兴起的"诗风"，再到戴望舒的极富"现代意识"的诗歌。此外，还有"冰心、朱自清的清淡"，"冯乃超、穆木天、王独清的浓郁"，"湖畔诗人的真挚"，"李金发的怪异"……这一切，谢冕说，那是一个"难以尽述的诸多景观——无拘束的创造和强烈的自我表现，构成了那个时代的诗歌奇观，它已成为迄今为止尚难超越的良好境界"。谢冕认为，这"创造的十年"是"五四"精神得到充分展示的十年，也正是这十年，奠定了"五四"新文学、新诗歌的传统。

　　紧接这"创造的十年"之后的，是"革命的文学"、"左翼诗歌运动的兴起"、"红色的30年代"，以及随后的抗日战争——谢冕说，"在这样特殊的背景下，诗歌的价值判断产生了明显的变化"。具体地讲，就是"服务于斗争需要的价值观冲淡了乃至取代了满足精神广泛需要的审美追求"，因而诗歌观念失去了"正常形态"。谢冕把这视为可以"充分谅解的"、"特殊时期的诗的特殊形态"。

---

　　①　载《文学评论》，1985年第5期。

抗战虽说胜利了，但"中国没有和平，战争之后还是战争"，谢冕指的是解放战争。这种情况，他说，就使"我们的'抒情'一再被'逼死'，久之，我们便不再承认抒情属于诗的责任"。"这种局面延续到40年代以后"，即延续到解放之后，由于"文学运动的规模和组织的扩大与强化"，诗歌创作更是单向地放逐了"抒情"。谢冕说："在诗的社会功能上只以实际斗争是否有用进行判断，逐渐形成了排他的单一的价值观。从抒情的诗到'叙述'的诗，诗的性格有了空前的扭曲。"

而在60年代中叶到70年代中叶这十年，除少数例外现象，谢冕说，"假话、大话、空话充填着诗歌"。由于诗淡化了它的满足人的精神需要的职能，"走向了凝固化"，从而使诗歌的道路越来越窄狭，并最后使"新诗改变了'五四'时代的开放体系"。谢冕说，新诗从"颂歌职能的被推向极致"，到"最后参与了现代造神运动"，终于"宣告了当代诗的发展与'五四'新诗传统的断裂"，因而在"新潮诗"与最初"创造的十年"之间，"横亘着一个多么大的断裂"。

这就是谢冕给我们描绘的我国新诗发展的历史轨迹。我们新诗运动的七十年历史，就是从生气勃勃走向了死气沉沉。而70年代末和80年代初崛起的"新潮诗"，谢冕认为就填补了这个历史的"断裂"。

这位"崛起"论的首创者在谈到"新潮诗"时，总离不了要谈到"五四"传统的问题。那么，到底什么是"五四"新诗的传统呢？

1919年爆发的五四运动，标志着中国的革命已进入到一个新的历史阶段，即由旧民主主义革命转变到反帝反封建的新民主主义革命阶段。如陈云同志在1926年发表的《中国民族运动的过去与将来》一文里所指出的："五四运动的发生，给帝国主义一个莫大的打击，同时也推进了中国民族运动的潮流。"[1]五四运动是政治运动，但同时也是新文化运动。毛泽东同志说："五四运动的成为文化革新运动，不过是中国反帝反封建的资产阶级民主主义革命的一种表现形式。"[2]五四运动同时也是我国现代史上第一次思想解放运动。因此，忽视或者抽掉了反帝反封建这一核心内容，忽视或者抽掉了国家要求独立、民族渴望解放这种要求变革的时代精神，"五四"新文化运动和文学革命运动也就丧失了它应有的意义。

五四运动后的第一个十年，亦即谢冕说的"创造的十年"，投身文学革命和新

---

[1]　《陈云文选（1926—1949）》，北京：人民出版社，1984年，第3页。
[2]　《毛泽东选集》（一卷本），北京：人民出版社，1966年，第545页。

诗运动的青年作家和诗人,不仅人数众多,而且他们在思想上也是十分驳杂的。因此,他们对文学和诗歌的主张也就很不一致。艾青同志说:"有的强调诗的革命的社会功能,有的主张'为人生',有的满足于形式的探讨,有的提出平民化,有的坚持'诗只能是贵族的'偏见。"①

下面,我们就对谢冕文章中提到的那些重要人士在新诗创作上的建树来作一些对照分析……

现在,我们可以清楚地看到,谢冕提出的"断裂"论,就是指"五四"初期第一个"创造的十年"间形成的"新月派"、"象征派"和"现代派"的这个传统。在"红色的30年代"……以至在社会主义革命和建设的年代之后,断裂了。而70年代末出现的"新潮诗",总算把这个历史的"断裂"填补起来了。到了90年代,谢冕进一步认为,"新潮诗"不能满足于把"新月派"等的衣钵接过来,因为它们只完成了从文言到白话的"诗体革命",而应在填补了"断裂"的基础上,去完成"诗学革命"。所谓"诗学革命",就是要"新潮诗"彻底摆脱"意识形态化"的纠缠、"社会功利的浸淫"和"肤浅的阶级分析观念"②。

新诗是中国反帝反封建的新文化运动的产儿,它是与中国革命一同成长起来的。如果割断了它的革命传统,新诗的生命也就枯竭了,被"崛起"论者津津乐道的"新月派"等的诗歌,之所以不能在中国诗坛上生根,一个致命的原因就是它们不关心人民的疾苦,只流连于"自我"的情怀;逃避血与火的现实生活,而安于在温柔乡里卿卿我我,寻寻觅觅。正是由于这一类诗歌不能满足正在奋起抗争的中国普通老百姓的精神需要,不能满足争取解放的人民的审美要求,它们就从诗坛上悄然消失了。徐志摩有一首诗不妨移来作为那种"消失"的自况:"悄悄的我走了 / 正如我悄悄的来, / 我挥一挥衣袖, / 不带走一片云彩。"诗人在这里诉说的是他不得已而要离去的寂寞心情,也可以说,他道出了他那不合时宜的诗情。

谢冕不曾料到,他对新诗六十年革命传统的否定和亵渎(例如,他把新诗的革命传统视为"地狱之门"),反而把刚"崛起"未久的"新潮诗"导向了绝境。

(节录自程代熙主编《新时期文艺新潮评析》,河南大学出版社,1997年,第90~95页)

---

① 谢冕:《艾青谈诗》,广州:花城出版社,1982年,第3页。
② 谢冕:《从诗体革命到诗学革命》,载《诗探索》,1994年复刊号。

迎接"崛起"论的挑战（节录）

——在西南师范学院的讲话

⊙ 柯岩

……这股思潮表现在诗歌的创作实践上，是诗风大变。脱离生活、脱离人民、吟花弄月、无病呻吟、浅入深出、自我高于一切的诗歌，一下子充斥了诗坛。同时还出现了一些政治倾向不好，借"朦胧"和"纯艺术诗"为名，而在政治上丝毫也不朦胧，甚至完全抛开了艺术的政治诗。许多坚持新诗革命传统的搞理论或创作的同志，却经常受到轻蔑的嘲笑，被人嗤之以鼻。

柯岩

我们诗坛的老将艾青同志、臧克家同志对此早有过旗帜鲜明的表态。艾青同志说："古怪诗并不可怕，可怕的是古怪评论家；崛起的不是年轻诗人，'崛起'论者借'崛起'崛起自己。"臧克家同志针对此尖锐的现实，也公开提出："整个文艺工作成绩很大，但就理论而说，目前诗歌战线已到了需要'三保卫'的时候了——保卫自'五四'以来的左翼文学，保卫现实主义传统，保卫党的领导。"田间、阮章竞、鲁藜等同志也都批评了《诗刊》旗帜不鲜明，分别就此发表了讲话及文章。

他们不愧是我国诗坛上驰骋沙场的老将，几十年的斗争经验教会了他们透视人生。那么，我们呢？我们该怎么办？是视若不见，无动于衷，继续节节退让呢？还是应该挺身而出，迎接这场挑战？！

我以为：作为社会主义国家的公民、诗歌战线上的战士，作为信仰马克思主义的共产党员，我们无权袖手旁观，保持沉默。当然，我们不会像外国人那样接过扔来的白手套去进行决斗；我们也不会像"四人帮"和某些"左王"那样，必欲置人于死地而后快；甚至我们也不会像这次挑起论战的"崛起"论者们那样，采取那样放肆与轻蔑的态度，而只是要郑重地回答这场思想理论上的挑战。我们的办法是：更高地举起社会主义诗歌的旗帜，明辨是非，分清思想，通过文艺批评、批评和自我批评，团结一切可以团结的力量，壮大队伍，繁荣创作，开创诗歌事业的新局面，以争取新诗无愧于"五四"的革命传统，无愧于时代对我们的召唤和人民对我们的期望。

（载《诗刊》，1983年第12期；《红岩》，1983年第4期。原题为《关于诗的对话》，本文题目为编者所加）

在"崛起"的声浪面前（节录）

——对一种文艺思潮的剖析

⊙ 郑伯农

……可以看出，从《在新的崛起面前》，到《新的美学原则在崛起》，一直到《崛起的诗群》，这三次"崛起"一浪高过一浪。徐敬亚同志文章的发表，则把这场"崛起"推向高潮。有人认为这篇文章是"中国的现代派宣言"，有人认为它是"投向中共诗坛的一枚炸弹"。尽管三篇文章作者的具体意见并不完全一样，他们各自都不能为别人的文章承担责任，但他们在下列基本观点上是共同的：都否定中国的新诗所走过的道路，主张改弦更张；都要求中国的诗歌步西方世界的后尘，发展"现代"倾向。他们的观点都有一批拥护者，代表了不少人的意见，形成了完整的理论，并拥有若干代表性的作品。可以说，已经形成了一股值得重视的文艺潮流。用徐敬亚的话来说，这是形成一股"新诗潮"。

"崛起"者们是以挑战的姿态出现的。谢冕同志认为"分歧是巨大的"，他号召向"宙斯"的"戒令"挑战。孙绍振同志认为"矛盾尖锐化了"，他宣称"革新者向习惯扔出了决斗的白手套"。徐敬亚同志认为诗歌已经到了"不是变革就是死亡"的境地，诗人应拿出"冒险家的胆量"来闯荡一番。面对这股汹涌澎湃的潮流，我们应当采取什么态度？是应声附和，还是保持沉默，还是迎接这场挑战？我以为我们不能沉默，应当郑重地回答这场思想理论上的挑战。"崛起"者们提的不是小问题。如何对待六十年来的革命新诗传统，如何看待今后新诗的发展道路？是摒弃传统，走西方现代主义的路；还是继续革新"五四"以来的新诗传统，走具有中国特色的社会主义文艺道路？这是关系到诗歌要不要坚持社会主义旗帜的重大问题。这也不仅仅是一个诗歌领域的问题，事实上诗歌界的这股潮流已经对整个文化领域发生了影响，或者说，它和其他文艺领域的相近似的主张已经在相互影响、相互助长。正如徐敬亚同志所说的："现代倾向的兴起，绝不是几个青年人读了几本外国诗造成的，它，产生于中国最新的现实生活。"尽管它不是中国人民现实生活和思想愿望的正确反映，但产生这股潮流确实有深刻的社会历史原因，所以，应当认真地关注，认真地研究这股文艺思潮。

那些呼唤着"崛起"的同志是怎样对待"五四"以来的革命新诗传统呢？谢冕同志认为六十年来新诗不断走着下坡路。"三十年代有过关于大众化的讨论，四十年代有过关于民族化的讨论，五十年代有过向新民歌学习的讨论。三次大讨论都不是鼓励诗歌走向宽阔的世界，而是在'左'的思想倾向的支配下，力图驱赶诗歌离开这个世界……片面强调民族化、群众化的结果，带来了文化借鉴上的排外倾向。"请注意，这讲的不仅仅是几次讨论的问题，而是新诗的发展道路问题。三十年代的大众化问题，是以鲁迅为首的"左联"提出来的，四十年代民族化问题，是以毛泽东同志为首的党中央提出来的。在著名的《新民主主义论》中，毛泽东同志把"民族的、科学的、大众的"作为新文化的发展方针。我们在具体解释和实践群众化、民族化的口号中，有过简单化、狭隘化的错误，但从根本上说，强调群众化、民族化并没有错，而且已经在长期实践中产生了显著的积极效果。否定民族化和大众化，那就势必否定新诗六十年来所走过的道路。谢冕同志甚至这样描绘八十年代的诗坛："我们已经走出了地狱之门，我们听到了但丁的歌唱。"这不能不使人愕然。难道在无产阶级领导下经过六十年的努力，我们建造的不是诗的园林，倒是一座诗的地狱，只有当某些所谓"古怪诗"出现之后，诗的"地狱之门"才被冲破了么？难道在无产阶级领导下经过六十年的努力，我们的诗歌仍处在中世纪的蒙昧王国之中，只有当某些所谓"古怪诗"出现之后，诗坛才升起了曙光吗？这一种估价，不能不令人想起孙如振同志所提倡的"亵渎"。

"崛起"的诗论是以青年作者的真正支持者、保护者、捍卫者的面目出现的。那些带有很大偏激性和消极性的东西被拿出来，被颂扬，甚至是问题越突出的东西，他们就越起劲地加以颂扬。他们在文章中列举了许多作为"新的崛起"的代表诗作，有不少内容是很不健康的。谢冕同志说，青年中有某种"畸形心理"，"但它毕竟是不合理时代的合理产儿"；他们有某种"偏激"，但"青年的偏激，是对于企图引导新诗向旧诗投降的反抗。这么说来，什么不健康的思想，偏激的情绪，都是"合理"的。谢冕同志在谈到"新的崛起"时甚至说："他们不约而同地都对现实持怀疑的态度"，"他们对生活的回答，是'我不相信'四个字"。这样的概括，不能不令人惊讶。

我们的前面，有一个明确的目标，这就是建设高度繁荣的社会主义精神文明，攀登无产阶级的文艺高峰。更高地举起社会主义文艺的旗帜，坚定不移地向着这个目标前进，我们一定能够结出丰硕的果实。如果背离这个目标，拿起西方资产阶级的东西当作自己的旗帜，那么，尽管有什么"旋风般的勇气"、"勇敢地碰壁"精神，到头来，只能种出扎手的荆棘，种出难以下咽的苦果。

（载《当代文艺思潮》，1983年第10期；《诗刊》，1983年第6期）

朦胧诗论争与谢冕们的"崛起" （节录）

⊙ 林耀德（台湾）

官方意识形态的开放，直接鼓励了诗论者提出新见解的行动。朦胧诗的兴起，更提供了丰富的论述空间。

身为"崛起派"的重镇，谢冕本人担任新时期文学阶段所扮演的角色，是最具"典型性"的一位。他所以被视为80年代最主要的中国知识分子代表之一，正在于他对整个历史发展拥有敏锐的直觉。其实那一辈的评论家谁不曾洞悉了历史的忧患、意识到中国知识分子在匡时济世和性灵人格的自由摆荡间的矛盾？"正因为我总是把文学的思考和社会的思考难解难分地纠结在一起……这就使在其它地方可能是平凡又平凡的事件，在中国产生不平凡的、戏剧化的效果。"

谢冕先生

（谢冕：《文学的绿色革命》，贵州人民出版社，1988年，第5页）这种"不正常的"现象使得系出同源（毛泽东美学与30年代苏联文论）的诗论者在80年代初期产生了分流的状况，亲自参与了"十七年文学"的谢冕完全清楚他的在观念上的敌人会如何回应；相对地，另一方面的阵营更加了解什么是"自我"和"人"。朦胧诗的"朦胧"是针对欠缺诗学素养的大众而言，加入论战的正反方以及采取"和事佬"态度的折衷派，个个非常清楚这是一场表态游戏，关系到诗坛与学界权力结构的重新洗牌。因此，说谢冕的成功来自他的选择以及他所选择的时机，这么说并非表示对于他在当代评论界的地位有任何轻蔑之处。艾青本有机会也有实力成为新时期文学的"导师"的，然而在论战期间他终于选择了保守的一方，这使得他回到自己所选择的"时代"、回到被断裂的"过去"之中，也使得朦胧诗人和80年代中后期继起的第三代诗人各自向他们所有的前辈进行宣战。而谢冕和他的同志们的选择，使得诗论和学院中人产生了崭新而具备决定性的影响力。犹如台湾在70年代末期的乡土文学论战，对文坛生态的影响远远不如它在台湾意识形态发展史中的关键地位——让现代诗挣脱党文化官僚体系的束缚——然而这种努力本身仍然是政治性的。

　　观察者指出："这时（按：80年代交替期间）还不能说他（谢冕）已真正透彻理解了'朦胧诗'的艺术特质，如诗的艺术变革成就、诗的语言结构特点等。"（古远清：《中国大陆四十年诗歌理论批评景观》，中南财经大学中文室，1989年，第28页）不过，在文学潮流变迁递嬗的过程中，无论谢冕是一个"必然"或者"所以然"的角色，无论已经完成了或未完成他的诗学生涯，对于80年代诗潮的发展都具有举足轻重的地位……

　　郑敏认为朦胧诗以降新时期文学的整体成就，创作者的影响远远超过了评论家，甚至以创作影响评论，使得充满思维流动、跳跃，以暗喻代替说理的文体进入了理论文章之中，如杨匡汉、谢冕、陈仲义皆不免如此，至于以创作者身份进行诗论阐述的刘湛秋等更不在话下。

　　迈入了90年代，诗论在质和量双方面的下降更形成一大危机。中国大陆现代诗论的质量，当然不见得悲观到完全虚无绝望的状态，可是也能够从现象中归纳出造成发展滞碍与成就低落的几项原因，兹举如次——

　　　研究者的学术背景：自新时期以降，所有站在第一线上的诗论家（其实也包括其它文类的研究者）都经历过"文革"时期，有一部分编者甚至在更早的反右路线斗争中丧失人身自由，使得他们的学术生涯的起步或中程出现庞大的空白。即使是具备"超前思想"、主张文学解放的诗论家，也难以在短期间内掌握到域外的文学思维经验，而据以建立严格的文论体系。恪守旧文艺路线的传统派自然无法追击创作界的新貌，但"崛起派"本身的成员欠缺坚实有力的学术训练也形成不易自辩的口实。说得更坦白一些，新时期的文艺路线斗争，在创作层面可能是现代主义、后现代主义与传统写实主义／革命浪漫主义之间的对决。但是在诗论方面，"崛起派"诗论家和"传统派"诗论家的抗争，只不过是内聚式的写实主义理论和应合式的写实主义理论之间的喋喋不休罢了。在短短的十余年间，要想广泛接触近两个世纪以来世界文学思潮的缤纷面貌而据以为申论中国现代诗的参考依据，并不是那么简单的事，未加消化或者误解误读的情况比比皆是，如受到孙绍振与谢冕所肯定的陈仲义，竟然将后现代主义误会为"后期的现代主义"而不知其"现代主义之后"的本义。这种囫囵吞枣的诗论明明白白是急功近利的必然恶果。

（摘录自林燿德《大陆地区现代诗理论》，载彰化师范大学国文系编印《第二卷现代诗学会议论文集》，1995年）

谢冕与"朦胧诗案"

⊙ 李书磊

在一个弥漫着商业气息的时代里，人们往往以购物者的轻薄与愚蠢判断一切，把现实理解为一连串的时尚而把历史视为过时。文化界也深受浸染，总是倾心于新鲜与流行而忽略从前的那些质朴而深刻的话题。开始于1980年的朦胧诗论争在80年代被意识形态的变动所打断，在90年代又为商业化的社会氛围所消解，今天人们已经不再觉得朦胧诗（乃至诗本身）是一个值得讨论的问题了。然而，遗憾的是，朦胧诗及其论争中所提出的疑难与困惑并没有真正解答，所包含的紧张与痛苦并没有真正消除，那些看似简单化的意识形态语言所暗含着的丰富的社会历史内容也没有被真正领悟。问题被淡忘了却并没有消失，这就更增加了问题的严重性。正是出于对自身现实境遇的关怀（而不是出于考古式的兴趣）我们才重新翻检朦胧诗的论争，重新解读这场论争的代表人物谢冕。本文试图从两个方面来理解谢冕：谢冕的论说以及他所论说的对象即朦胧诗本身。或许文中的有些部分看似游离了谢冕评论的主题，却是在为理解谢冕寻找不可缺少的背景与参照。

一、谢冕的论说

作为论争文章，谢冕的《在新的崛起面前》（《光明日报》，1980年5月7日）与《失去平静之后》（《诗刊》，1980年第12期）在当时产生了强大的思想冲击。他第一次把公刘也曾注意到的顾城与舒婷、北岛、江河、梁小斌、杨炼放在一起作为一个思潮性现象来论说，并为其作了后来广为流传的命名：新的崛起。这种发现、概括与命名至少表现了谢冕两种弥足珍贵的品质：敏锐与勇敢。今天大学中文系的学生可能会理解其敏锐却未必会理解其勇敢，而我们当时还在大学读书的这一茬人却能清楚地记起我们初读谢冕文章时的那种惊讶与感奋。在对文化人长时间的、覆盖性的压迫与伤害之后谢冕竟还会这样卓然不群地立举新说，使我们隐约地感到了中国文化生生不息的内在力量，更使我们在选择自己入世为文的姿态时有了一个直接的榜样。我不怀疑当时中国有比谢冕知识准备更充足的学者，但毕竟是谢冕举起了旗帜。所以我们才强调勇敢对于一个学者的重要性：在关键时刻只有勇敢才能把知识转化为创造。从思想与文化影响的角度看，谢冕的概括与命名使原本处于朦胧状态的朦胧诗派开始自我发现，他唤醒了那些诗作者们作为一个诗人与作为一个流派的自觉并因此使他们渐成气候；同时他的命名与指认也使社会看到了朦胧诗派的存在，从而使这种存在牢固起来。在文学史中，未被及时确认的文学现象往往在形成影响并达到自身成熟之前就归于湮灭，从这个意义上可以说谢冕是朦胧诗派的缔造者。考虑到朦胧诗是新时期早期最重要的文学现象（它包含了思想方式与艺术方式的双重革命），谢冕对当代文学的贡献是不可低估的。站在今天的水平上我们说谢冕当时越过他的同时代人只有半步之远，但在文化演进中这半步之远常常具有质的意义，常常是两个时代的分界线。

谢冕一开始就对朦胧诗持一种无保留的肯定态度。其时对一种注定要被视为异己的东西予以无保留的肯定，在那种还相当紧张的政治化环境中浑然不觉地表现出与其说是学者毋宁说是诗人的率真，是对知识分子数十年间养成的噤若寒蝉的萎缩人格的超越，更是对长期的限制性的文化教条的蔑视与挑战。在这里，谢冕打破了公刘谈顾城的文章中所表达出来的"同情—引导"模式。公刘首先对顾城诗中的悲观与怀疑情绪表示了同情与理解，但接着又毫不含糊地表明了对这样的思想感情要"引导"也即限制与改造的立场。这实际上是一种经过温和包装的文化专制主义，不承认别种的思想情绪具有同自己平等的存在权利；这种表面上的宽容远非是尊重别人精神自由的真正的宽容，之中包含着随时可能变脸、可能启动杀机的内在逻辑（如果对方不接受"引导"、不识抬举的话）。相比之下，谢冕这种不在一种堂而皇之的名义下强加于人，又不因那种惯常的危险而自我设防的态度是端正而且可贵的，为即将到来的文化自由时代作了良好的示范。与此同时，谢冕的文章始终保持着一种平和的语调，并且把话题严格局限在诗与艺术的论域之内（尽管他的话后来被人作了非艺术的意识形态化解释），体现了一个成熟学者的风范。

下面该谈到谢冕对朦胧诗的分析了，这种分析提供了对朦胧诗最初的、迄今为止从框架上来说也是最后的理解。《在新的崛起面前》一文从诗歌史的角度论证了朦胧诗的合法性。他把朦胧诗的特征定义为"大胆吸引西方现代诗歌的一些表现方式"，并把中国新诗的源起论证为"主要的、更直接的是借鉴外国诗"的结果，这就把众人眼中突如其来且大逆不道的朦胧诗同中国新诗的最初传统接续起来，将它看成是对60年代新诗"越来越狭窄"歧路的一种拨乱反正，这就为朦胧诗找到了有力的生存依据。同时，谢冕还从诗歌史接受规律出发回击了对朦胧诗"不让人懂"、"古怪"的责难，指出"古怪"正是新兴艺术在其初兴之时的必然面貌："对于黄遵宪，胡适就是'古怪'的；对于郭沫若，李季就是'古怪'的。"谢冕由此也把诗歌史描绘为一个生生不息的动态过程。

在《失去平静之后》中，谢冕则从社会史的角度论证了朦胧诗的合理性。他把朦胧诗中孤独、怀疑等现代主义情绪及其晦涩、曲折的表达方式同十年"文化大革命"联系起来，把前者解释为对后者对应性的反叛。在当时的言论限度下，这是为朦胧诗所能找到的最巧妙的辩护，因而很容易使人嗅出其中的策略性意味；然而，策略性并不是这种提法的全部，这种提法自有其主观的同时也是客观的真实性，只不过这真实性并不像谢冕所叙述的那样表面而直接而已。也就是说，在"文化大革命"及其所代表的社会体系与朦胧诗及其所引发的论争之间确实有一种紧密的关联，而这种关联比谢冕所叙述出来的更为隐秘和深刻。从分析这种隐秘关联开始，我们可以达到对朦胧诗这一艺术现象、对朦胧诗论争这一意识形态现象历史与同情的认识。谢冕在这里提出了一个他并没有完全回答的问题，他这种提出已经给我们今天的研究提示了关键性的线索。

二、谢冕论说的对象

正如谢冕所说，"文化大革命"是朦胧诗的直接背景与反抗对象，对于"文革"，史家和文学史家都众口一词地将其定性为一场封建主义的大回潮和大泛滥，因而朦胧诗也就是从反封建的意义上获得了现代性质。不过，仔细地推敲起来，将"文化大革命"定义为封建主义运动虽不无理由却终嫌悖谬，这种定义缺少对史实与概念深入的体察和辨析。20世纪以来封建主义一直被中国进步文化界当成头号敌人，在长期的、严酷的斗争中知识分子形成了反封建的思想定势，常常把相类甚至不相类的对手一概视为封建主义；封建主义在这里成了一只空筐，成了激情洋溢却思想懒惰的知识分子对一切当代丑恶势力的宣判词。其实，"文化大革命"及其所代表的体制具有中国封建时代（这里暂且不对"封建"一词质疑而采用习惯用法）所根本不具有的崭新特征，其社会动员和社会控制的能力是封建社会无法比拟的，其目标和手段以及由之带来的社会状态也同封建时代大相径庭。如果抛开当代人评论当代史常有的个人化与情绪化偏见，抛开某些概念所具有的价值判断与意识形态色彩，我们宁肯把"文化大革命"理解为一场扭曲的、病态的并且最终失败了的现代化实践。本世纪30年代苏联模式的确立宣告了人类经典现代化道路的中断和一种新的现代化试验的开始，它是后发国家现代化代价巨大但在当时条件下惟一可能的选择。中国50年代基本上照搬苏联模式，而到了60年代，由于中国最高领导者个人性格和气质的特异，这种模式终于演化为确实是"史无前例"的"文化大革命"。如果说苏联模式是对西方经典现代化模式的变异，那么"文化大革命"可以说又是对苏联模式的变异；尽管这种变异几乎达到了面目全非的程度，但变体在本质上却仍然表现着原体的特性。——对这一复杂的历史学判断我们在这里暂且取其结论而省其论述；或许下文诗论中的某些征引可以看作是这种结论的印证，但我们真正的意图则是借助这种结论理解诗。

美国文化学家M. 克里尼斯库认为，存在着两种互相矛盾又互相依存的现代性，一种是以社会进步、合理化、竞争和技术为内容的主流价值，另一种则是对这种主流价值的文化批判和消解。也即是说，现代性同时包含着现代与反现代两个侧面。这种针对西方社会的具体分析用来描述中国事实或许并不特别贴切，但这里给出的同时容纳着正反两面的现代性模型也同样适用于中国。"文化大革命"作为一种变异的现代化运动体现了现代性，而朦胧诗作为"文革"的叛逆也体现了现代性，只是这一对立统一较之西方中产阶级精神（主流价值、现代）与现代主义文化（批判文化、反现代）的对立统一要显得复杂、纷乱一些。朦胧诗乃是对一种经过双重变异的现代化运动的反叛，它一方面作为对现代化的反叛不可避免地重复着西方现代主义文学的主题、情绪与语言，另一方面作为对现代化变异性的反叛它又呼唤、赞美甚至依仗着西方现代的主流价值。这种奇异的交叉乃是朦胧诗所代表的中国现代主义文学运动的主要特征，在阅读中我们不断加深着对这种特征的认识。

60年代末70年代初，在少年顾城的眼睛里，最鲜明而突出的乃是工业化景观。对工业化景观的强烈感知与渲染构成了顾城早期诗作的中心意象："烟囱犹如平地耸立的巨人／望着布满灯火的大地／不断地吸着烟卷／思索着一种谁也不知道的事情"（《烟囱》）。巨人般的烟囱俯望着布满灯火的大地，这种带有巨大震撼力的现代景象占据了顾城的心，以至于他不自觉地要对自然作工业化、城市化的想象："阳光是天的熔岩／阴霾是天的煤矿／星团是天的城市／流星是天的车辆"

（《天》）、"时间的列车闪着奇妙的光亮／满载着三十亿人类／飞驰在昼夜的轨道上／穿过季度的城镇／驰过节日的桥梁／喷撒着云雾的蒸气／燃烧着耀眼的阳光"（《社会》）。即使是在下放的乡村，在最富有浪漫诗意的乡村夜晚，顾城也难以摆脱城市与工业的高度组织化在他心中留下的深深印痕："浓厚的黑夜／把天地粘合在一起／星星混着烛火／银河连着水渠／我们小小的茅屋／成了月宫的邻居／去喝一杯桂花茶吧／顺便问问户口问题"（《村野之夜》）。去月宫喝茶而"顺便问问户口问题"，这对于一个少年来说显得过分阴沉的表达可以看作一种内心创伤的袒露。

舒婷

关于对现代创伤的表达，舒婷的《流水线》可以看做是经典文本。这首作于1980年的短诗细腻地传达了人对于压倒性的工业生产／生活方式的体验。夜晚、星星、小树和"我们"都被统一成了工厂流水线的状态，疲倦的星星和失去了线条与色彩的小树印证着人的自我的麻木乃至丧失："但是奇怪／我唯独不能感觉到／我自己的存在／仿佛丛树与星群／或者由于习惯／或者由于悲哀／对本身已成的定局／再没有力量关怀。"在这里，作为对象的世界和作为主体的人生达到了无差别的重合，使人陷入无可逃避的单调之中，人所拥有的仅仅是对于这种处境的瞬间的、微弱的但终于也无能为力的觉悟。这种情态自然地使我们想起了马克思在《1844年经济学哲学手稿》中对工业劳动的描述和认识，想起了卡夫卡的《变形记》等诸多的西方现代主义作品对工业和商业制度下人的处境的表现。

然而，细细体味我们不难发现，朦胧诗所代表的中国现代主义文学与西方现代主义文学在相近的同时还有明显的分别。其中最重要的分别就是朦胧诗从来没有过西方现代作品那种深刻而强烈的绝望，没有那种包含着紧张与焦灼、最后终于演化为黑色幽默的绝望的自虐倾向。舒婷的诗被普遍认为不乏亮色自不待言。就连更为异端的北岛，其愤怒和痛苦因为有具体的指向和缘由也显得有几分明朗。如前所述，中国的现代是一种变异的现代，其变异性也正是其不成熟性和不完全性。具体地说，"文化大革命"及其体制作为中国式的现代状态所表现出的是对于人的一种有形强制，而不是像西方的现代那样是一种无形的、不可言说因而也不可反抗的强制。有形强制至少向人提供一种反抗并且战胜它的希望，唤醒人的斗争意志；而无形强制使你丧失了敌人甚至堕入与自己为敌的疯狂之中。马尔库塞在分析发达的资本主义时指出，这种社会对于人的压制"完全不同于以前的作为不怎么发达的社会阶段之特点的那种压制"，它的"能力"（思想和物质的）比以前大得无法估量，这意味着社会对人的统治范围也大得无法估量"，它的特点是"依靠技术而不是依靠恐怖来征服离心的社会力量"。也就是说，在这里人的异化成了如同空气和呼吸一样的正常和必然，社会加于人的是一种自由的专制和温情的恐怖。在这种气氛的覆盖和渗透下个别觉悟者的觉悟只能归于荒诞和颓废，甚至于连他们表达的语言也变得晦涩和含混起来。弗罗姆在奥威尔《1984》的后记中曾尖锐地批评西方人的偏见，他们认为《1984》描绘的可怕的专制只属于苏联和东方而与西方无涉，因而不免沾沾自喜起来；弗罗姆指出现代的专制属于全人类。当然弗罗姆的话是对的，但他却没有深入地辨别西方式专制与苏联式专制的区别即无形与有形的区别。

　　"文化大革命"毋庸置疑是一场有形的现代强制（专制），它不折不扣是靠恐怖来维持的，它表现出的乃是对人的"基本压抑"。或许这种"基本压抑"本质上是一种经济压抑与剥夺，但它更直接、更残暴的表现却是政治压迫。所以朦胧诗也即中国的现代主义最重要的主题即是政治叛逆。当北岛写他的《回答》时，他也为中国的现代主义定下了基调："告诉你吧，世界／我——不——相——信／如果你脚下有一千名挑战者／那就把我算作第一千零一名"。这里的反叛不是反社会、反文化、反人类，而是明明确确的反暴政。由于观念、目标、技术和组织手段的现代性，"文化大革命"中所体现的政治专制截然不同于古代的封建专制，它因为乌托邦的理念而变得更加狂热、残酷而泯灭人性，因为社会的高度组织化和技术化也即控制方式的巨大进步而具有了鲜明的法西斯性质，因而它对人的伤害也就更深重。这种社会作为文学对象相应地也就引发了朦胧诗的战斗性。所谓战斗性是说在朦胧诗中批判是自觉的、直接的、有主体存在的，不同于西方现代主义那种消隐了主体性的、更多的是靠历史之手书写的批判文本。"我无法反抗墙／只有反抗的愿望"（舒婷：《墙》）。墙在这里是异化了的社会机器的象征；重要的是这里不仅有"墙"，同时还有怀有反抗愿望的"我"。惟因有这个"我"的存在，"无法反抗墙"的陈述与控诉同时又是一种真实的反抗。作为男性，北岛诗中的"我"比舒婷更加突出："宁静的地平线／分开了生者和死者的行列／我只能选择天空／绝不跪在地上／以显得刽子手们高大／好阻挡那自由的风"（《宣告》）。同样是面对异己而强大的统治力量，朦胧诗中受难而不屈服的"我"与卡夫卡的《城堡》和《审判》中丧失了意志与愿望也即丧失了自我的人物形成了根本的差异。

"我"是谁？在朦胧诗中，"我"即是"人"。这里的"人"甚至还主要不是指与群体相区别的个人，而更多的是指与物、与工具、与机器和机器上的螺丝钉、与奴隶相区别的具有普遍性和抽象性的人。"文化大革命"及其体制把人变成了工具和奴隶，可以驱使、凌辱、残害乃至消灭，在这场经过了双重扭曲的现代化运动中，人变成了可以随时抹去的统计数字，马克思所讲的"人的类本质"遭到了本质性的否定。这时候朦胧诗举起了"人"的旗帜。北岛写道："我并不是英雄／在没有英雄的年代里／我只想做一个人"（《宣告》）。舒婷写道："父亲为了一个大写的'人'字／用胸膛堵住了敌人的火力／难道我仅比爷爷幸运些／值两个铆钉，一架机器"（《暴风过去之后》）。"人"、人道主义在这里出现具有了新的、反异化也即反现代的意义，与西方启蒙运动中的反神学、与中国"五四"时候的反礼教不同。或许西方的例子可以作为参证：当萨特宣称"存在主义是一种人道主义"时，我们不难体味他的人道主义的现代含义。当然，朦胧诗作为对"扭曲的现代"的一种反抗形式，其内涵具有异常的复杂性，它既有反对"现代"以求人的最后解放的倾向，又有反对"扭曲"以恢复正常的"现代"的倾向（如朦胧诗人对民主政治体制的赞美，实际上朦胧诗最早出现在"民主墙"上），这两种倾向交织在一起构成了中国现代主义文学的特殊面貌。这种特殊性增加了我们理解的困难，但同时也丰富了我们的审美感觉。

在后来的朦胧诗论争中，对朦胧诗一种重要的指责就是说诗中的"我"是沉湎于一己情绪个人情结的"小我"而不是代人民立言的"大我"。这实在是了无识见的陈言。当然朦胧诗比起"文化大革命"时期那种大而空的诗歌，较多地抒写了个人的心绪乃至爱情，但仔细品味就会发现朦胧中的爱情表达多带有向非人的现代体制示威的意味，表示"我是一个人"而并非工具与奴隶，这种爱情诗乃是社会叛逆的一种特殊方式。"文化大革命"中个人的愿望、欲望被严厉禁止，这种禁止赋予了爱情及爱情诗超越其自身的意义。所以北岛在爱情之夜的欢愉中想起的是"即使明天早上／枪口和血淋淋的太阳／让我交出自由、青春和笔"（《雨夜》）。在这种情景中北岛笔下的爱情就获得远超出于一己私情的神圣、庄严和悲壮："让墙壁堵住我的嘴唇吧／让铁条分割我的天空吧／只要心在跳动，就有血的潮汐／而你的微笑将印在红色的月亮上／夜晚升起在我的小窗前／唤醒忘记"（《雨夜》）。爱情诗这种"人的示威"的意义，可以看作是区别于西方的"现代"，也区别于西方的

"现代主义"的中国的现代主义的又一种特征与标识吧。

三、余论

上面对朦胧诗的分析乃是对谢冕理论的生发或者说是阐释。后来（1983年左右）针对谢冕以及"三个崛起"的讨论与批判可以看做是中国现代化方式的转换（由变异归于正常即由计划变为市场）中不可避免的意识形态的摩擦。目前的社会状态已与朦胧诗及其论争的年代大不相同了，更新的诗人也早已完成了对北岛与舒婷的"打倒"，中国的现代主义文学精神也与那时候大异其趣。然而，总体而言，中国社会现在还仍然处于现代化方式的转换之中，我们的情感仍是舒婷与北岛诗的延长，所以谢冕对于我们还仍具有直接而亲切的意义。

（载《文艺争鸣》，1996年第4期）

·"经典"之争·

谢冕：叫人怎么敢信你

⊙ 韩石山

北大是中国的最高学府，对北大的教授，我从来都心存敬意。在我那愚蠢的想象里，别说教授了，就连北大的清洁工也都一个个蓝袍飘飘，浑身书卷气息。

韩石山

然而，往后我不会再那么愚蠢了。谢冕先生，你毁了我的一个美丽的梦幻，一个纯真的信仰。

事情的起因是不久前，我去我们这个城市里一家名叫尔雅的书店闲转，看见书架上摆着你主编的《中国百年文学经典文库》，海天出版社出版，第二主编是一位叫孟繁华的博士、文艺批评家（折页上如此介绍），我不熟悉这个名字。该书的内容简介上说，"这是迄今为止国内第一部将二十世纪中国文学作为一个整体把握的集百年中国文学经典之作于一体的大型丛书。"这话说得多啰嗦，多有学问。又说："皇皇十卷在手，二十世纪这一百年的中国文学精华尽收眼底！"这话说得多有气魄，又多吓人。

我不怕吓，那"经典"二字，只会让我喜欢。我是个中国文学的爱好者，也算个研习者。曾当过中学语文教员，在吕梁山里教过十几年书。多少年来，我老在想着，什么时候能看到一套选本，就像三十年代赵家璧先生主编的那套《中国新文学大系》一样，把近代以来的优秀文学作品精选一下，让我这样的文学爱好者能一览无余。没想到多年的美梦实现了，就在今天，就在眼前。

我激动得什么似的，战战兢兢地掏出了我的钱，我的工资，要递过去了，老板笑吟吟地说，那边还有一套，是不是也看一看。我急忙过去一看，哇，又是一套，叫《百年中国文学经典》，也是你主编的，北京大学出版社出版，第二主编叫钱理群，我记得这个名字，我曾买过他的《周作人传》。翻开你写的序言，见其中信誓旦旦地说着："编者在从事本书的编选工作时始终怀有一种庄严感而不敢稍有疏忽。"你太谦逊了，你是北大的教授，博士生导师，你睡着都比我这样的凡人醒着精明，你编的书绝不会有什么差错的。想到由两家出版社同时推出一套书，可见质量无虞，我心里更踏实了。

"一样的，我买一套就行了。"我对老板说。

"不一样，你该都买下。"他是个读书人。

他的话让我难堪。我嗫嗫嚅嚅地说，我没有那么多的钱，但我肯定会买一套的，能不能让我将两套都带回家，比较一下，明天再决定买哪套。我是老主顾，老板信得过，没收我的押金。

谢冕先生，整整半个晚上，我都在翻看你领衔主编的这两套"中国百年文学经典"。领衔主编，请别怪我套用了这个演艺界才用的俗词儿，我实在想不出一个能配得上你的身份而又文雅点儿的词语。"百年中国文学"，"中国百年文学"，我年纪大了，又笨嘴拙舌，念不好这绕口令似的书名，下面也仿照你们做学问人的办法，用"北大版"和"海天版"以示区别。

别的不说了，光说说解放后的散文和小说在两部书中有些什么不同。原因很简单，我年轻时写过小说，也写过散文，读现代乃至当代名家的小说和散文多些，自认为还有点基本的判断。

我用的是种很笨的办法，先列出北大版中收入的作家及其作品，然后用海天版收入的作家及其作品比照。北大版有的，就在这个作家的名字上画个红点，作品不同或不完全相同的，画个×号，作家作品完全相同的画个△号。北大版没有而海天版收入的作家，则另纸誊录。费了几个小时，结果出来了。

散文部分，北大版收入作家四十二名，海天版收入作家三十三名，两书共收入作家七十五名，重叠者十六名，不重叠者四十三名。比如丰子恺、巴金、梁实秋、冰心等二十六人，北大版收而海天版不收；孙犁、张中行、宗璞、三毛等十七人，海天版收而北大版不收。

重叠的十六名作家中，收入作品完全相同者五人，比如杨绛，两书都收入了她的《冒险记幸》。收入作品不完全相同者四人，比如汪曾祺，北大版收入他的《跑警报》、《金岳霖先生》两篇，海天版除了这两篇外还收有《葡萄月令》、《星斗其文，赤子其人》两篇。收入作品完全不同者七人，比如严文井，北大版收入他的《啊，你盼望的那个原野》，海天版收入他的《一个低音变奏》。

小说部分的情形，与散文部分大致相若，北大版收入作家六十七人，海天版分为中篇小说和短篇小说两部分，收入作家三十七人，共一百零四人，两书作家重叠者二十五人。重叠者里面，所收作品仅部分相同或完全不同者十六人，作品完全相同者九人。

谢先生，统计完这些数字，已是夜半时分，夜很静，黑沉沉的，枯坐在昏黄的灯光下，我愣住了，脑子里一片空白。渐渐地，我面前出现了一个想象中的你，我从未有幸一睹您的尊容，完全是想象，你别生气。我想象中的你满头白发，瘦长的个子，清癯的面容，一副超凡脱俗的学者模样。你那笃定的目光，闪烁着智慧的火花，正在一个一个地审视着中国百年来的作家和作品，那么一丝不苟，那么庄严而神圣。

奇怪的景象发生了。在我眼前，在中国当代散文的原野上。

你的一只眼睛看出丰子恺、巴金、冰心、孙犁、梁实秋、张中行、三毛诸人是散文经典作家，你的另一只眼睛看着他们又不是散文经典作家了。这样的作家不是十个八个，而是四十三个！

你的一只眼睛发现严文井的经典作品是《啊，你盼望的那个原野》，你的另一只眼睛鉴定他的经典作品却成了《一个低音变奏》。

你的一只眼睛认定汪曾祺的散文《跑警报》、《金岳霖先生》是经典，你的另一只眼睛在认定前两篇的同时，又追加他的《葡萄月令》、《星斗其文，赤子其人》也是经典。

从一九四九年到一九九六年，将近五十年间的中国散文，你的两只眼睛同时认定其人其文均堪称经典、言不二价者，只有五人！

看着孤零零站在荒野上的五个人，谢冕先生，我是该为中国当代文学寒心，还是该为你寒心呢？

先生是教授，门下很有几个弟子，我看过他们中一些人的文章，均堪称一时之选。有其徒必有其师，过去我以为，这都是你的引导之功。如今不然了，我宁可相信他们都是自学成材的俊彦；无论德行和学问，我都不敢相信，他们是出自你这样的先生的门下。

你消逝了，在这深沉的黑夜里，在我昏黄的台灯下，带着你的满头白发，一身的学者气，还有你的始终怀着的"庄严感"，还有你的"不敢稍有疏忽"。

我不再相信你，还有你编的书。一个教授，两部经典，叫我该信哪部？

我决定翌日将两套书全还给尔雅的老板，我不会说你的书编得不好，我只说我不配享用这么精美的书。"皇皇十卷在手，二十世纪这一百年的中国文学精华尽收眼底"，见你书的鬼去吧，你想骗谁骗谁去，你骗不了我。

我躺下了，却怎么也睡不着，一面是庄严的学者，一面是文不对题的经典，这世界什么地方出了差错？为了找补回一点对你的信任，我又爬起来，回到书房里，搬出《新中国文学词典》（潘旭澜主编，1993年出版）。在"谢冕"条下，记载着你的阅历和成就。1932年出生，1949年加入中国人民解放军，1955年复员并考入北大中文系，1960年毕业留校。先后研究过郭沫若、臧克家等诗人，写过《和新中国一起歌唱》一文。"四人帮"垮台后出版过"谈诗普及性读物"《北京书简》。1980年发表《在新的崛起面前》一文。出版的著作还有三四种，主要著作是《谢冕文学评论选》。主要职务是北大中国文学研究所所长、北京市作家协会副主席。

职务不低，著述上是差了些，至少没有一本有分量的学术专著。当然了，不必苛求，经历过漫长的"文革"，这些年又要上课又要带研究生，还要给那么多青年诗人的诗集写序，还要同时主编两部"经典"，能有这点学术成果已实属不易了。

在那部词典里，还有一个词条，是《谢冕文学评论选》。总括两个词条，对你的学术成就的评价是："长期致力于中国现当代诗歌的评论，善于捕捉新的动态信息，在诗歌界很受注目。""敏于发现诗坛的流向，充分肯定自五十年代起不同时期诗人的真诚探索，从宏观上对他们的特征予以概括。尤其是对'文革'结束后出现的新一代诗人，在情感内涵、诗歌风格、艺术形式等多方面进行评述，称赞他们的变革与创新。"也就是说，你的学术专长在现当代诗歌，尤其是新时期以来的当代诗歌的评论。以如此的学术专长与成就，要鉴定并主编"百年中国文学经典"，可以说尚不具备这种资格。若你是以北京大学中国文学研究所所长的身份，像当年赵家璧先生主编《中国新文学大系》那样，只是主持其事而另请高明编选，则另当别论。可惜不是这样，你是亲自操觚的呀。

在海天版的折封上，说你提出"百年中国文学"课题，得到大陆、台湾和香港文学界的一致认同和响应。这，我就不太明白了。你如果提出"九十九年"之类的命题，且作出充分的论证，我承认是研究成果。你所说的百年，大致说来，不就是二十世纪吗？因为一个世纪还没有完，于是你就从你编书的一九九六年起往前推一百年，将上限定为一八九六年。若你今年编书，那么它的上限就成了一八九七年。老天爷，这也能叫学问？

你的"中国百年文学经典"中的"百年"二字，就是这么来的。为了凑足百年之数，在北大版中，你不惜将一九九六年第二期《天涯》杂志上发表的一篇散文收入书中。《天涯》是双月刊，第二期三月十五日出版，"经典"全书编成写序在六月，相距仅三个多月，你就将这么一篇"涉世未深"的新作，活生生地捧成了经典。

经典是什么，书柜里有几部辞书，我也无心去查了。我相信，最宽泛的解释，落到"每个人都有自己的经典"，也就到底了。再推衍开来，说每个人在不同的年龄段也会有自己的经典，仍不为过。准乎此，倘若你谢先生今年编上一部自以为是的经典，过上一年再编上截然不同的一部，有"行年五十而知四十九年非"这句古语挡着，我也认了。可你在不到两个月的时间里，先后编完了两部经典（海天版序言写于一九九六年四月，北大版序言写于一九九六年六月），出入又这么大，叫我说你什么好呢？

说你不学无术吗？你也曾著书立说。

说你坏了心术，故意要惑乱学界视听，愚弄广大读者吗？你是堂堂北大的教授、博士生导师，我实实不敢作如是想。

联想到眼下的"编选热"，我心里多少开了一点窍。这几年，各种"代表作"、"精品选"，充斥着书店的柜台，据说编选者大都捞了一把。文坛公认，从事"编选"，乃时下文人致富手段之一种。是不是你看着眼红了？这可不太好。以北大的声誉，以你的身份，本应力挽狂澜，廓清迷尘，给读者一个精良的选本，纵然是一己之见吧，也该确定不移。没想到你反而照猫画虎，推波助澜，把水搅得更浑。我多少有些同情先前那些编选者了。他们胆子小，顶多只敢取名"精品"，你名声大，便胆子也大，深谙商业运作的法门，一上来就叫"经典"。你看准的是卖点，是挣钱，什么经典不经典，哪还顾得了那么多。

挣就挣吧，谁也不能说当教授的，只能清贫自守，嚼得菜根喷香。那你就仔细点，认真点，也能说得过去。可你当得起"认真"二字吗？

按照选本的一般编排规则，同一作者入选的同类作品，理应归拢一起，便于读者阅读。但在《百年中国文学经典》中，同是宗璞的小说，前面选了一篇《红豆》，间隔三十多位作家作品之后，又编进她的《鲁鲁》、《熊掌》二作，这仅仅是编排上的眉目不清、章法混乱吗？更令人不解的是，孙芸夫是孙犁的笔名之一，署名不同，实则是同一位作家。但在"经典"一书中，前面在孙犁名下，选了一篇

《山地回忆》，后面又以孙芸夫之名列入《芸斋小说两篇》。究竟是谢教授不知道孙芸夫即孙犁呢，还是故意出此一招，以显示选目的全面呢？

最近已有人著文指出，在你的"经典"中，竟将《老残游记》作者刘鹗的名字印成了刘鄂，不只一处，是数处皆然。著文者行文客气，认为是粗心，我看并不尽然。

再看看你写的序文，就知道你究竟是认真还是不认真了。北大版的序文，一千七百来个字，海天版的长一点，两千三百来个字。跟"百年经典"如此庄重神圣的选题相比，两篇序文都显得轻飘之极，太不相称了。

在北大版的序文的末尾，你除了感谢严家炎、林斤澜、邵燕祥等人对你的指教和帮助外，还特意说："我的博士生高秀琴协助我做了全部资料工作和部分编选工作。"这么浩大的工程，其资料工作，你的一个学生就全部包圆，还做了部分编选工作。既是这样，你所做的，就是剩下的另一部分编选工作，若你的学生做的是初选，那么你所做的就是最后圈定了。不知我的推论可有纰漏？（在编选程序上，谢冕的叙述与另一主编钱理群的叙述相抵牾，此处从谢说）

当年赵家璧先生主编《中国新文学大系》时，只是编选一九一七年到一九二七年十年间的作品，那是多么的慎重，请了茅盾、鲁迅、郑伯奇编小说，请了周作人、郁达夫编散文，诗歌、理论等，也都请有专人。每位编选者，都写出万字左右的导言。鲁迅当时正在病中（一九三五年），所写导言长达一万二千字。瞧瞧，这才叫认真，这才叫负责，这才叫对得起读者和读者兜里掏出的钞票。

可你倒好，不长的时间里，这边与钱理群联手，那边与孟繁华合伙，一下子就抛出了两大套、十八巨册的"经典"，闹嚷嚷地分别在南北两地上市。和你相比，那些靠编一本两本"精品"挣几个小钱的选家们，实在是小打小闹，可怜兮兮了。容我说句不客气的话，急功近利的"编选热"走到这一步，可谓登峰造极，亦可谓恶贯满盈了。

还有许多话，我不想再说了。

谢冕先生，以在学校的经历，你是北大中文系的教授，我只当过中学语文教员，上面这些话，本不该我说的。可你拿正事当游戏，做得实在出了格，不光污了你半世的清名，也污了北大百年的盛誉，我还是忍不住说了。不对之处，敬请指教。

（选自韩石山《谁红跟谁急》，北京：中国友谊出版公司，2006年。删节本载《文艺报》，1997年9月27日；《文学自由谈》，1997年第6期；《滇池》，1999年第1期）

文明问题与文明态度

⊙ 程文超

程文超

对"经典"的界定和选定，包括从不同目的出发、从不同角度选定的选本，其"经典"的篇目是否允许有出入等等，都是可以讨论的学术问题。谢冕的两套选本正为这种讨论提供了契机和依据。正常的讨论可以促进这一问题上学术研究的深入。

但我们遗憾地看到，有的讨论却不是这样。读了《文艺报》9月27日韩石山先生的一篇文字，我感到一股寒意从背部袭来："文革"过去二十多年了，对"文革"中漫骂式的大字报文体怎么还有人运用得如此熟练？

韩先生是一位作家，自然与一般的不文明者不是一个档次。他的高明之处在于，骂人不吐脏字。《教我怎么敢信你》①这篇文章，其主要兴趣不在学术问题，而是把矛头对准谢冕个人，从语气到内容都极尽讽刺挖苦之能事，冷嘲热讽，进行人身攻击乃至人格侮辱。

韩先生的办法至少有三。其一，极力贬低。韩先生说他查了一部《中国新文学词典》，在"谢冕"条下了解了谢冕的"阅历和成就"。然后韩先生感慨地说："职务不低，著述是差了些。"完全是一副老师对学生、前辈对后学、老人对小孩的居高临下的口气。并接着用嘲讽的语调，大度地表示对谢冕"不必苛求"，"能有这点学术成果已实属不易了"。

---

①   文章题名应为《谢冕，叫人怎么敢信你》。——编者注。

评价一个人"著述"之高低，起码应该对被评价人和被评价人的著述有所了解，这是一个稍具学术态度的人都明白的常识。韩先生看来并不了解谢冕和谢冕的研究工作，并没有读过谢冕的几本哪怕是一本著作。他只是靠从一部词典中得来的关于谢冕"阅历和成就"的信息，就对谢冕"著述"的"差"与不差进行评价，这显然是极不严肃的。词典的编写都有一个周期，对于当代文学家来说，任何一部词典都不可能反映其全貌。韩先生显然没有得到对谢冕"著述"进行评价的充足依据。再说，即使一部词典完全反映了一个人的成就，我们又怎么能够不读原著而只凭词典上得到的信息就对一个人的"著述"进行学术评价呢？

韩先生的手段之二是肆意歪曲。韩先生认为谢冕对"百年"的限定是随意的。

这就有些莫名其妙了。不论是海天版的《中国百年文学经典》，还是北大版的《百年中国文学经典》，其上限都是1895年。白纸黑字，都写在书上，怎么会被韩先生说成是1896年呢？把"百年"的上限定为1895年绝不是随意的。1895年，中国在甲午海战中的失败、《马关条约》的签定，对于中华民族的彻底觉醒、对于中华民族从古典社会向现代社会的急剧变革所具有的意义，是稍具近代史知识的人都知道的。也就是说，只要稍具常识，就不会把1895歪曲成1896，就不会把一个认真的思考歪曲成一个随意的"前推"。看来，歪曲，也得有点本事。韩先生说他对近代的作家不熟悉。如果连1895年对于20世纪中国人的意义都不明白，恐怕就不只是不了解近代作家的问题了。以这点儿"功底"，韩先生也来问"学问"？就是歪曲别人恐怕也还欠火候，难以做得漂亮。

韩先生的手段之三是强加罪名。韩先生说："这两年，各种'作品选'、'精品选'，充斥着书店的柜台，据说编选者大捞了一票。"他问谢冕，"是不是你看着眼红了"。这至多只是韩先生的猜测。他真要以己之腹度人之心，也是他的权利，我们不能说什么。问题是韩先生却把他无稽的猜测当成铁定的事实，强加在谢冕头上，然后语重心长地进行了一番批判："这可不太好。以北大的威望，以你的声名，本应力挽狂澜，廓清迷尘，给读者一个精良的选本……没想到你反而见景生情，推波助澜，把水搅得更浑。"

这简直是肆无忌惮的人格侮辱。看来韩先生确实是不了解谢冕。谢冕这个人，你可以强加给他任何罪名，唯独以学问的手段骗钱这一罪名与他无缘。

　　面对同一个事物，不同的人想到不同的东西，是能显示出人格的差异的。我不明白韩先生怎么会想到"经典"选本与钱的关系。但韩先生还是失算了。说谢冕选编百年文学经典是为了"捞一票"，看来相信的人不会多，韩先生无端地暴露了自己的层次。

　　有人说，韩石山因为没有进入任何一本"经典"，恼羞成怒而大骂谢冕。我不同意这一看法。一位作家，是有文化的人，总还不至于如此吧。但韩先生攻击谢冕态度如此之激烈，情绪如此之激动，手法又如此之不讲究，还是有点儿叫人不明白。如果不是急而生乱，即令攻击，韩先生也可以做得更高明一些。更令人不解的是，这位自诩"三栖作家"的人，在攻击别人"捞一票"的同时，自己却一稿多投，还冠冕堂皇地去批评别人，他有资格吗？

　　我并非说韩先生的文章一无是处。韩先生用他的文字提醒人们，讨论文明问题要有文明的态度。这也是他的贡献。

　　　　（载《东方文化周刊》，1997年第49期）

如何理解"经典"

⊙　贺桂梅

　　文学经典的重构和有关经典的讨论，似乎是当代文学研究中的又一个重要话题。一方面，在图书市场上出现了多种以"经典"命名的文学选本。如吕同六先生主编的四卷本《二十世纪世界小说经典》和两卷本《二十世纪世界小说理论经典》、雷达先生主编的三卷本《中国当代名家中篇小说经典》等。其中最引人注目的是谢冕、钱理群先生主编的《百年中国文学经典》和谢冕、孟繁华先生主编的《中国百年文学经典》。这两部"百年经典"由于批评界讨论较多，更由于一些评论者以一种哗众取宠的态度所作的轻率判定而引起的人为的关注，使得"经典"作为一个文学问题摆在人们面前：今天我们如何理解"经典"。应该说，目前中国文学界对经典的讨论还限于具体经典性作品的选本编辑和经验主义式的对经典的感性理解，还没有进入更深的理论层次的审思。大部分"经典"选本的编者都会在序言中谈到编辑经典选本的缘起和对经典的界定。吕同六先生并没有刻意去界定"经典"的含义和准则，而是以"二十世纪文学"为契机，编选了其中的"精华"作品。雷达先生则在《中国当代名家中篇小说经典》的前言中似乎有些自我解嘲地写道："在图书市场一片'经典'之声中，我们的这一套当代著名作家的中篇小说精选，也未能免俗地使用了'经

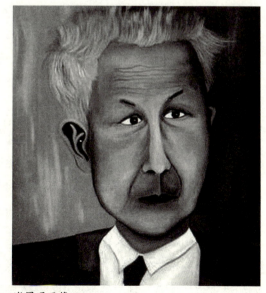

谢冕漫画像

典'这个名称。"相形之下，两部"百年经典"在时限的限定、选本的意义和对"经典"的理解上则要严格许多。将"百年中国文学"作为一个完整的文学阶段讨论，应该说自1985年黄子平、钱理群、陈平原先生提出"二十世纪中国文学"这一概念便已开始，而80年代后期关于"重写文学史"的讨论、90年代关于"二十世纪中国文学史"的写作热（据有关统计，有二十多部以"二十世纪文学史"为名的写作已完成或在进行中）以及后现代理论引发的关于近代以来中国文学的"现代性"讨论，都与此有内在联系。谢冕先生所谓的"百年中国文学"则以更明确、简练的方式将这一话题重提出来。这一话题主要尚处于理论探讨和文学史写作过程中，两部"百年经典"是最早进入具体作品淘选工作的选本。因而这两部选本的产生并不是无中生有的毫无意义之举。对编选者而言，"经典"意味着具有某种典范意义的作品、具有人文价值的恒定主题的精粹工作以及在文学范式上有所突破的创新作品，因而谢冕和钱理群先生都提出了文学的"高度"问题。谢冕先生进而具体界定为"通过具体的描写或感觉，直接或间接地表现出生活的信念，对人和大地的永恒之爱，有鲜明的个人风格，又有精湛丰盈的艺术表现力的作品"。——显然，编选者对"经典"的这些理解，必然表现了个人修养和文学趣味的局限或曰特点。（编者也指明：事实上有多少个选家就有多少种选本，同时也就存在着各异其趣的选择标准）但作为长期从事文学研究的大学教师和研究者，他们所表现出来的对经典品质的理解，又必然与某种或显或隐的文学传统和文化教育相联，而迥然有别于不学无术者的泛泛理解或追求商业利益的粗浅之辈。

但是，从目前已有的评论文章来看，大部分文章对这两部经典选本提出了出人意料的严重批评。有的评论文章甚至以一种毫无学理性的轻浮态度将批评上升到人身攻击的程度；有些批评文章抓住书中的某一缺陷（有的甚至不是缺陷）大做文章，对两部经典的编选工作进行全盘否定；有的文章刻意将编选者的意图降低为"商业行为"而无视编者的编选态度和为此付出的努力；更多的则从自己对经典的理解和编选准则出发，指责编者编选原则上的矛盾。这些批评文章在对两部经典进行"指点江山"式的严厉指责时，并没有对自身的趣味和准则进行反省，俨然在充当"真正的经典选定者"，因而也就没有或缺乏学理上的分析和讨论。事实上，翻阅有关经典问题的重要文论，不难发现这些讨论经典的专著都旨在对经典的含义和构成作出一些相对的理解。如艾略特提出区别两种经典，其一是普遍的经典作品，例如维吉尔的作品；其二是那种相对于本国语言中其他文学而言的经典作品，或者是按照某一特定时期的人生观而言的经典作品（《艾略特诗学文集》，第190页）。如托托西则在书中引用了"恒态经典"和"动态经典"的区分（《文学研究的合法化》，第43页）和历时性的描叙性界定，而认为无法提出关于经典的"铁定"规则。其中以佛克马对经典的讨论最为充分。他指出经典在经历历史意识的变化后，"如果思想多元化是民主政治的一个理想的话，那么我们确实应该对任何想制定一部稳如磐石的经典的企图表示怀疑"。佛克马另一句可以用于今天我们关于经典的讨论的话是："我们无法相信被挑选出来的现有的阅读材料是我们所能够达到的最高水平，但我们同样不应相信其它的选择一定会比现在的好。"正因为经典品质的复杂性，尤其是当代文学经典的复杂性和可塑性（相对经典或动态经典），更因为如今我们处于文学观念和审美趣味多元化的时代，不同的评论家会对哪些文学作品是否具有经典品质的看法不同，甚至同一批评家对同一作家的不同作品作出判定时也会有所不同。这不仅可以解释为什么许多批评者对两部经典选本的部分篇目出入而作讨论，也可以解释谢冕先生在两部经典中对同一作家的不同选择。

任何批评家以"经典"名义所作的文学筛选，尤其是当代文学的筛选工作，都将意味着一场更为广泛也更为激烈的文化辩论。因为当代社会转型和文化变迁，事实上已极大地改变了人们对经典的理解和对传统经典选本的认同。然而经典作为文化教育中的核心因素和文学批评的某种无形参照系，又需要文学研究者必须对经典作出描述或选择。因而，重要的不是我们能否选择或谈论经典，而是我们在选择或谈论经典时所采取的态度。只有抱持一种宽容、尊重的学理态度和严格的学理分析，才能真正将这场文化辩论引向深入。

（载《东方文化周刊》，1997年第49期）

文学经典的确立

⊙ 孟繁华

80年代初期，英国两所举世闻名的大学——牛津大学和剑桥大学，由师生们发起了一场激烈的争论，争论的问题是："英语文学"教学大纲应包括什么内容？它的连锁反应便是对文学价值、评价标准、文学经典确立的讨论。激进的批评家发出了"重新解读伟大的传统"的吁请；而大学教授则认为"传授和保护英国文学的经典是我们的职责"。这看似一场学院里的争论，却被严肃传媒认为"一半是政治性的，一半是学术性的"。

类似的讨论在西方其它国家也同样存在。而事实上，经典的确立与颠覆从来也没有终止过。文学史，从某种意义上也可以说就是经典的确立与颠覆的历史。荷兰的著名学者佛克马和易布思在《文学研究与文化参与》一书中，详尽地描述了西方和现代中国经典构成的历史及其发展。在他们看来，80年代西方关于经典的讨论，并不是流行经典的第一次危机。它起码有如下三次重大的危机经历，这就是：在中世纪向文艺复兴的过渡时期，在古典主义向浪漫主义过渡的时期，以及欧洲文学史以外的一个例子——在中国向现代中国过渡的时期。这种概括不免简单，但他却令人信服地指出了经典危机的历史事实。同样，经典的每次危机过程也就是经典的重新确立过程。经典的危机与确立，引发的原因显然不止人们对经典作品的认同有歧异。按照我们传统的理解，经典就是权威性的著作；按佛克马的理解，"经典"是指一个文化所拥有的我们可以从中进行选择的全部精神宝藏。但这样的理解又可以追问出无数的问题。比如，认定权威性或"精神宝藏"的标准是什么？由谁来认定？这一认定出于何种意图或目的？

这些追问在经典危机的时代不仅咄咄逼人，同时也具有难以抗辩的合理性。但如果认为这样的追问是不可质疑的，那么围绕经典的讨论就变成了另一个问题，即还有没有经典、要不要经典？经典危机和确立的历史，一方面表明了这些追问的合理性，一方面也表明了它的时段性。永恒的经典是不存在的，没有休止的追求也将会使追问变成假问题。

经典的确立从来就不是一个纯粹的文化问题，与之相关的还有对经典确立的历史环境及其需要。在中世纪，文学经典的功能在于它统治了教育，并与帝权、神权共同构成了三个世界性的权力机构。此后无论是在中世纪结束后或文艺复兴及其后来的时代，利用文学经典为政治服务、作为政治统治工具的现象屡屡出现。自鲍姆嘉通始，美学开始作为一个独立的范畴得到了承认，但政治与文化的紧密关系从来都不曾解除，假如没有经典带给我们的认知意愿，包括政治在内的所有问题是无从讨论的。在"文以载道"的中国，文学与政治的逢合关系恐怕最为典型。我们对经典的崇尚大概延续了两千多年，儒家经典不仅是治国平天下的教科书，同时也是进入统治集团的必经途径。

1905年，科举制度的终结大大弱化了儒家经典的权威性，1919年的新文化运动，使已经弱化了的儒家经典雪上加霜，第一次经历了彻底颠覆的命运。一直到40年代初期，"经典"在风雨飘摇中失去了踪迹，古典的已被抛弃，西洋的半生不熟，现代汉语文学莫衷一是。即便是鲁迅，他的经典地位如果没有毛泽东的肯定，恐怕也是个问题。90年代不断泛起的对鲁迅的微词，已经说明了这一点。40年代之后，我们又经历过几次经典危机，从解放区红色经典的确立，到"文革"样板戏霸主地位的形成，几乎都与政治需求密切相关。党的十一届三中全会之后，这种紧张关系才得以解除。

经典的复杂性还不仅仅限于它同社会政治的关系，就其本身来说，经典是人确立的，它就不能不具有人的局限性，它的普遍认同从来就是相对的。在西方，无论是古罗马人还是现代人，都津津乐道《伊利亚特》或欧里庇德斯、索福克勒斯的悲剧，它甚至成为西方文明的一种象征。但是，人口或地域都已超过了欧洲的东方，除了专业研究者之外，对其不仅所知者甚少，而且从来就没有将其当作推崇对象。"四书""五经"都是大的经典，当它重新焕发了经典光彩之后，也只是限于知识界内部，而且它还能在多大的程度上被奉为圭臬也是不言自明的。还有，已被公认为经典的选本，如《昭明文选》，它具有无可争议的权威地位，虽然只是一个选本，但却集中反映了萧统和他的时代对选录标准及分类的理论认识。但是，对《文选》的争议也同样存在。它过碎的分类就曾遭到后世学者章学诚、俞樾等人的批评，对选入的作品及遗漏的作品，后代学者也曾见仁见智地议论过。更有甚者，《文选》还选入了一些伪作，已成定论的就有李陵《答苏武书》和苏、李的赠答诗，还存在其它的重大错误。然而，这并没有妨碍《文选》的经典地位和权威性。同样作为选本的《唐诗三百首》，表现了清人孙洙了不起的学识和趣味，他一改诗必盛唐的成见，而着眼于整个唐代的诗歌风貌，既突出了重要诗人，也考虑到了其它阶层的作者。但他的遗漏也不能幸免，皮日休等人的作品他视而不见，孤篇横绝的《春江花月夜》没有入选，白居易的《新乐府》也惨遭淘汰。但这同样不能动摇这个诗歌选本的权威性，它在民间普及唐诗的功绩和文学启蒙的作用，几乎无以替代。

　　而用于大学教育的文学史，虽然讲授的内容并不完全限于经典作家作品，它涉及的范围更要宽泛得多，但是，对于重要的作家作品一般说来是不能忽略的。文学史家是该学科的内容制定者，他们掌握了这一话语权力，大学的教育制度又使他们制定的教学内容有了传播的合法性，他们以制度化的方式影响了一批又一批的知识接受者。然而，文学史的编撰总是在一定的时期内完成的，它的局限性、不完备性以及受到其它因素的影响，总会在它的文本中有所表达。杨周翰、吴达元、赵萝蕤的《欧洲文学史》，曾在大学教育中享有盛名，但它更偏爱巴尔扎克、托尔斯泰等批判现实主义大师，而像乔伊斯、普鲁斯特等现代主义大师就惨遭冷落；在中国，王瑶先生50年代编写的《中国新文学史稿》，也没有将张爱玲、沈从文等放到应有的位置；李何林在1940年出版的《近二十年中国文艺思潮论》中，强调的"现代中国两大文艺思想家"是鲁迅和宋阳（瞿秋白），等等。这些文学史著作在大学中有的已被替换，有的仍在沿用。因此，无论在社会上还是在校园里，对经典的理解历来是存有歧异的。但是这决不构成对经典废弃的理由。经典，也正是在不同的理解或者说是在不断经历危机的历史之流中被不断确认的。

　　随着社会生活的变化，文学经典作品的地位正在下降，许多新奇的、令人震惊和刺激的事物在不断出现，科技神话正加速地改变着我们的生活，它同商业奇迹一起改变着以往的人文观念。一方面，"世俗化进程的完成（或近于完成）和民主协商对君权的取代使得文学经典有可能成为一种遗物——对信仰它的人们来说这是一个象征之物，而对怀疑主义者来说它是一种无足轻重的古怪玩意儿"；另一方面，"不能满足社会和个人需要的经典一方和迎合了这些需要的非经典性文本一方之间的鸿沟，从长远来看将不可避免地导致对经典的变革和调整，以达到把那些讨论相关主题的文本包容到新的经典中去的目的。从这一观点来看，经典的功能之一就是提供解决问题的模式"（佛克马）。一方面，如果没有一系列得到公认的经典作品，"一个有共同目标的批评界就无法存在"；另一方面，"对经典中某些作品有着同样偏爱的人正在锐减，已经有迹象表明他们在成为四处逢敌的少数派，今后这迹象必然越来越明显"（迈克尔·泰纳）。这两个方面的经验，于我们说来虽然姗姗来迟，但毕竟已经来临。

　　1997年，我们也终于经历了对于"经典"的"批评"。它的直接原因是两套"百年中国文学经典"的问世，它的编选者似乎成了新的"选学妖孽"。当我们对文学经典危机与确立的历史作了如上描述之后，对"百年中国文学经典"的批评本来是在意料之中的，而且对它正当的批评和讨论，也正是我们所期待的。在《百年中国文学经典》的序言中，谢冕先生曾指出："任何关于'经典'或'精华'的厘定都是相对的。一个明显的道理就是，任何精神产品的价值判断，都不会是单纯的和唯一的，精神现象有不可比拟的繁复性。何况，做这些判断的人，他们的学养、趣味和考察的方式又是千差万别的。还有，一个无可置疑的事实是，文学史总是有很多有意或无意的'遗漏'"，"尽管如今的'经典'并不代表让人敬畏的神圣，但经典都始终意味着一种高度。高度并不是尽善尽美，也并非无懈可击。这里入选的作品，大体只是编者认为的最值得保留和记忆的作品。这样说当然不是认为那些未入选的作品就应该遗忘。事实上有多少个选家就有多少种选本，同时也就存在着各异其趣的选择标准。这在文学观念变得多元化的今天，就更是如此"。钱理群先生也指出，这个选本，"是为了以此作为进一步普及的基础，也是为新的文学变革提供一个起点式的参照，同时也想为正在进行的对本世纪文学的反思，包括文学史的写作与教材编写，提供一些基础性的事实材料"。我本人也曾说过："编选百年'经典'文学作品的选本，至今尚属首次，这使我们面临许多文本之外的理论问题，同时它也无可避免地隐含着我们个人的趣味，它先在地具有了难以超越的局限。"这些"个人化"的体悟和对文学经典危机与确立历史的描述，并不是我们对"百年中国文学经典"存在问题的某种辩护，意在说明的是，无论是历史与现实，对"经典"理解的分歧是不可超越的，每一种理解都将带有无可避免的"偏见"。但是，这种带有"偏见"的参与，仍具有建设性的意义。对这一点，我深怀自信。

（载《光明日报》，1998年2月3日）

且慢"经典"

⊙ 丛维熙

　　上个世纪之尾，某省出版社出了一套百卷本的"经典散文"。从鲁迅先生开始，直到一代知青作家，可谓洋洋大观。笔者有幸也被编者纳入"散文经典"的百卷之一。初闻这个消息时，我已感不解，待找到那本我的散文选集时，则从不解转为愕然。我不否认自己曾写出过一些骨血丰满的散文，那只是把苦难生活涂鸦于纸上；至于它是否会成为"经典"，属于后人评说作品的专利。任何学者、编辑，都要对使用"经典"之词，慎之又慎。

　　何谓"经典"？词典里的解释为在宗教范畴内是指其教义而言，在文化范围内是指"权威性著作"而语。这并不意味着权威、名家的著作，都可纳入经典的范围之内。道理十分简单，即使是真正的"大家"，写出的文章，未必篇篇金玉，字字珠玑。因而笔者感到"经典"二字，不是当代人评定当代人作品时可以使用的词汇。文学如同酒酿一样，是需要时间的浸润和发酵的；时间老人这个最最无情的法官，它不断淘汰文字糟粕，最后留下来的才是文字黄金。因而"经典"二字，是历经时间磨砺后的产物，一切应时小卖的吆喝，或以此壮其门面者，只能亵渎"经典"这个含金量极高的词义。

　　笔者之所以将这一问题提到如此的高度来加以解析，实因时下滥用"经典"之名，已然成风。前有车辙，后有来者，皆为营销之策划者也。记得几年前曾有一套所谓的文学"百年经典"，堂而皇之地出版问世。后来听友人说，其中一位编者竟然不自量力地将自己及自己学生（文学界不知其为何许人也）的文章，也选编于其中。这真可以纳入时尚文坛"笑林广记"之中了！中国古人留下一句民谚：黄土混充朱砂。笑看其自标"经典"之行径，真可谓开创了前无古人的另一种"经典"了！

笔者认知，凡是传留至今的诗文华章，从远古的《诗经》到唐诗宋词，一直到《红楼梦》、《儒林外史》……都是以其自身的文字张力活到今天的。一切经典之作，都不是当时定位的结果，这些经典大书都是穿越了长长的时空隧道和密密麻麻的樊篱，而显示其为真正经典的。只因时尚文化中，太多了商业因子之故，一些应时小卖的东西，才被"驴球戴礼帽"般地被炒作成自欺欺人的"经典"，并滥用到了"经典"满天飞的地步。

有感于斯，笔者写下《且慢"经典"》。你可以称好作品为名篇佳作，却不可滥用"经典"之词。然否？

（载《深圳特区报》，2008年2月26日）

·诗学之辩·

诗的现代意识与社会功能

——与谢冕同志商榷

⊙ 程光炜

程光炜

谢冕同志发表在《文学评论》1985年5期上的《断裂与倾斜：蜕变期的投影》（下简称《断裂与倾斜》），以其对中国新诗发展全貌的深刻剖析，对诗的未来锲而不舍的探求精神，给了我们不可多得的启示。作者在考察了纷繁复杂的诗歌现象之后，认为，新诗自四十年代以来的长期停滞，根本问题便在于：审美价值的贬值以至消失，社会功能的渐次强化乃至趋于极端。因而，当代诗若想与世界诗潮同向发展，就必须重视诗的审美判断并淡化其社会功能。这种不无偏颇的立论，不能不引起我们的一点质疑。

《断裂与倾斜》的第一部分勾勒出了一条新诗从诞生期至八十年代初发展演变的轨迹，从而告诉我们，其诞生期即二十年代之所以有较高的成就，恰恰在于郭沫若、闻一多和戴望舒的"以对诗人主观世界的揭示和新诗格律化的刻意追求，丰富了中国新诗的艺术"。而"创造的十年过后"，"在世界性文学的'红色的三十年代'的特殊背景下，诗歌的价值判断产生了明显的变化，服务于斗争需要的价值观冲淡了乃至取代了满足精神广泛需要的审美追求"。尤其是在四十年代以后，由于理论上的强调和引导，"在诗的社会功能上是以实际斗争是否有用进行判断，逐渐形成了排它的单一的价值观"，"从而使艺术产生了大幅度的退化"。

应该有勇气承认，《断裂与倾斜》对这一漫长历史时期的诗歌运动清醒的分析，是恰切和中肯的。但让人忧虑的是，作者的阐述在这之后却出现了明显的倾斜。他认为："长期的自我封锁造成的诗歌观念的停滞，这种以封闭性为特点的诗歌的基本特征是对传统的不怀疑，重视诗的社会功能，并认定其为唯一的价值。因而，他们总是在不断变化的政治题材中谋求诗与它们的配合。他们的艺术理想是向昨天寻找楷模。这些从政治到艺术的因素把这类诗推向了极端化。"作者并由此推出《断裂与倾斜》的主旨："中国诗歌试图在新的时代里恢复与世界的对话。诗的走向世界以及使诗成为沟通人类人性与友爱的心灵的桥梁，成为现阶段新诗最重要的目标。"（着重号系笔者所加）如果，我们全部否定上述观点一定的科学依据和某些合理性，将也会陷入偏激和非客观的泥淖。这里，我们姑且不论《断裂与倾斜》无一遗留地否定整个四十年代诗歌成就的偏狭议论，已经有不少漏洞；单单就作者将已往新诗曾把社会功能过分强化的极端，又推向漠视诗的社会功能的另一个极端的做法，就觉得很有必要与其商榷了。

每一种新的艺术形式的诞生，都有其孕育、生长和发展的传统土壤。我们知道，自古以来中国文学就有一种济时的传统，一种"先天下之忧而忧，后天下之乐而乐"的责任感，中国社会也高度重视文学艺术的"兴、观、群、怨"的信息价值与教化作用。近百年来，中国社会处于急剧的变动过程之中，每个老百姓的命运，文学艺术的命运，作家的命运，即使是一篇文学作品的命运，无不与社会的变动息息相关。从辛亥革命，到新中国的诞生，从反右斗争中的痛苦迷惘，到新时期文学的深沉反思，中国现当代文学及其作家无一不充分地认识到文学的认识价值的重要性。即使是《断裂与倾斜》的作者引为文章立论依据的"五四"时期的新诗及其诗人们，也不例外。朱自清在《新文学大系·诗集·导言》中对闻一多"是个爱国诗人，而且几乎可以说是唯一的爱国诗人"的评价，就是一个明证。诗人二十年代曾写过不少如《太阳吟》、《发现》、《死水》等著名新诗，这些满含着深幽而又炽热、悲怆而又激愤的爱国主义诗情的诗篇，十分典型和强烈地表现了那个时代许多留学返国的知识分子共同的思想情绪。"五四"新诗的杰出代表郭沫若在回顾自己诗创作时也曾说："改革社会的要求，在初自然是不分质的，只是朦胧地反抗社会，想建立一个新社会。"[①]这种认识也并非为郭氏所独有，

---

① 《郭沫若选集·自序》，北京：人民文学出版社，1997年。

它乃是"五四"时期绝大多数诗人普遍的认识（不管他们是用何种艺术手法写诗）。由此可见，"五四"新诗的成就并非如《断裂与倾斜》所断言，仅仅是以"对诗人主观世界的揭示和新诗格律化的刻意追求，丰富了中国新诗的艺术"，而是彻底反帝反封建的思想空前大解放的伟大运动和诗人们对社会的责任感，诱发并导致了新诗在理论、格式、方法、技巧等环节上的现代化。郭、闻两位诗人自觉地以诗为武器，向几千年的封建思想展开猛烈攻击的斗争勇气，恰恰是我们当代的诗人们所应效法和继承的。谢文显然有意回避了这一历史事实，主观地将诗的认识价值与审美价值对立并割裂了开来。

我们再来看作为"新诗潮"代表的北岛、舒婷的《结局或开始》和《这也是一切》。细细品味之后，就会蓦然发现，它们针砭时事、关心民族前途命运的思想精髓和原始出发点，不仅与我国唐代"安史之乱"后的杜甫诗在思想认识上有着惊人的相似，而且和现代诗人戴望舒的《我用残损的手掌》、《狱中题壁》，闻一多的《静夜》在精神上也有着一脉相承的紧密联系。贯穿在几代诗人作品里的强烈的民族忧患意识显然表明，至少在重视诗的社会职能这一点上，当代青年诗人们并未让自己与传统挥手告别。他们是在更深一个思想感情的层次上，为今天这个动荡着、激动着、各种社会力量的板块急剧交错和调整着的时代而忧愤、而深思、而热烈地期待。与传统诗不同的只是，他们用象征的艺术手段将自己这种思想感受隐藏得更深，也表现得更曲折和痛苦罢了。所以，我们怎么能可以不顾这些事实，只是一味地贬低诗的社会功能呢？

希尔斯有句话颇能使我们的头脑保持清醒："把传统看作是社会前进途中的沉滓废料，这种思潮实在是现代社会所铸成的具有重大历史意义的错误。"[①]在积极的探索的进程中，有时会出现一定的摇摆幅度，但只要不偏颇到令人难以置信的程度，一定条件下的非功利的审美观照，也同样是社会精神生态平衡的需要，是一种文化素质提高的象征。这是毋庸置疑的。相反，如果用偏狭代替偏狭，用排斥社会性作为代价来进行对文学的艺术性、文学的审美功能的讲求和提倡，就容易将广阔的、充实的和充满无限活力的新诗置于少数人赏心悦目的象牙塔中。

社会体制朝着现代化的目标演进，以及相随而来的新诗的现代意识的觉醒并得以加强，决不意味着其社会功能的衰微。同样，也不会在短时期内导致"使诗成为

---

① 斯蒂芬·米勒：《往昔的准则》，《交流》，1983年4期。

沟通人类人性与友爱的心灵的桥梁，成为现阶段新诗最重要的目标"。

这是因为，任何一种艺术形式的发生和发展，不仅有其传统的艺术的土壤，而且还应有那个时代政治的、经济的和物质的基础作为前提。纯粹的文学如同纯粹的人，实在比纯金纯氧还难找到。文学反映人的生活包括精神生活，超越只是反映的延伸或变化。人是自然的人，社会的人，历史的人，民族的人。文学必然会反映出人的自然属性、社会属性、历史属性和民族属性。《断裂与倾斜》的作者出于对新诗强烈的责任感和使命感，急切地呼唤新诗走向世界的心情，我们完全可以理解，并且也是赞同的。但不免失望的是，作者的眼光却掠过当代中国的社会现实，期望新诗与现实大地脱节而有迅疾的发展（然而它只能表现为一种畸形形态）。由于这类理论的过分倡导，导致了当前不少诗作"一味的与过分的升华迹近于假、大、空。一味的与过分的沉重迹近于感情障碍心理疾患。一味的与过分细腻迹近于琐碎无聊。一味的与过分的遐思迹近于思想的苍白与空虚。一味的与过分的空灵迹近于装神弄鬼"①。人们迫切的思想和感情的需要，在诗里得不到满足，人们生活中频仍出现的现实问题（包括重大的与一般的），并由此而勾起的苦恼与欢乐、忧虑与期待，在作品中看不到充满人情味儿的和淋漓尽致的反映。结果，读者与诗的隔膜越来越深，及至他们常常怀着亲切的意绪回忆起1979年、1980年前后的那些时代感和责任感都极强的反思诗来，如艾青的《光的赞歌》、公刘的《写在大窖地》、叶文福的《将军，不能这样做》、雷抒雁的《小草在歌唱》等优秀诗作，至今读来仍令他们激动不已。这不能不算是一个值得深思的文学现象。

让我们再回到刚才的问题上来。现在，我们可以将西方社会和当代中国的现实以及人们的心理状态作一简单比较。二十世纪以来，由于西方高度发达的科学技术和工业生产，拓宽了人类的生存空间和思维空间，但也造成了不同程度的人性的异化和扭曲，以及人和人之间的冷漠、不理解。人的孤独感和颓废感，成为一种普遍的社会心理现象。在此特殊背景下，现代派文学一跃而为占统治地位的文学流派，及至波及整个欧美和其他一些国家。可见，一种文学流派的出现并非是偶然的，它有自己特定的政治的、经济的、文化的和宗教的基础。那么，当代中国的现实又是什么呢？有人将它称之为"一只脚踩在农业时代，一只脚踩在工业时代，眼睛却紧

---

① 王蒙：《社会性不是文学之累》，《光明日报》，1985年10月10日。

紧地注视着信息时代"①。事实确是如此。我国经过拨乱反正、落实各项政策，初步实现了经济的健康发展、政治局面的安定团结。随着改革的逐渐深入，人们的物质生活和文化生活也有所改观。但改革的大潮难免裹挟着泥沙，一些原有的丑恶现象又重新活跃起来，另一些封建时代遗留下来的思想如官僚主义仍然大量存在，新与旧的激烈交锋、向往未来与安于现状的两种力量的唇枪舌剑，仍然潜伏在我们社会庞大的躯体里。人们希望新诗勇敢地站出来，以真正的现实主义的眼光和声音替他们发言，与他们共苦乐，而现在并不那么急于需要"沟通"人性和友爱的心灵。试想，连最起码的人的基本的生活要求尚未得以满足，最起码的人的自尊和价值尚未被社会一致认同，一些最令人痛心疾首的丑恶现象尚未将其坚决地从生活中剪除，人民还有什么心思去作超脱于生活之外的想入非非的遐想，还有什么心情去听不痛不痒的与他们命运本身关系不大的歌唱？

　　需要指出的是，我们在这里并不想隐讳自己也同样期待中国新诗走向世界的迫切心情，也同样强烈地反对让诗返回到传统的一成不变的模式中去。问题的实质只是在于，假若我们不高度地珍视现实而是漠视它，那么，诗之走向未来、走向世界的口号，最终也不过是一种不切实际的臆想，或者说是一次半途而废的大胆而又令人惋惜的艺术尝试。因为，从古代、现代至当代的中外诗坛，有几篇伟大诗作、几许伟大诗人是绝对地与社会无涉、与人民无涉、与国家民族无涉的呢？有几多伟大的诗人与作品是不关心、不切盼社会的进步，不抨击社会弊端，不追求着人民的幸福的呢？

　　未来是变幻无穷的，生活和诗必将会愈来愈丰富多彩。新诗正在分化。诗不分化不能够适应分化了的社会生活，不能够满足日趋多样化的人们的思想需要和审美需要。今天的诗从题材上看，已大致分化为："现代诗"、"边塞诗"、"北方诗"、"工农业诗"、"山水风情诗"和"大学生诗"等等；从艺术风格上看，已分化为：豪劲苍茫的、深沉冷峻的、遐想淡远的、委婉缠绵的等等，甚至在同一类题材或风格里也渐渐产生了新的细微的分化。各种类型的诗之间并不是相互封闭的，它们正在进行着的相互交叉和渗透，正说明新诗已开始具备了多重意识。时代的开放，新诗的开放，使任何类型和风格的诗都可在这一变革中找到自己的最佳位置，而不必再去越俎代庖做自己已经不可能做到的事情。人民需要旗帜和号角，

---

　　①　屈选：《走向革命的美学和艺术》，《当代文艺思潮》，1985年4期。

也同样需要鲜花、美酒和小夜曲。所有这些令人感到鼓舞的事实都殷切地提醒我们，艺术的原野已变得愈来愈无比广阔，不可让新诗从这一个死胡伺，再步入另一个死胡同中去。

1985年10月15日初稿

1986年1月21日再改于湖北师院

（载《文学评论》，1986年第4期）

对《中国新诗总系》的三点质疑

⊙ 古远清

　　由谢冕先生总主编的十卷本《中国新诗总系》[1]的出版，是中国新诗史同时也是中国现当代文学史上的一件大事。这是前人没有做过的工作，它为中国新诗保存了丰富的史料，为新诗的典律化打下了基础，同时为中国新诗的理论建设提出什么是好诗，"好诗主义"能否实行以及能否建立"北大学派"[2]等一系列值得探讨的重大理论话题。正是为了探讨，特提出下列三点质疑。

一是中国新诗是否一定要中国诗人所写？

　　《中国新诗总系》涵盖了两岸四地诗人，这体现了编选者宽广的视野，遗憾的是清一色选的都是中国诗人的作品。其实，"中国新诗"与"中国诗人"是两个不同的概念，前者是指作品，后者是指作者。当然两者有重叠之处，如中国新诗的创作主体无疑是中国诗人，但非主体部分也有个别外籍诗人，像新加坡华文诗人王润华，祖籍广东从化，马来西亚出生，1962年到台北"政治大学"读书，与同学创办《星座诗刊》，在台北发表和出版诗集。后回新加坡教书，退休后又在台湾元智大学教了十多年书。他在这期间用中文在中国台湾发表的作品，难道不能视为中华文化和中国新诗的组成部分？

　　韩国许世旭在台湾师范大学国文系读硕士、博士学位，以后又做了《创世纪》

---

①　北京：人民文学出版社，2010年。

②　关于"北大学派"，最早是臧克家1987年4月18日与古远清通信时提及的。他认为谢冕、孙玉石、孙绍振等这些北大出身的学者，不是支持朦胧诗的崛起，就是弘扬新诗史上的现代派，已形成一个对现实主义诗派造成严重威胁的小团体。这本是一个未公诸诗坛的隐形学派，现在通过《中国新诗总系》的编辑和《新诗评论》刊物的出版，我认为完全可以堂堂正正打出这一学派的大旗。

诗刊多年的同仁，还经常往返于韩台之间，他常说"台湾诗人是我的异姓兄弟"，曾与纪弦、郑愁予、楚戈并称为台湾诗坛的四大饮者。像他这种多次参加台湾的各种重要诗歌活动，并用中文在台湾发表具有浓厚中国风味的诗作，同样可视为中国台湾新诗。台湾在编各种诗选时，均把他的作品编进去，这种做法值得大陆同行借鉴。

事实上，《中国新诗总系》已选了从台湾移居外国的美籍诗人叶维廉、彭邦桢的作品，为什么就不能选从外国移居中国台湾的王润华们的作品呢？

当然，选这类作品面不能宽。一般来说，必须符合下列条件：

1．作者在台湾上学或工作时间较长；

2．作品用中文所写且发表在台湾或中国其他地区；

3．以中国题材为主，或写外国事物在风格上受中国影响；

4．其人其作品对台湾诗坛影响大。

这类的诗人作品不会多，入选他们的作品，正可表明中国新诗作者队伍成分和内容的多元。

二是中国新诗是否一定要用中文书写？

有人认为语言是底线：中国新诗必然是中文所写，也只能用中文书写。这对大陆新诗，当然不成问题。但一到境外，就不是那么一回事了。比如台湾最早的新诗，便是用日本语所写，即追风于1923年5月创作的《诗的模仿》4首短制[①]，其中《煤炭颂》为：

> 在深山深藏
>
> 在地中地久
>
> 给地热煞了数万年
>
> 你的身体黝黑
>
> 由黑而冷
>
> 转红就热了
>
> 燃烧了溶化白金
>
> 你无意留下什么

---

① 参看向阳编著《台湾现代文选·新诗卷》，台北：三民书局，2006年。

这是月中泉翻译的。该诗显得稚嫩，谈不上是精品，但胡适的《尝试集》也不过如此。从兼顾历史影响看，此诗应入选，但《中国新诗总系》将这么重要的一首诗遗漏了。遗漏的还有1925年12月张我军自印的台湾第一本白话诗集《乱都之恋》。张我军由于时在北京，故此诗集系中文写就。当时留在台湾作者写的作品，则清一色用日本语书写，如王白渊的诗。1930年陈奇云出版的诗集《热流》，1931年水荫萍出版的诗集《热带鱼》，无不是用日本语写就。之所以不用祖国语言创作，是因为日本人统治台湾期间，全面禁止中文写作。

这里要分清"日本语诗歌"与"日本诗歌"的界线。前者是中国台湾新诗，后者是他国新诗。"日本语新诗"是指日本殖民统治体制下台湾作家用异族母语即日语书写的诗作，而不是指所有用日语书写的作品。在外来政权统治下的非日本人也就是台湾诗人无法使用母语，典型的作家有上述的水荫萍等人。他们均活跃于20世纪40年代文坛，作品多发表在《文艺台湾》、《台湾文学》等杂志上。但"日本语新诗"不限于日据时期的作品，它还包括光复后有些作家用日语创作的诗作。对这种文学的评价，不能笼统说是"皇民文学"，像巫永福写于日据时代的《祖国》，下面是开头一节：

未曾见过的祖国

隔着海似近似远

梦见的，在书上见过的祖国中心

流过几千年在我血液里

住在我胸脯里的影子

在我心里反响

呀，是祖国唤我呢

或是我唤祖国

这里洋溢着浓烈的民族精神。在日本军国主义统治下，他隔海呼唤祖灵和土地，呼唤只在梦里看见、在书本上读到的祖国，这种感情是多么真挚强烈，这种遭遇又该叫人多么心痛。他希望"东亚病夫"的日子一去不复返，坚信"睡狮"一定会咆哮。他强烈要求结束殖民统治，"还给我们祖国"。这类作品感情真挚、强烈，虽用了暗喻，但语言不晦涩。

用日本语写有语言运用不自由问题，也有"日本语诗人"与日本诗坛、祖国大陆诗坛的互动关系。当然，也不能否认日本同化政策所带来的"皇民化"问题。

和"日本语新诗"不同，台湾的"日本新诗"是专指日据时期居住在台湾的日本作家用日文创作的诗作。这是殖民地文学，是殖民地特有的文学景观，这里不再论证。

英国人统治香港期间，香港华人作家几乎不用英语写诗。澳门诗坛却有例外。它和香港诗坛一大不同是华文作家与土生诗人互补并存。

澳门新诗以华文新诗为主流，另有土生文学的存在。所谓土生文学，就是土生葡人用葡文写出的作品。长期以来，人们把土生作品看作是葡国文学的一部分，而不认为是一种独立的文学现象。到了20世纪90年代，由于面临澳门回归，大量的土生葡人将留下，因而人们才将其视为澳门历史发展过程中一个特殊族群，土生新诗由此也被纳入澳门文学的范畴。

土生葡人作品数量不多，但有影响较大的作品。如生在澳门、父亲是葡国人的李安乐，从小就梦想成为中葡诗人。他的遗著《孤独之旅》，有身世的感叹和生活不如意的烦恼。他的许多作品，反映了对大自然的热爱，对故乡的热爱，对葡国的热爱，对中国的热爱，如由葡语译为中文的《澳门之子》：

> 永远深色的头发，
> 中国人的眼睛，亚利安人的鼻梁，
> 东方的脊背，葡国人的胸膛，
> 腿臂虽细，但壮实坚强。
> 思想融会中西，一双手
> 能托起纤巧如尘的精品，
> 喜欢流行歌但爱听fados
> 心是中国心，魂是葡国魂。
>
> 娶中国人乃出自天性，
> 以米饭为生，也吃马介休，
> 喝咖啡，不喝茶，饮的是葡萄酒。
>
> 不发脾气时善良温和，
> 出自兴趣，选择居住之地，
> 这便是道道地地的澳门之子。

曾任澳门文化司长的马若龙，也是土生族群中的能出色用葡文写作的中国澳门诗人兼建筑师。他把葡国独有的文化魅力与李白诗风奇妙地糅合在一起，表现了两种不同文化的交汇和渗透。[①]

广义的澳门诗歌，便由华人新诗与土生作家用葡文写成的新诗组成。它们长期共存，互相竞争。《中国新诗总系》选诗时，无疑未考虑到澳门诗歌这种复杂情况。

三是中国新诗用中文书写是否一律要用北京话？

在大陆，用普通话写作成为主流，方言文学只在个别地区存在，其诗作难登大雅之堂。但在台港地区就有所不同，如台湾有所谓"台语诗歌"。

众所周知，台湾使用的语言除北京话外，另有鹤佬话（河洛话、闽南话）、客家话、原住民语言。台湾话通常以鹤佬话为代表，因而"台语新诗"一般是指用鹤佬话写作的诗歌。其作者不仅有林宗源、向阳等本土诗人，也有中国意识强烈的杜十三。在本土化思潮影响下，"台语诗歌"发展极快，其中有意识形态问题，更多的是艺术粗糙，不堪卒读，但也有少量好懂且有诗味，编诗选决不能对它视而不见。

至于在香港，也有方言诗即粤语诗的存在。这种诗歌，在内地学者写的香港文学史中毫无地位。其实，这里仍有精品，如慕容羽军讽刺荧屏上出现床上戏的《南乡子·咏电视》：

> 电视亦加盐，睇落当然好肉酸。晚饭一家同睇嘢，牙烟！点解有衫都唔穿？
> 孩子眼儿圆，镜头映到似摆船，到底床中人做乜？该尊，电视机前要落帘。

这里用了不少粤方言，"睇"即为看，"加盐"也是广东话，他们把色情片称为咸湿片。"牙烟"为危险，"点解"即为什么，"唔穿"即不穿，"落帘"即要用幕布遮盖起来。即便不加注解，也大体可以读懂。它虽是词而非新诗，但按这种思路追寻下去，也肯定可以挖掘出好的粤语新诗。

《中国新诗总系》的选诗标准除"好诗主义"外，另还有一把未亮出来的标尺："中国新诗以大陆为中心，台港澳新诗只是边缘。"这是用大中原心态看待台

---

① 刘登翰主编，陶里、庄文永、施议对、李观鼎等著：《澳门文学概观》，厦门：鹭江出版社，1998年。

港澳新诗。不错，台港澳之于中国，无论从地理、政治及文化的角度来看，都位于边陲。历史上的香港，也是中原贬谪之地。不过，当今持中原心态的论者，将台港澳新诗判为"边缘文学"，不是单纯指地理空间，而是包含了价值判断，即居中原地位的大陆新诗具有领导、示范作用，属第一流文学，而"边缘文学"则属"边角料"文学①。这里以优越的中原文化代言人自居，并以傲慢的态度排等级不言自明。这种心态和以地理位置来区分新诗的"中心"与"边缘"的做法，值得商榷。明显的例子是："文革"期间，当内地诗歌园地一片荒芜的时候，台港澳诗人仍坚持创作，写出了《乡愁》等优秀诗歌作品，填补了"鲁迅一人走在'金光大道'"上中国当代诗歌的大片空白，这能说它是"边缘文学"吗？在内地闭关锁国的"十七年"，台港新诗在沟通世界华文诗歌，尤其是为东南亚输送华文诗歌精品做出了重要贡献。相比之下，这时的所谓社会主义现实主义或弘扬革命现实主义与革命浪漫主义相结合的内地诗坛，不但没有成为国际文化交流中心，甚至连"边缘"的位置都沾不上。就是到了新世纪，香港仍是联系世界各地华文诗歌的桥梁和纽带。作为国际大都会对天下来客一律欢迎的做法，是在向内陆的中心文化挑战，甚至"北伐"中原，将自己的特色文化去解构内陆文化的部分结构。反观内地，由于受意识形态的牵制，设有各种各样的禁区，它无法起到香港的桥梁和纽带的作用，故笼统地认为台港澳新诗是"边缘文学"，不足以服人。

在处理境外诗歌方面，问题决不止这些，突出向题还有余光中的作品选少了，未免小看了这位完全可以与艾青平起平坐的大家，这就不在本文的讨论范围了。

（载《文学报》，2011年7月8日；《学术界》，2011年第8期；《博览群书》，2011年第11期）

---

① 以澳门诗歌为例，《中国新诗总系》第十卷只选了姚风的诗，澳门诗歌在这里连"边角料"都谈不上。

漫议

在《谢冕编年文集》座谈会上的开场白

⊙ 洪子诚

洪子诚

谢冕的"编年文集"出版和开他的学术研讨会，已经筹划多年。曾经设想过一个规模比较大的会议，吴思敬也提出由当代文学研究会和北大中文系、北大新诗研究所来合办，但谢冕坚决否定。这次的会议，他也一再提出，只是小范围的，是朋友和学生之间的聚会。他不让邀请外地的朋友、学者，觉得舟车劳顿，没有必要。北京的一些老先生，像牛汉、乐黛云、严家炎、钱理群、张炯等，也叮嘱不要打扰。会议名称原本是"研讨"，让改成"座谈"，座谈就是随意聊聊天，交换一些看法。根据他的意愿，这次会，是严肃的，也是轻松快乐的；是学术的，也是友情的。我们不设主席台，不按官职、辈分分配座位。不少人想主持这次会议，经过竞争上岗，最后由我来主持。在座的都是谢冕的朋友、学生，彼此都熟悉，就不一一介绍。虽然陈平原、张黎明、黄怒波、高秀芹他们几位，有不同机构负责人的身份，但我想，他们一定更看重和谢老师的朋友、学生的关系。

每年年底北大中文系都有辞旧迎新的团拜，都会对年满70岁和80岁的老师献上一束鲜花。去年年底，正好80岁的谢冕因为不愿意被献花，缺席了团拜会。不过，作为一种朴素也真诚的表示，一束鲜花的祝贺和感谢还是不能免的。现在，请一位年轻的女孩子，代表我们给谢老师献花。

谢冕是福州人。福建是出才子才女的地方。今天在座的陈晓明、王光明、姚丹、萨支山也都是福建人。1948年，在福州三一中学读初三的谢冕，便在《中央日报》（福州出版）上发表了散文《公园之秋》。从那个时候到现在，已经过去六十多年，换一种庄严的"历史叙述体"，也就是"跨越半个多世纪"了。20世纪40年代末，对正义、自由、光明梦想的谢冕，高中一年级报名参军。1955年从军队复员，报考北大中文系。大学的几年里，担任颇有名气的学生文学刊物《红楼》诗歌组组长，和同学孙绍振、孙玉石、刘登翰等一起，编写《新诗发展概况》，也开始为《诗刊》写诗歌批评文章。"文革"结束后，他参与当代文学研究会、新诗理论刊物《诗探索》的创办，筹建北大当代文学教研室，为当代文学学科建设做出重要贡献。1980年5月发表的《在新的崛起面前》，支持当时困难中的新诗革新运动，是"朦胧诗"的发现者和确认者。"在对文化人长时间的、覆盖性的压迫与伤害之后，谢冕竟还会这样卓然不群地立举新说，使我们隐约地感到了中国文化生生不息的内在力量，更使我们在选择入世为文的姿态时有了一个直接的榜样。"（李书磊：《谢冕与朦胧诗案》）这几十年，他在中国当代诗坛，充当了敏锐、勤勉的"地质师"，他敲叩、拍摄、化验，他报道并且预报，不只理解上升着的群山，更能理解仍在起伏的高原和平川（黄子平：《通向"不成熟"的道路》）。他坚持这样的信念："诗歌在整个国计民生的链环中，可能是微不足道的。但诗歌塑造民族的灵魂，基于此种认识，我坚持时代赋予的权力。"1982年，他招收第一届当代文学硕士研究生，就是今天在座的黄子平、季红真、张志忠。1986年，北大有了国内首个当代文学方向的博士点，谢冕是第一位被授权指导这个方向的博士生导师。让人伤感的是，第一位博士生，学问和人品都优秀的程文超，过早地离开我们。他指导的研究生，很多人后来成为著名批评家、学者和文化机构的骨干。他名下的国内外进修教师、访问学者，有近百人之多。1989年，在这个转折的重要年份，他在北大创立文学沙龙性质的"批评家周末"，标举文学对时代、对现实生活介入的旗帜，这个活动坚持十数年直到他退休。他主持的多项大型科研项目，如"百年中国文学总系"、"百年中国文学经典"和"20世纪中国新诗总系"，产生广泛的影响。我们大概都会看重他的批评文章和研究论著的价值，像《共和国的星光》，像《文学的绿色革命》，像《新世纪的太阳——20世纪中国诗潮》。可是我要告诉大家，他的散文、随笔也不应该忽视。里面有他人生的独特体验，有他在与陈词滥调划清界限，让语言焕发活力上艰苦创造的足迹。

1959年初和他一起编写《新诗发展概况》，我认识了谢冕，后来成为同事，也成为朋友。我从他那里学到很多。"文革"那些年，"了解事实比选择立场、派别更重要"——精神挫败时期的这一共识，让我们走到一起。学生时代，我就为他审美感悟的直接、敏锐折服。富于历史感的宏观视野，让他的诸多判断具有前瞻性。在细节把握基础上的充溢诗意和激情的概括力，构成他批评的重要风格。为什么能始终保持年轻心态？这缘于他不断探索生命可能性的动力。生命对他来说是具体、有血有肉的，他抵抗着将生命缩减为僵硬的"政治正确"教条的强大压力。基于自信，他不掩盖自己的缺陷和失误，"编年文集"不会只收入对自己"有利"的文字，为保存历史真实面貌他也坚持不作一字的改动。谢冕对朋友，对不同事物、不同观点，有广阔的包容之心。但正如他自己说的，他有强硬的一面："我是一个不轻易改变原则的人。"1983年清除精神污染，他是运动的重点。在中文系五院门口，他悄声但坚定地告诉我："我不会做检讨！"1989年6月10日，我电话问他，和骆一禾的告别去不去？回答只有两个字"要去"……几年前，我在一篇文章里这样谈到他：

> 以"节制"和"坚韧"来概括谢冕性格中的重要方面，应该是恰当的。他经历不少"厄运"，对待厄运，他取的态度是"坚韧"；他对自己能够独自承担拥有信心……他的生活中，又确有许多的幸福，他懂得幸福的价值，知道珍惜，但从不夸张这种幸福，不得意忘形，不以幸福自傲和傲人，也乐意于将幸福、快乐与朋友，甚至与看来不相干的人分享。

我的开场白说得太长了。下面就开始座谈会发言。要求发言的先生很多，最好每人把握在十分钟左右。当然，如果超过时间，我也不会打断他。

（载《文艺争鸣》，2012年第11期）

与当代中国诗歌同行

——在《谢冕编年文集》出版座谈会上的发言

⊙　陈平原

　　为北京大学新诗研究所"三巨头"出版文
集，是中坤集团好几年前就定下来的战略。如此
宏愿，随着12卷本《谢冕编年文集》的出版，终
于圆满达成。作为后学，我更觉欣喜。

　　2010年1月19日，"当代文学与文学史暨《洪
子诚学术作品集》研讨会"在北大举行，那时我
不在京，无缘与会聆听高见。不过，事后拜读赵
园、曹文轩等人据发言稿整理而成的文章，很是
感动。

陈平原

　　2010年11月26日举办的"《孙玉石文集》
出版座谈会"我参加了，并负责"开场白"。这篇题为《诗人气质的学者》的短
文，刊出时被擅自改题，我表示抗议，《新京报》赶快更正并致歉。

　　今天的"诗意的人生和学术——《谢冕编年文集》出版发布暨学术座谈会"，我
能够代表北大中文系及北大中国诗歌研究院，向尊敬的谢冕教授致意，深感荣幸。

　　谢冕老师的书，从《北京书简》（1981）、《共和国的星光》（1983）、《中国
现代诗人论》（1986）、《文学的绿色革命》（1988），一直到《一八九八：百年忧
患》（1998）、《论二十世纪中国文学》（1998）、《回望百年》（2009）等，我都多
少阅读过，只是因为不做诗歌研究，此处还是少说为妙，以便藏拙。更何况，我看
到了下面的座谈会发言题目，如孙玉石的《读谢冕诗学思想感言》、吴思敬的《中

国当代诗坛：谢冕的意义》、任洪渊的《谈论谢冕，就是谈论一个诗歌年代，谈论一种诗歌选择》、黄子平的《通向"80后"的路》等，明显比我专业多了。

因此，退而求其次，我就说三句话：第一，好的学术著作，不仅仅是技术活，本身必定蕴含着作者的喜怒哀乐、爱恨情仇，乃作者精神世界及日常生活的某种投射——虽说有点夸张与变形。谢老师的书，很少掉书袋，立场鲜明、快意恩仇，一如其为人与处世。无聊不读书，有病才呻吟，故文章容或粗放，但虎虎有生气。第二，谢老师在北大教书，或许被作为"学院派"看待，我则认定其学术路径，更像是追求"铁肩担道义，妙手著文章"的"批评家"。可以这么说，上世纪80年代以来，作为诗评家的谢冕先生的最大意义，不在其学养丰厚，而在其始终与当代中国诗歌同行。第三，有两种著述风格，同样值得钦佩：或觉世，或传世，二者努力方向不同，各有千秋。问题在于，好的"觉世之文"，照样可以传世。最好的例证，便是梁启超《饮冰室合集》至今仍被广泛阅读。两相比较，谢老师的立场及文风，与今日中国学界讲究精工细作略有不同，更接近上世纪80年代学界风气——冲锋陷阵，开拓进取，虽不够缜密，但有精神。

和孙玉石老师、洪子诚老师一样，谢老师也是有明显"诗人气质的学者"。甚至可以说，谢老师的诗人气质更明显，盖过了其学者的风头。很欣赏洪老师为《谢冕编年文集》出版座谈会拟定的标题——"诗意的人生和学术"。这也是我的判断，可见"英雄所见略同"。

记得那个充满传奇色彩的美国陆军五星上将麦克阿瑟，1951年4月19日被解职后在国会大厦发表题为《老兵不死》的著名演讲："老兵不会死，只是悄然隐去。"诗人更是如此，永远保留着对世界的好奇、对语言的敏感，以及对一切美好的事物的赞叹及倾慕。前些天，有机会与谢老师一起赴伊斯坦布尔参加第四届亚洲诗歌节，相处一周，深刻领会了其"诗人"气质不但没有消减，反是"老而弥坚"，发挥得更加淋漓尽致。

面对着如此"诗意的人生和学术"，我辈后学，感慨万千：凝聚作者几十年心血的《谢冕编年文集》固然值得亲近，那个无论得意还是失意、课上还是课下、开会还是游览，一路走来欢歌笑语、阳光灿烂的老教授，更值得你我钦佩与赞叹。

2012年6月24日于京西圆明园花园

（载《南方文坛》，2012年第6期）

不停的搏取，永远的诗心

——为《谢冕编年文集》出版而作

⊙ 孙玉石

　　首先我真诚地祝贺谢冕兄《编年文集》大作的出版！今天，我们在这里说，这部《编年文集》的出版是当代中国新诗发展中一件带有历史意义的盛事，应该是一点也不过分的。

　　几天前，读到谢冕兄寄上的诗作之后，杭州友人骆寒超在电话里告诉我他的一个惊讶："原来谢冕1947年就开始诗歌创作了！"当时我算了一下，那时候，谢冕才15岁！从1955年起，我与谢冕成了同窗学友。1956年，谢冕参与北大《红楼》杂志的创办和主编工作，继续发表诗作，并与张炯联名发表了那篇《千树万树梨花开》的散文，用诗一样的语言报道了北京大学"大鸣大放"思想活跃的景象。我的一组小诗《露珠集》就是在那一年经过谢冕之手在《红楼》上发表的。1958年冬

谢冕和孙玉石（右）

天到1959年夏，我、子诚、绍振、登翰、晋培等几位学友，又与谢冕一起，在《诗刊》副主编徐迟的委托指导之下，参与了中国《新诗发展概况》的撰写工作，成为一个喜欢新诗也关注新诗发展的年轻的小群体。进入新时期之后，谢冕又与绍振、子诚、登翰，成为坚定支持朦胧诗"崛起"派的代表人物。谢冕自那个时候起，一直站在代表新诗先锐艺术探索的最前沿。他以历史与现实结合，中国新诗与西方诗歌交汇，人胆突破樊篱开拓创新的眼光，顶住了来自各方面种种政治和精神的压

力，三十余年如一日，为中国新诗如何迈上迅速现代化的道路，参与同世界诗歌的接轨与对话，结出更多绚烂的果实，而呐喊沉思，奔走呼号，不余遗力地为新诗发展鼓与呼。谢冕的赤心、精诚、良知、热忱，和永不疲倦的毅志精神，为中国新诗的迅速崛起和蓬勃发展而燃烧。他是中国新诗继"五四"之后又一场革命并大胆阔步前行的坚定推动者与呼号者，不屈不挠热力四射的守望人。谢冕的文学生命与中国新诗的生命，新诗的历史，已经不可分割地联结在一起了。

想到往昔难忘的情景，凝视浸满心血的结集，除了祝贺之外，我此时更多思考的是：面对谢冕兄的如此业绩，如此道路，怎样来认识这样一个人的新诗理论研究和新诗批评文字中所隐藏的学术精神与品格特质呢？我该怎样用自己的眼睛和思考，来透视和理解谢冕，来回答自己内心深处叩问的如尼采所提出的那个命题："看哪，这个人！"

我自己的研究关注，与谢冕的学术研究时段不尽相同。对于上世纪八十年代以来当代诗歌的急剧发展和辉煌成绩，我几乎是个陌生人。就我自己隔着一些距离的观察，谢冕兄的诗学理论与新诗批评，诸多文字业绩的背后，起码可能有这样一些精神品格，是值得我们注意和学习的。

首先是激情敏锐。谢冕是一位感情型的诗人学者。他有艺术家的热烈激情，有诗人的敏锐感觉，又有学者的冷静沉思。这些特质，集于一身，成就了一个诗人型的新诗理论和新诗批评大家和学者。可以毫不夸张地说，谢冕在艺术感觉和理论气质上，有一种别人几乎很少可能具备的激情、敏锐和大气。他长期以来，坚持将自己的思考点，放在整个当代诗歌历史急剧变革和纷繁创造的大势的凝视、观察和思考之中。他能够于还在变幻莫测的复杂现实中发现诗的新的生机、发展动向和趋势。他不甘扮演新诗现象历史追随者和阐释者的角色。他总是以自己敏锐的艺术感觉，为那些新诗未来希望的代表者，哪怕还是在萌芽状态的代表者，发出最早的肯定赞扬和热情评鹭。他于诗的艺术敏锐几乎表现了超常的特质。对于富有期待性的年轻诗人，他总是葆有异常的热情。他不吝惜时间，给予他们热诚的指导，真实的批评，平等的心与心的交流对话，给他们充满诗情的鼓励，也坦率地指出他们的不足。对于诗，对于年轻诗人，葆有如此经久不息的激情，对于诗歌艺术感觉和批评分寸把握的敏感与准确，几乎成为谢冕诗学研究和诗歌批评所拥有的现实性与永久性结合的生命闪光。

其次是清醒坚守。在三十余年新诗发展瞬息万变的情势下，谢冕能有自己清醒的诗学坚守意识。面对来自多方面固守陈规潮流的直接批评和各种气候压力，他能够坦然面对，不妥协，不动摇，不退缩，不为获得某种青睐而见风使舵，也不以扮演一种姿态而沽名钓誉。他冷静地毫无奢望地坚守自己的艺术良知。面对各种新诗潮交替崛起、新理论的频繁迭出，他能够清醒地坚守自我认知的底线，始终保持一种冷静审视新诗艺术发展的客观视野和平常心态，使自己的理论思考与批评文字尽量做到如老子所说的那样："故常无欲以观其妙，常有欲以观其徼"，即努力做到将"无欲"地不为主观感情所驱使的"客观"，与"有欲"地静观"其徼"的"主观"这两种态度很好结合起来。不追随"风"也不有意炮制"风"。在新诗探索先锐的潮头浪尖中，他始终保持一个新诗批评家和理论家的先锐姿态和清醒意识。

　　再次是包容襟怀。谢冕生长于南国福州大海边的土地上。他有一个如大海一样开阔的胸怀。从大学时代里，我们曾一起编写《中国文学史》，一起撰写《新诗发展概况》，我永远记得"六条汉子"一起挤在和平街作家协会宿舍一间小屋里，自己烧煤炉，常弄得乌烟瘴气，每天一起外出吃饭，像街上的几条快乐的流浪狗一样，走进随便一个小饭馆里"打野食"。对于我们每个人写的稿子，谢冕大都是各随其便，尊重个人的见解，不加更多改动。这些年在新诗所里，在各样学术讨论和研究工作会议上，谢冕也是十分尊重大家的意见。即使在《中国新诗总系》编辑体例、交稿时间等这样十分重要的事情方面，我没有完全按照集体讨论的规范执行，也不能出席集体审稿会议，谢冕也从来没有一句苛责与不满，而是抱着十分宽容和大度的心态。谢冕这种包容和大度，自始至终，都是他的一种襟怀，一种精神。我自己如今已是垂暮之年，十余年来还愿意在北大新诗研究所这个温暖的集体里干些力所能及的杂活，参加一些学术活动，与谢冕兄这种宽大为怀的包容精神，这种理解人、体贴人的襟怀和风度，给我，给这个小集体每个人带来的包容、友情和温馨，是分不开的。

　　五十七年的同窗诗友，如此皇皇大著的出版，又适逢谢冕兄的八十大寿，想说的话很多。这里就说这些吧。最后，我想引用谢冕的同乡诗人冰心翻译的纪伯伦1926年出版的散文诗集《沙与沫》，开篇伊始的第二段里有这样一首至今引我深思让我猜想不已的文字：

　　　　我曾抓起一把烟雾，

　　　　然后我伸掌一看，哎哟，烟雾变成了一个虫子。

　　我把手握起再伸开一看，手里却是一只鸟。

　　我再把手握起又伸开，在掌心里站着一个容颜忧郁，向天仰首的人。

　　我又把手握起，当我伸掌的时候，除了烟雾以外一无所有。

　　但是我听到了一支绝顶柔美的歌曲。

　　面对面前这套厚重的沉甸甸的《谢冕编年文集》，我真真实实地感觉到，这可以说是谢冕兄用他近六十年的岁月辛劳和耕耘心血，更主要是用1978年朦胧诗争论以来三十五年多的岁月辛劳与耕耘心血，编织成的一场跋涉者的梦，一场诗国里寻美者的梦，一束沉甸甸的金黄灿烂的果实，一个留给中国新诗历史发展永远的记忆，一首交织着赞美无限创造力和生命力的美丽的散文诗。在这一团如藏着无数往事的诗人的历史掌心的"烟雾"里，我相信，我自己和我们大家，都会看到了一个为诗献身而"向天仰首"的大写的"人"，我们如同听到了谢冕用他一生心血奉献于诗的生命谱写出来的"一支绝顶柔美的歌曲"。我们也读出了站在我们中间的这样一个谢冕：不停的搏取，永远的诗心！

　　（载《南方文坛》，2012年第6期）

永远的活力

——写在《谢冕编年文集》出版之际

⊙　王光明

　　在我由衷尊敬的几个师长当中，谢冕先生的社会身份和著述是比较丰富的，他首先当然是北京大学中文系的著名教授和著名学者，有不少为学生津津乐道的讲演和著述，组织和主持过许多有广泛影响的学术活动，培养了一批活跃在当代中国学界和文坛的优秀人物。然而他同时也是一位对当代诗歌变革产生过重大影响的诗歌批评家和读者众多的优秀散文作家，他以《在新的崛起面前》为代表的一批敏锐犀利的批评文章，召唤和推动了一股新的诗歌探索潮流，而以《永远的校园》、《一百年的青春》等为代表的散文作品，由于生动揭示了北京大学"精神的魅力"，几乎成了一代又一代北大年轻学子人人捧读的圣经。此外，他还是一个美食家。

　　中国那么大，大学这样多，中国文化与文学传统如此深厚，在大学校园与中国文坛，有不少人以自己的学问或作品赢得了人们的感念和尊敬，但像谢冕先生这样同时征服了这两个领域的人确实不多。谢冕先生实际上代表了现代中国大学学者一种更丰富的身份认同。之于大学学者，知道大学以外有社会、学问以外有情怀，知道学术、文章有遣忧益世的内外意义，因而寻求知识、思想、感觉交流与共享的可能。而之于文学研究者和批评家，认同集诗人与批评家或集作家与批评家于一身的传统。

　　这当然不是谢冕先生的创举，而是现代新型大学的一种传统。谢冕先生光大发扬的实际上是"五四"时期的北大、抗战时期的西南联大不少教授践行的传统。因为自己有写作实践，对许多问题感同身受，因而能更深入地理解文本的肌理；因为有更多研究性的阅读、比较和甄别，不会只见树木，不见森林，感觉比较纯正，趣味也比较丰富。在诗歌批评界，谢冕先生的感受力是非常有名的，这不仅表现在他对萌动状态的诗歌现象的敏感，更表现在面对文本时从砂砾中发现黄金的敏锐。许多人为谢冕先生的一种能力所折服：他总能很快地在泥沙俱下、鱼龙混杂的当代写作中发现有价值的东西，通过自己的阐述显示其真正的意义和价值。另一点同样让许多人望尘莫及：谢冕先生的批评本身就是情文并茂的美文，不仅在说服人，而且能感染人。

这是一种能力，一种经长期修炼而来的眼光。但这对谢冕先生而言，与其说是一种长期的专业训练得到的本领，不如说是一种人生境界。谢冕先生爱美，他爱人世间一切美好的事物，尤其爱美景、美文、美食，简直称得上是一个猎美者和美的呵护人。我们读他《红楼钟声燕园柳》这本散文集，就会知道谢冕先生对美好事物的虔敬之心。很少见到有别的教授为自己供职的大学写过如此多的文章，而且写得如此深情，如此美好，从内心深处认同为"圣地"。当代历史处境中的北大当然不全然是美好，一个人几十年与之厮守，也会耳濡目染一些不美的东西，但临到谢冕先生用散文集的方式向北大献上自己的祝贺，他连《我只想有一个书斋》那样写个人境遇的作品也不愿收入。谢冕先生总是愿意捕捉和展现世界上美好的一面，而独自承受个人命运的不遇。因此，人们听到看到的是他富有感染力的笑声和对美好神圣事物津津乐道的评说，却很少看到在一些艰难的时刻他一声不吭、独对苍茫的神情。

这实际上是一个诗人的情怀。其实，无论在实际的意义或是象征的意义上，谢冕先生都是一个诗人。他1947年开始写诗和散文诗，而2008年汶川地震时写作的《做梦都想跳芭蕾的李月》曾是中央电视台专题朗诵会的重要诗作。20多年前我在写一篇关于谢冕先生诗歌批评的文章时，突然想到他故乡几百年前的前贤李贽，如今想来，在诗心、童心方面，真的非常相近。即使谢冕先生主要不是以诗人之名行世，但他写的不分行的文章比许多以诗歌名义发表的分行诗作，更有诗意。谢冕先生的诗歌批评，是当代中国少有的真正的诗人批评家的批评。

如今《谢冕编年文集》在北京大学出版社出版，我想这部文集将是当代中国诗歌风雨历程的见证，是作者赤子情怀的见证、思想与语言活力的见证，称得上是当代中国的诗史与心史。它让人们看到，什么是诗人批评家，什么是思想与语言的活力，什么是永葆人生和思想的青春。作者为我们树立了这样一种人生与学问的典范：不是要做权威，而是要永远保持思想和人生的活力。

2012年6月26日

（本书特约稿）

灵魂的力量

——《谢冕编年文集》（12卷）出版感言

⊙ 沈 奇

1

一个时代有一个时代的灵魂。

开启当代中国新"启蒙"历程的"1980年代"，是诗歌，是现代汉语之"新诗潮"，成为这个伟大时代及其后的历史进程中，一直作为"深度呼吸"而存在的"灵魂的力量"。

从"朦胧诗"到"第三代诗歌"，从"1990年代诗歌"到"新世纪诗歌"，在这一由无数正直、热忱而优秀的诗人、诗评家及诗歌爱好者共同熔铸的"灵魂的力量"中，始终作为"核心元素"而存在、而发挥其无可替代的关键作用的，无疑，当属谢冕先生和他的诗歌理论与批评。

2

自"新诗潮"晨光初露的那一刻起，谢冕先生就义无反顾地率先扛起"拓荒者"的大旗，一路叱咤风云，以其历史担当的激越，以其不负使命的热切，以其宽广的视野、明锐的勘察、仁厚的情怀、忘我的劳作，跨越三十余年而专注不移、热力不减、影响不衰，成为当之无愧的"灵魂人物"。

历史的幸运更在于，在拥有了谢冕这样的"灵魂人物"的同时，也拥有了由其"灵魂的力量"所激发、所号召、所聚合而团结一起的几代诗歌学人之纯正阵营，心心相印，薪火相传，携手并进，成为当代中国诗歌写作与诗学研究之信任、之凝聚、之提升、之发扬光大的"力量源泉"与"精神高地"。

3

　　"灵魂的力量"何以庞沛如斯？

　　终于，作为诗人中的诗人，30年为当代诗歌赴命、60年为当代文学赴命的"灵魂之旅"，凝结为12卷《谢冕编年文集》出版发行——这不仅是谢冕先生丰赡劳绩的文本化体现，更是谢冕先生学者之志、诗人之心的史诗般印记。

　　"灵魂的力量"之何以庞沛，12卷玉如之作、凤鸣之音已卓然见证。

　　作为文本意义的谢冕先生，集学养、学理、文章、艺术直觉和问题意识之五大要素为一身，在当代中国文坛，可谓高标独树，风范迥然。

　　而作为"灵魂人物"的文本化之魅力所在，其实更关键之处，还在于其人文一体而灌注、而激扬、而浸透于学术与文章的那一种火样的激情，那一份矢志不渝的爱心。

4

　　原本，"学问也者，乃二三素心人，荒村野店商量培养之事"（钱穆先生语）。但做当代中国文学，尤其是当代中国诗歌研究之学问，若无历史担当的激越及不负使命的热切，则难免落于皮相之识或隔靴挠痒之尴尬。

　　至少，仅就当代中国诗歌之30年进程而言，谢冕先生始终立于潮头，切身其中，同呼吸，共命运，书斋与田野相连，诗心与诗人相通，知常而明，识高行远，而在在感召于诗人、诗潮和诗歌运动。文章内外，其丰沛洋溢的人格魅力和精神魅力，更是值得后世加倍珍惜的宝贵财富。

5

　　最终，谢冕的意义，从文本到人本，正化为一个时代的见证。

　　在这个艰难过渡的时代里，有人种月为玉，而后待价而沽，换取现实的浅近功利或虚构的荣誉；有人种月为玉，再把玉种回到月光里去，润己明人而朗照天下。

　　作为诗人中的诗人，作为诗人型的学者，作为跨越当代中国文学60年的"灵魂人物"，谢冕先生为玉为月的学术生涯和诗人气质，确已是朗润四海而润己明人的了。

　　尔后，德将为若美，道将为若居，坐看云起，心烟比月齐。

　　——历史无憾，先生无憾。

　　（本书特约稿）

学 派

有关"北大派"的通信（节录）

⊙ 臧克家

远清同志：

　　因为最近《人民日报》、《文艺报》对你的著作《中国当代诗论五十家》刊出评介，我，又卧在床上，灯光之下，翻阅了关于谢冕和我那篇。关于谢的，大体不错，但我觉得，你夸他的才华、文采等方面较多，对他出尔反尔，随风转向以及他对青年指"路"的文章所引起的不良影响，批评得较少（一般青年学写诗的，千奇百怪，把诗坛弄得乌烟瘴气，受到广大读者的批评，这多少与谢的引导有关）。谢冕同志，三年前与我关系极好，《北京书简》时代，不时来拜访我，后来我看他与匡汉、匡满、孙绍振等，成为"北大派"，立论较偏，爱憎随心、随时，丁力、宋垒两同志，几年来，与他们针锋相对，甚至拍桌子。谢称丁力同志为"师"，因为丁力在老《诗刊》作编辑部主任时，谢在北大做学生，是丁力约他们写了《新诗发展概况》。我与丁、宋意见一致，友情甚深。在反自由化之后，再回头读《五十家》，总觉得有些地方不够劲。

克家　1987年3月31日

远清同志：

　　你的"五十家"，总的看来，我一直肯定而且认为较好，但立场不够鲜明。你搞文论，光凭材料不行，要懂得文坛上的各派情况，就诗而论，言简之有三四个方面：

　　（一）艾青的方面：周洪兴、周良沛、吕剑、公刘……人数甚多。

（二）"七月派"（胡风同志领导的）：牛汉、绿原、鲁藜、曾卓……

（三）"九叶"派：王辛笛、辛之、唐祈、陈敬容、郑敏……

（四）北大派：谢冕、杨匡汉、匡满、孙玉石……

我主张的现实主义（时代精神、反映生活、民族风格、群众性……），这些年同意的少，反对的多，诗风不正之故也。我没有派，但读者同意的也不少。理论方面，宋垒、丁力是同调。大体了解了，你才能看清楚评论文章的倾向性。他们绝不称"公道"，讲正歪，因为立场观点不同，甚至相反之故也。

克家　1987年4月18日下午

远清同志：

反自由化之后，极重视理论工作，改正一些不符合马列主义、毛泽东思想观点的东西。诗论，十分混乱。"北大派"的观点，我看是不行了。孙玉石在《文艺报》上发了长篇论现代派的文章，只强调艺术，对时代、政治倾向、与左联背离、离现实主义太远等情况，不谈，或少谈作者的立场、观点显然可见。昨天在一次"座谈会"上，我对《文艺报》主编提出了意见。

克家　1987年5月21日

远清同志：

文坛诗坛，情况十分复杂。谢冕、孙玉石、孙绍振，甚至匡汉、匡满、张炯诸同志对新诗看法与我有不小的距离。一是关于思想内容，二是关于表现形式：譬如，孙玉石同志最近写了一些分析（实际是赞赏）现代派诗的艺术的文章，对望舒等的诗作艺术，说得妙不可言。只谈艺术，不涉及它产生的背景，斗争形势，作用的好坏……我觉得太不全面。闻一多先生，以批评口气谈过："你（指我）不谈戴望舒，卞之琳是技巧专家……"今天，许多人吹嘘徐志摩、戴望舒，实际上，意在贬低现实主义诗歌的成绩及其影响，给现在的"现代派"鸣锣开道。你以为如何？

克家　1987年8月19日

远清同志：

你的"五十家"出得早，影响极大，但今天看来，有缺陷之处了，如对谢冕的观点批评不够，并说了他一些好处（文风），当时我曾提醒过你（见书之后）。

我对吕进和你，寄以厚望，故不时提醒一点。

好！

克家　1989年8月28日

远清同志：

……谢冕情况与湛秋不同……在许许多多座谈会上，不少发言批"反传统"、"鼓吹现代派"（内容也受到坏影响）。你在这些方面可否作些论文……

克家　1989年9月5日

诗歌的北大

⊙ 谢冕

今天我们的聚会是诗歌的聚会，北大校园因诸位的到来而充满诗歌的芳香。我们与诗结缘，是由于诗歌是文学中的精华和瑰宝，是由于它诗性地体现一个民族的心灵世界，体现这个世界的全部丰富和高雅。我们深知，诗歌不能在一个民族文化的革新与建设中缺席。它不仅是作为一种文学样式，也不仅是作为一门学问，更是作为一种精神而温润着、滋养着并且默默地影响着一个社会、一个民族以至一座校园。北大是诗歌的，诗与北大同在。

谢冕

从北大建校之初到现在，诗歌伴随了这个学校所有的岁月。我看北大校史，单以1922年为例，当年的应聘教授名单中有这样的记载：周作人先生是欧洲文学史和外国文学书选读，钱玄同先生是文字学音韵甲和文字学音韵乙，吴梅先生是中国古声律、戏曲及戏曲史，吴虞先生是诗词史、中国诗文名著选，萧友梅先生是普通音理及和声学，黄节先生的讲题只有一个字："诗"。由此可见当年北大对于中外诗歌的重视，它没有时下那样对诗歌有意无意的冷落甚而轻慢。有趣的是，在这份名单的后面，有当年应聘为讲师的、我们大家都熟悉的周豫才即鲁迅先生，他的讲题是小说史。从上面的介绍可以看出，那时的北大，几乎所有的教授的讲题无不与中国和外国的诗歌有关，而单单把小说的讲授留给了一位讲师。

到了1931年，应聘的教授名录有，马裕藻、刘复、黄节、林损、许之衡、郑奠、俞平伯、沈尹默、沈兼士、钱玄同和陈垣。从这名单可以发现，在教授的阵容中依然着重于诗的研究，而且很多研究者本身就是诗人，其中有的已经是当年新诗运动的先锋。由此联想到北大师生在创造和建设中国新诗过程中的贡献，那时他们以《新青年》和《新潮》为基地，倡导新诗革命，表现出极大的锐气和智慧。胡适先生和陈独秀先生是此中最英勇的领袖人物。北大师生以新诗人的身份，以前行者的姿态，出现在中国新诗发展的每一个关键时刻。北大于是被称为新诗的摇篮和故乡。这些事实都验证着北大与中国诗歌的亲缘关系。

我来北大的时间很晚，就我个人的经历而言，也曾亲自领略过并且沐浴着北大给予的诗歌的熏陶与洗礼。记得是半个多世纪前，游国恩先生亲自给我们讲授《诗经》和《楚辞》，他指定我们要熟读《诗经》风、雅、颂中的至少八十首。包括题解和注释在内的讲义是游先生自己做的。他还逐字逐句地为我们讲解《离骚》。在北大五年的本科学习，诗是最主要的内容。朱光潜先生和宗白华先生给我们诗歌美学最初的启蒙，王力先生的《汉语诗律学》，魏建功先生的《汉语音韵学》、林庚先生的唐诗和李白，王瑶先生的陶渊明、陈贻焮先生的杜甫，都是滋养我们成长的宝贵的诗歌营养。《全汉赋》以及《全宋诗》的整理、注释和出版，也都凝聚着北大师生的劳绩。

我们非常幸运，我们那时和健在的大师们共同呼吸和沐浴着燕园的阳光和空气，感受着他们诗意的人生和诗意的工作。北大校园当年真可说是大师云集，不仅集合了代表时代高度的诗人和诗歌研究者，而且还有阵容强大的诗歌翻译家的队伍：冯至先生、吴达元先生、闻家驷先生、盛澄华先生、田德望先生、温德先生、曹靖华先生、季羡林先生、金克木先生、陈占元先生、赵萝蕤先生……从《神曲》到《荒原》，世界诗歌的重要典籍，无不凝聚着北大教授的心血。他们是翻译家，有的本身就是诗人。

燕园为我们提供了一片丰裕的生长诗歌的沃土，一片无比广阔的诗神飞翔的天空。延续和光大北大前辈的诗歌理想，成了我们后辈学人铭记在心的责任和愿望，这就是二十多年前我们在中国语言文学研究所建立诗歌研究中心，七年前我们在北大正式成立中国新诗研究所，和今天在研究所的基础上建立中国诗歌研究院的历史动因。我们的工作得到北大校方的热情支持，学校相关部门以异乎寻常的速度批准了我们的申请。我们的工作，更得到校友骆英先生的全力支持。骆英先生是诗人，他是第一个登上世界最高峰珠穆朗玛峰，并且在珠峰顶上朗诵诗歌的中国诗人。骆英先生事业有成，不忘母校和诗歌，他不仅在物质上，更以他非凡的毅力和睿智在精神上支持了诗歌。

中国新诗研究所主持的10卷本《中国新诗总系》即将出版，30卷本《中国新诗资料汇编》的工作亦已启动，《新诗评论》已出到12期，新诗研究丛书已出版21种。新成立的中国诗歌研究院将在已经开展的工作基础上，依托北大的多学科、多语种和人才密集的学术优势，全面地开展中外古今的诗歌研究、诗歌批评和诗歌史的写作，致力于诗歌资料的整理和传播，并将有力地介入诗歌的创作、推广和出版，有效地加强国外优秀诗歌的译介和推广，加强诗歌的国际交流。我们期待着以诗歌在中国的发展繁荣，最终促进中国文化的新的发展繁荣。

感谢诸位在新学年开始的繁忙中来到北大，你们的到来是对我们的有力鞭策和鼓励。在今后的岁月中我们希望得到你们更多的支持和帮助。

（2010年9月12日谢冕在北大中国诗歌研究院成立庆典上的致辞，载《谢冕编年文集》第12卷，第106~109页）

"北大诗歌"从不成立

⊙ 涂铖

　　我不知道身边的年轻诗人们——或许可以更笼统地说"青年艺术家",但这个词总是让身份和身份的持有者变得不那么具体——之中是哪一位或有意或无意地首先意识到了"北大诗歌"这一命名的暧昧,并因而拒绝那一个单向度的自我归趋,拒绝在一个狭隘的语辞层面上将"北大"或"诗歌"说出。但我很清楚地知道:他们,我在北大的兄长和朋友们,每个人,都在努力将所有可能与不可能的方向打开,让声音走出声音的果核,把未知的天空在未名的水中释放……直到今天,直到我们已不再怀疑未名之名所能蕴藉的广阔。这实在不是一件容易的事情。

　　未名湖边,我们所拥有的酿着巨大回声的名字,实在是太多了。我在一个似乎过早的时刻便产生了惊醒和疑惑,且渐渐意识到:

　　"北大诗歌"是具有如此巨大质量的一个发声体,它聚合着必然与偶然的力,它是无数单薄的光在夜晚所寻找的心脏和肺叶。可是,它本身并不欲以那巨大的质量声言什么,让星座以被预言的姿态在它上方出现。不,它是承托夜空和这一切的泥土。而作为一种类属划分的"北大诗歌"将是危险的,构成诗歌本质的内核会被轻易地置换,姓氏将如编号一般被读出,构成金字塔的石头会被水泥的模棱两可欺

未名湖

骗……不错，一种作为局域性描述的文学类属所必须依托的基因交换关系的确存在，但在北大，这种描述又太显不够：它在精神上所寄予的无限可能性，要远远超出具体文本或语言的血统传承。

八年前初入北大的时候，我曾试图描述自己的写作与母校诗歌历史间那无可否认的联系，那强力的血统收归感受。可很快我就发现：在精神之外，诗歌和北大其实都不需要彼此的修饰。他们无须如百年前的贵族与新兴资产者一样，向对方攀附什么。而我也不想追究，在现在的文化流民眼中，究竟是谁捧附了谁（这里恐怕还涉及"知识分子写作"的问题，我同样无意细究）。

在北大，诗歌就是血液的构成成分。这，已足矣。

当然，曾经或正在北京大学的前辈诗人确实交付了我们——当代年轻的诗歌写作者——比他者更多的重物：他们的意象和修辞，固执和忠诚，更纯的水银和更烫的铜。我很难说：西川、臧棣、姜涛、胡续冬……他们没有在写作事实上影响北大校园里年轻一代的诗歌写作者。我很难说：臧棣那许多优秀的诗篇没有在他的学生那里产生直接的影响，没有渗透进那些年轻的文本，或者，没有像月球那样产生一种不可视见的、面对广大海洋的潮汐之力……可是，这些，便足以描述诗歌在北大那浸染进骨髓的状貌么？

反过来讲："北大诗歌"这个词便足以承载我们所拥有的诗歌么？

如果无法否认当代北大诗歌的某种代际关系和承继事实（事实上前者也可以被质疑），那么，这种代际关系是否构成了一种较封闭的书写系谱——以某一线索为根本的、比之类同富有更多差异的系谱？承继的事实是发生在广义的阅读与书写领域内，还是有着更为狭义而直接的、可作为象征仪式的传承行为？如果真可以把北大的课堂，把北京大学五四文学社当作一个切实地构成了"北大诗歌"的画框，我无法不去问这样一个问题：我们在今天所看到的惊人色彩与无尽星象，是这种画框式的概念所能够圈定的么！？

离开北大之外的人与他们的声音，"北大诗歌"是不存在的。

我甚至可以干脆一点说，"北大诗歌"这一定名本身就充满了无知的自负与无责任的类殖民式表达。这有部分源于二十年来外界对海子、骆一禾、戈麦等人的神话化叙述，还有一部分，则在于对北京大学切实存在的诗人和诗歌传统，对未名湖诗会和其后的未名诗歌节的历史话语处理——似乎中国高校诗歌（甚至中国诗歌）就通过这汉语世界里的只言片语获得了形式上的自足，似乎北京大学就这样无比自然地借由自己的声音建筑了当代诗歌的历时程式，甚至，似乎海子等"北大诗人"就是为了燕园的后进者作纪念而离去的……然而，我根本无从想象：如果离开了王家新、萧开愚、孙文波、唐晓渡、程光炜等等前辈诗人与批评家的声音——离开他们这许多年来的参与和帮助，未名湖水和她所藏的诗人灵魂会是什么样子？今天所谓的"北大诗歌"会是什么样子？

的确，海子、骆一禾、戈麦等人确是自北大走出的当代最优秀的汉语诗人；的确，未名湖诗会与作为其发展的未名诗歌节，是北大人为祖国语言所建筑的一座汇聚心灵的明灯之塔；也的确，那许多决定了语言的脉搏，决定了诗歌心脏跳动速度的名字，正是自北京大学五四文学社这一个小小的团体走出……

但是，作为一种拥有排外性诗学倾向的、作为自闭的类属划分的"北大诗歌"——它从不成立。

（载《诗林》，2009年第5期）

迎接"北大新诗学派"的诞生

——兼给《谢冕编年文集》挑错

⊙ 古远清

谢冕诗兄：

12卷《谢冕编年文集》虽然迟到了4个月，但还是十分感谢你。这是我整整等了30年能给我带来智慧和快乐的大书，可惜程文超老弟未能得到这份厚重的精神馈赠就驾鹤西去。1986年，他在考你的博士生前夕，曾光临寒舍切磋研讨"如何才能考上谢冕的博士生"。我跟他"辅导"了整整一个上午，内容离不开你的学术成就及其对当代文坛的贡献，他还借走了我当时拥有包括发行量极小的《湖岸诗评》在内的"谢冕全集"——你所有的单行本。

粗翻了一篇大著，总的感觉是"三真"：真实，真诚，真人。以真为镜的你竟把奉上级之命写的反自由化的"检讨"一字不改刊在书中，试图以自己的坦诚去照亮那些所谓"记忆文学"中伪造自己历史的肮脏文字，这种勇气真让人佩服和惊叹！这种检查，本是令人痛苦的一种精神自戕的语言酷刑，在大陆，年纪大一点的知识分子都经历过，或写过（包括笔者）。对这种产生在中国大陆特殊政治环境中的检查，披露出来无疑有一定认识价值，可使人了解到大陆知识分子当年如何没有独立人格，被迫用这种"语言酷刑"去拷打自己的灵魂，去换取自身的人身自由。

在这个讲真话极其困难的年代，你毫不掩饰自己所走过的漫漫风霜冰雪路，其崇高境界让人联想到王国维的一句诗："偶开天眼觑红尘。"不瞒你说，我曾不无神秘自豪地向别人炫耀，我不仅收藏有某文化名人有关"文革"期间写大批判文章的交代，而且有你老兄清除精神污染运动时的检查文本，也就是"文集"所注明的登在北大校刊上你答记者问的复印件。现在有了你这本"文集",我这位"文学史料专家"的"秘藏"也就变得一文不值。当年曾有人建议我把你这个所谓"检查"送到潘家园卖个好价钱,看来这个美梦破灭了。但我不甘心破产,想另觅财路改行做"谢冕佚文搜集专家"。可一想到年逾古稀后,我这位"老古"已升级为"古老",恐怕是力不从心矣!

我在上月福州召开的第十七届世界华文文学国际研讨会茶叙时,曾向你许愿收到大著后一定要挑出你的毛病,为兑现诺言,现把用放大镜挑到的十处开列如下——不过,有些属手民所误,有些则是建议而已:

一是六卷271页"最早成立的诗刊"应为"最早创立的诗刊"。说台湾蓝星诗社成立于1954年6月,其实应为同年3月。"1956年1月15日,现代诗社宣告在台湾成立",这里的"现代诗社"应为"现代派"。

二是十二卷529页说1997年访问南洋大学,应为南洋理工大学,因南洋大学已于1980年关闭。

三是十二卷377页注1引用辽宁大学出版的《现代台湾文学史》的资料称:叶珊即杨牧是"创世纪"诗社早期成员。其实,叶珊在《创世纪》刊物上发表作品是作为该诗社票友出现的。这时他和余光中过从甚密,作品也常在《蓝星》发表,诗风更与"蓝星"同仁靠近,但他也从未加入过"蓝星"诗社。在意识形态上,作为诗坛游侠的他心仪的是"创世纪"却又不属于"创世纪"。这点在张惠菁著的《杨牧》书中有明确的说明。

四是十二卷376页注2台湾诗人白秋应为白萩,注6蕈红应为敻红。574页倒数5行"稿冕"应为"谢冕"。同卷530页倒数第一段"由谢主编",应为"由谢冕主编"。该书大事记许多地方将谢冕简称为谢,但此处谈的是著作权,故应署全称谢冕,以便和下一句"孟繁华任副主编"相对应。七卷87页倒数3行台湾诗人"林耀德"应为"林燿德"。五卷彩色插图第3页文字说明"林燿德"应为"林燿德"。

五是六卷272页9行末尾在论及纪弦《现代派六大信条》后面不妨加注,可为"两岸文学交流史"增添一段文坛轶话:1997年冬季在台北出版的《创世纪》,在卷首重刊纪弦写于1956年的《现代派六大信条》,末尾有"爱国、反共"的内容。重刊时并未说明系转载。后来《创世纪》在1998年春季号封面二刊出《本刊启事》,郑重说明六大信条"非本社创刊宗旨",转载是为了"引述当时(20世纪60年代)台湾现代诗与现代艺术发展的时代背景。"大陆"艾尚仁"大概未看到此启事，就是看到了他也可能不知道"现代派"是怎么一回事，便一口咬定《创世纪》在1990年代仍是反共刊物，于是在1998年9月出版的《文艺理论与批评》著文《谢冕诸君应有个说法》，质问谢冕等九位大陆社务委员是怎样与这个"反共刊物"取得联系的，为该刊做了什么工作。大陆毕竟处于改革开放的时代，不再实行以阶级斗争为纲，故北京大学校方了解到《创世纪》是认同"一个中国"的刊物，该刊对转载他人的"爱国、反共"的内容作了公开澄清和"更正"，且谢冕本人并未参加任何实际编务工作的事实真相后，并没有给谢冕任何处分。（此段文字见拙著《海峡两岸文学关系史》，厦门：福建人民出版社，2010年，第263页；台北：海峡学术出版社，2012年，下册498页）

六是八卷彩色插图第4页文字说明"1990年代在香港岭南学院"，应为"1993年夏在香港岭南学院"。我当时有幸应梁锡华的邀请与你及严家炎一起到该校客座，故记忆清楚。那时还经常和你从摩利臣山道坐大巴下山买菜，你还在车上和我说"我现在学会了省钱"呢。

七是十一卷彩色插图第2页文字说明"由左及右为谢冕、方明、痖弦、陶然、蔡其矫"，此女"方明"后应加"（大陆）"，因为台北也有个方明，此男"方明"名气还不小，如今成了《创世纪》的发行人。本来也可以不加，但照片中已有台港作家尤其是有《创世纪》的原发行人痖弦，故非注不可，不然人们会认为方明变性了。

八是十一卷116页注"据文稿编入"，亦可改为"据2007年2月12日《文汇读书周报》或《当代文学研究资料与信息》2006年第3期编入"。这不是你一稿多投，而是我为推销自己的著作"出卖"你。为了扩大拙著的影响，我还擅自把你给我写的这篇《中国当代文学理论批评史》序言《书写作为一种责任》，另在2005年12月出版的香港《作家》月刊刊登，记得我还面交稿酬港币给你，你当时说怎么有这么多。刊物也曾寄你。你在境外刊登的文章在"文集"中肯定有遗漏，这是搜集你的"佚文"可以大展拳脚的一个领域。

九是书信收入得太少。书信本是最温柔的艺术，它最能窥见作者的人品与文品。看来编者并未广泛征集，像我手中就有几封你给我的手写信。在我跟余某打官司期间，《中华读书报》记者采访了北大众多名教授，均不表态，而你是第一个站出来支持我的人，使我深受感动。正是这个原因，上海诗评家孙光萱曾将你致他关于如何看待余某人现象的一封很有价值的信转给我。现光萱兄已于2012年11月4日作古，我所藏的也许就成为海内外的孤本。不过，这个孤本我不会让它在拍卖市场流浪，等你编第13卷《佚文集》（有这个计划吗？如无，先将你一军！）时再完璧归谢。

十是后面缺乏人名索引和篇名索引。我知道你为文的风格不喜欢那些繁文缛节的所谓学术规范尤其是在论文后面的长长注释，但这是多达12卷的"文集"而不是单篇论文啊。

在无错不成书的年代，"文集"的错漏还是少之又少的。有时我打着灯笼去寻找，竟一无所获。我"恨"你的学生高秀芹和老友刘福春，怎么会把你的"文集"编得这样近乎天衣无缝，使我这个爱找碴的人差点失业。不过，你别高兴得太早，"文集"我远远来不及仔细读完，你就等着我这位被你的学生张志忠称之为牛虻式的人物再给你挑刺吧！

我是头一个写《谢冕的评论道路》的作者，发表在上世纪80年代很活跃的《批评家》杂志上。虽然写得很拘谨，受到丁东的反弹，但毕竟是"谢冕研究史"（如果有这个"史"的话）上的初试啼声。此文收入拙著《中国当代文学理论批评史》时，已作了修改。从我多年追踪你的评论足迹看，我朦胧地觉得有一种"北大新诗学派"的隐形存在。无论是当年支持朦胧诗，还是后来成立新诗所出版《新诗评论》杂志，编撰三位学者的文集和《中国新诗总系》，所做的是一种为建立"北大新诗学派"的铺垫工作。你们低调从不肯承认，可这有臧克家给我的68封信中其中9封有关"北大派"的内容为证。既然你们圈内人只做不说，那就由我这个圈外人来写一篇《寻找"北大新诗学派"》的文章吧，内容分为：建立新诗学派的困难和可能，"北大新诗学派"的出现及其背景，"北大新诗学派"的主要成员及其治学特色，"北大新诗学派"对当代诗坛的贡献及局限。

为使"北大新诗学派"早日浮出水面，建议北京大学出版社编一套"北大新诗学派研究丛书"，第一本不妨叫《谢冕评说三十年》，编选时可以把虽不是"文坛恶棍"但肯定是"文坛恶人"韩石山"骂"你的文章一起收进。一位学者或作家的光芒，不能光靠赞美诗去凸现，也要靠不同文见作者的"讨伐之声"去衬托。我编《余光中评说五十年》时，就把李敖、陈鼓应对余光中大粪浇头式的攻讦收在书中，这丝毫无损余氏傲视文坛、屹立不倒，像一座颇富宫室殿堂之美的名城屹立在中国当代文学史上。"北大新诗学派"不是同乡会，因而编这套研究资料选时，不应遗忘当年被北大"放逐"的孙绍振及虽不出身北大但如今成为"北大新诗学派"

守门人之一的吴思敬。对这套研究丛书，我热烈地期待着，但愿下次见面时你能给我惊喜。

　　祝诗安！

古远清　2012年11月11日于武汉

　　（载《文学报》，2012年11月29日；后收入古远清著《台湾文坛的"实况转播"》，台北：秀威科技公司，2013年）

附：谢冕、洪子诚致古远清

远清兄：

　　刚从西安、汉中回来，知道你收到文集了，很是欣慰。谢谢你的挑错，相信还可能挑出许多。谢谢你的肯定，我们坚持了，但是还有未能做到的。我们会更加努力。

　　文集完成后，想到的和发现的遗漏还真不少，我兄若能在"补遗"上给以助力，实是盼望之至！

　　顺祝文安！

谢冕　2012年11月15日

远清兄：

　　你的挑错很好。12卷的文集，他们虽然做得很用心，但还是难免出现一些差错，有的是校对上的，有的是谢冕记忆有误。

　　你说的"北大新诗学派"，好像并不存在。记得前些年在座谈"中国新诗总系"的会上，你也有这个提法，当时孙玉石老师就坚决不同意，认为根本不存在。但对这个事情，我们当事人其实不必多嘴，由评论家和文学史家评述就可以。我的看法是，北大谢冕、孙玉石、我对诗歌研究还是有兴趣，也比较重视史实和理据，另外，年轻一点的吴晓东、臧棣、姜涛他们在这方面也做了许多工作，许多比我们做得好。大概就是这样。你的挑错，说十二卷376页注2台湾诗人白秋应为白萩，注6荜红应为琼红。"琼红"似乎应该是"夐红"。

洪子诚　2012年11月16日

远清兄：你好!

　　我以为你有新指示呢，结果没有。去年我在外面跑疯了，坐不下来。因此你的高见没能回复，惭愧! 你挑错，我欢迎，有错就改。你说"北大派"，那是臧老先生的抬举，同人等愧不敢当。此话由古兄你来说，当然无碍的。我们北大的朋友，只是趣味相近，无心于立派，即你说的"低调"。不知尊文发表后，外间有何评说? 闲时盼示知一二。

　　顺颂安康!

谢冕　2013年1月13日

"北大新诗学派"在何方?

⊙ 曹天歌

古远清是一位敢向名人挑战有锋芒的批评家。在《谢冕编年文集》一片叫好声之际,他在《文学报》上发表《迎接"北大新诗学派"的诞生——兼给〈谢冕编年文集〉挑错》的文章,文笔幽默风趣,做到以理服人,完全不似"文坛恶人"韩石山尖酸刻薄,保持了学者应有的风度。

提起"北大派",现任《文学报》"新批评"专刊的特聘编审韩石山有可能火冒三丈。上世纪末,当谢冕等人联手编了两本内容不完全相同的"百年中国文学经典"时,一点也不饶人的韩氏从中发现了漏洞而向北大举起投枪,写了连标题均很有杀伤力的《谢冕:叫人怎么敢信你》,引起"谢家军"的公愤,在一家不起眼的杂志《东方文化周刊》抛出"集束手榴弹"围剿"恶人"韩石山,其中火力最猛同时也写得很有学理性的是谢冕的大弟子孟繁华。

古远清所讲的"北大新诗学派",源自臧克家1987年4月18日给他的书简。在香港文学报出版公司2011年出版的《古远清文学世界》中,臧克家还有多封信谈及"北大派"问题,并补充了孙绍振、刘登翰等人。无论是哪一封信,臧克家所说的"北大派",均有很大的随意性,比如与"北大派"并列的"艾青的方面",其成员不论是周良沛,还是遗漏了的晓雪、骆寒超,文艺观点均不一致,彼此也没有往来,只不过是写过研究艾青的论著而已。因而所谓"艾青派"(尽管臧氏本人未用派字),其实是艾青研究者名录。

至于臧克家谈及"北大派"时,不用引号,似乎非常肯定。他开列的"北大派"名单,倒也很有点像派(宗派?学派?),其成员皆北大出身,观点也比较一致:不是弘扬现代派就是支持朦胧诗,其中骨干成员"匡汉"即杨匡汉,是一位有建构诗学理论体系雄心的学者,且很新潮很现代,可后来他在《文艺报》上发表批判徐敬亚的文章《评一种现代诗论》，如果臧老当时看到了，也许会引为知己呢。"匡汉"的胞弟"匡满"，以创作著称，佳作不少，其诗风却不能简单地以现代派概括，他的诗论主张在诗坛上也无多大影响。

古远清从"北大派"引申出"北大新诗学派"，这其实是缩小了谢冕们的文学成就。谢冕、洪子诚有不少不是以诗歌为主的著作，在学界影响巨大。如果把这两人定位为诗论家，那就低估了他们对当代文学的重要贡献。如果恢复臧克家讲的"北大派"，那似乎应把不是研究诗论著称的钱理群、黄子平等人包括进去。不能说北大中文系鱼龙混杂，但那里"龙"不少，像远离庙堂的钱理群，也是一位可当龙头的人物。他以研究思想史为人所瞩目，不似谢冕、孙玉石、洪子诚主要以纯文学研究为主。另一"青年级"龙头人物黄子平去香港后，在如何看待"九七回归"对香港文学的影响上，曾在1997年举办的首届香港文学节上，发表《"香港文学"在内地》的论文，毫不留情面挖苦急于编写类似所谓"文学驻港人员手册"的杨匡汉、孟繁华。可见无论是"北大派"还是"谢家军"，有激进与保守之分，有庙堂与广场之别，均不是铁板一"派"。

总之，古远清的文章没有将"北大新诗学派"的内涵及外延讲清楚。之所以讲不清楚，不是古远清缺乏理论功底，而是因为巧妇难为无米之炊，正如"北大派"另一成员孙绍振所说，当下的北大中文系大滑坡，需要强有力的人去"摇醒"她，现有的学术体制也不利于建立学派。想当"文学造山运动"预报员的古远清太过超前，要知道，"北大新诗学派"远未成型，或曰那只是一个理论群体，还未构成学派。连当事人都坚决否定古远清的说法，故所谓"北大新诗学派"云云，究其实是子虚乌有的东西。

（载《文学报》，2013年2月21日；另载古远清《台湾文坛的"实况转播"》，台北：秀威科技公司，2013年）

"北大新诗学派"的横空出世

——答辩《"北大新诗学派"在何方？》

⊙ 古远清

《"北大新诗学派"在何方？》（载《文学报》，2013年2月21日）有云："古远清的文章没有将'北大新诗学派'的内涵及外延讲清楚。之所以讲不清楚，不是古远清缺乏理论功底，而是因为巧妇难为无米之炊。"又云："那只是一个理论群体，还未构成学派。连当事人都坚决否定古远清的说法，故所谓'北大新诗学派'云云，究其实是子虚乌有的东西。"下面算是对此文的答辩。

"北大新诗学派"在文学史中缺席

在中国新诗版图中的"北大新诗学派"，当下出版的数种中国当代新诗史或文学批评史中，均未有人注意到和论述过。它之所以在文学史中缺席，还未引起当代文学研究家的重视，不是"巧妇难为无米之炊"，而是他们个人的成就遮蔽了学派的光芒，此外是许多人对"北大新诗学派"认识不清，对这个学派的贡献不甚了解。另一方面，"北大新诗学派"成员低调，从未明确地打旗称派，这对那些动不动就给人戴流派高帽的文学史家，自然缺乏吸引力。

"北大派"（或曰"北大新诗学派"）的发明权属于臧克家。在上世纪80年代、90年代臧克家致笔者的68封信中，有9封谈到"北大派"，本人为此写过《迎接"北大新诗学派"的诞生》（载《文学报》，2012年11月29日）的文章，但该文只是提出问题来不及详细论证。现在我要强调的是："北大新诗学派"绝不是曹文说的"子虚乌有的东西"，而是一种客观存在。正是有谢冕、孙玉石、孙绍振、洪子诚、杨匡汉、刘登翰那几支健笔，在新诗的天空中不停地挥洒，才将"北大"的名字庄重地写进了中国当代新诗史中。

"北大新诗学派"的成员

"北大新诗学派"是属君子之交"不党的一群"。

他们未曾结社，当然也就谈不上"票选"社长，更没有通过什么社纲，发过什么宣言。他们社性极低，其成员有一定的流动性。

早期有撰写《中国新诗发展概况》的"团队"：谢冕、孙玉石、孙绍振、刘登翰、洪子诚、殷晋培。中期殷晋培的坟木已拱，可喜的是有常与谢冕同在诗坛进出的杨匡汉加盟。只有诗翁没有诗媪的"北大新诗学派"，虽然生态略有瑕疵，但一直到新世纪，谢冕、孙玉石、洪子诚这些诗翁依然对新诗专一和赤忱，他们在永葆着学术青春，而生气饱满、元气淋漓的吴晓东、臧棣、姜涛在评论的师承上难免和老一辈有相异之处，彼此的研究领域也不尽相同，但他们之间关系融洽和谐，合作得非常愉快，从没有人以前辈或新生力量自居，不像"后崛起派"互不买账，冷战时弛时张，常常出现争斗那种毫无诗意可言的局面。

阵容不断壮大的"北大新诗学派"当然不是同乡会，并非北大毕业但现今和北大新诗所关系非同一般的首都师范大学文学院两位教授，也应视为"北大新诗学派"的成员，如成了"北大新诗学派"守门人之一的吴思敬。在朦胧诗那场冷静而热烈的论战中，如果说谢冕、孙绍振充当主帅，那吴思敬就是急先锋。他们是一个战壕的战友，后来吴思敬又帮谢冕长期主持引领诗歌变革潮流的《诗探索》工作。在北大进修过的王光明，其观点主张均和"北大新诗学派"一致，他的代表作有《艰难的指向——"新诗潮"与20世纪中国现代诗》、《现代汉诗的百年演变》。

如果再把北大出身的江枫、沈泽宜、杨匡满算作"北大新诗学派"成员，那他们谈笑多鸿儒，这正有助于激荡文思。他们的魅力来自于未名钟声燕园柳和柳树下结出的硕果。他们支撑奋斗了几十年，可喜的是从未形成只有招牌没有"营业"的状况，更未沦为党同伐异的宗派或帮派。他们选诗只看作品美不美而不是以朦胧为唯一标尺，颇有大植物园作风和"欧盟"的气象。

"北大新诗学派"的成因

"北大新诗学派"的形成，首先是靠"地利"，外加"师承"和"问题"。

这是一种"地域性学派"，缩小一点是和剑桥学派相似的"院校性学派"，其

"社址"坐落在北京未名湖畔。

"北大新诗学派"不仅是如浙东学派、皖派一类的"地域性学派",而且是一种如阳明学派、太谷学派一类的"师承性学派"。作为中国新诗摇篮的北大校园,书香悠远,文脉昌盛,开办之日起就充溢着诗的芬芳。从建校初期起到后来,北大师生在创造和建设中国新诗过程中做出了巨大贡献,那时他们以《新青年》和《新潮》为基地,倡导新诗革命,表现出超人的锐气和智慧。该校先后拥有吴虞、黄节、陈独秀、胡适、俞平伯、沈尹默、钱玄同、朱光潜、王力、何其芳、林庚、王瑶、魏建功、游国恩、陈贻焮等众多诗词研究专家。诗歌翻译家的队伍则有冯至、吴达元、闻家驷、盛澄华、田德望、温德、曹靖华、季羡林、金克木、陈占元、赵萝蕤。其中胡适的《尝试集》被公认为是新诗的初试啼声。

文学事业,是一项传承的事业;学派建立之路,是长江后浪推前浪的漫漫长途。非常幸运的谢冕们,不仅沐浴了"五四"文化重镇众多学术大师的思想光辉,又幸得当时云集的新一辈学界大家的熏陶和扶助。他们和大师们共同呼吸燕园的清新空气和未名湖畔的草香,感受着何其芳们的诗意人生和人生的诗意。正是在燕园的诗歌沃土上,谢冕们承接了以胡适为代表的北大诗歌传统,其书写的"崛起论"体现了对"人的解放"的呼唤,由此把舒婷、顾城、北岛的诗直接与"五四"新诗运动挂钩,并把新诗潮的兴起看作是"五四"诗歌传统的复归。不断进取永不停止开拓的谢冕们,在理论日益被修剪得划一整齐和理论群体不断被体制"收购"的情势下,另创立了一个颇令文坛侧目的"北大新诗学派",在中国当代文学天际中横空出世。

"北大新诗学派"又是如新儒家学派、无奴派一类的"问题性学派"。他们着重研究的是历史与现实如何结合,中国新诗如何与西方诗歌交汇;如何处理"横的移植"与"纵的继承"的关系,如何将文学史的描述者与文学史的参与者叠合,如何将学术理性与诗性话语融为一体。至于什么是好诗,在他们倡导的"好诗主义"中有充分的说明。

需要说明的是,上述地域性、师承性、问题性三者互有联系,它们之间的划分绝非井水不犯河水。

"北大新诗学派"的三部曲

据笔者的观察,"北大新诗学派"的经历有三部曲,用谢冕自己在《迎接新世纪祝辞》中的话来说是"获得自由、失去自由、最后又重返自由"。这三部曲生动地画出了谢冕们追求、失落、再追求的鲜明轨迹。

"北大新诗学派"就是在这种类似圆圈的环形中并非重复地前进着。

具体说来，该派的形成大略分为三个阶段：

一是奠基期。

1959年，《诗刊》副主编徐迟约请还在读大学的谢冕等人撰写《中国新诗发展概况》，被称为中国第一部新诗史的这些系列文章虽然显得青涩，但这些不成熟的实践，锻炼了他们掌握资料然后进行抽象思考并提炼、概括论点的能力。这是他们从事诗歌评论的开端，为他们以后成为著名的诗歌评论家和新诗史研究家奠定了基础。

这是一个喜欢新诗也密切关注着新诗发展的年轻小群体，"北大新诗学派"在上世纪60年代算是"小荷才露尖尖角"。

二是成熟期。

在上世纪80年代初开展的朦胧诗大辩论中，"北大新诗学派"的成员以陈寅恪的"自由之思想，独立之精神"为座右铭，旗帜鲜明地支持新诗潮的崛起。

三个"崛起论"，有两个是北大学者写的，即谢冕的《在新的崛起面前》和孙绍振的《新的美学原则在崛起》。

孙玉石虽不研究当代诗，但他在《文艺报》发表的有关现代诗史上现代派的研究论文，从历史的角度印证朦胧诗的继承性与合法性。此文有强烈的当代性和针对性，致使臧克家强烈反弹，认为《文艺报》发表这类文章犯有导向性的错误。

刘登翰1980年写过一篇《一股不可遏制的新诗潮》的论文，较早提出"新诗潮"这个概念，也涉及了"崛起"的一些理论问题，在南部和北方的谢冕相呼应。

正因为谢冕们在当代文学领域形成了一股不可小视的力量，故引起那些守旧派的恐慌。他们在"庙堂"的支持下，对"崛起论"进行围剿和政治审判，并剥夺他们反批判的权利。审判的结果和他们的愿望相反，"崛起论"越批影响越大。

这是"北大新诗学派"在当代文学批评史上所谱写的最辉煌的一章，其中谢冕、孙绍振的文章已成为了解中国当代文学史的必读文献。

三是丰收期。

据《辞海》解释，"学派"一词的英文为"school"，它与英文"学校"同音异义；德文为"schule"，法文为"e'cole"，皆源于希腊文"skhole"一词。希腊文"skhole"一词的本义为"踌躇、阻止、抑制"，引申义为"空闲，闲暇"。当年古希腊贵族和男性自由民以拥有大量的"闲暇"为荣。

现今的谢冕、孙玉石、洪子诚走过"后中年时期"后，同样是时间的富翁。这几位诗翁告别杏坛以来，生活淡定，心情趋向平和安稳。他们再也不用上课，不带研究生，不用开名目繁多的与学术无关的会议。在人生的深秋，他们没有一个颓唐，没有一个落伍，没有一个遗弃缪斯。不打麻将也不跳舞的诗翁们，努力扩充新诗的研究领土，用科学研究的方式消遣时间延长生命，尤以相互讨论学问和著书立说为时尚。2005年成立的北大新诗研究所和在此基础上扩充的北大诗歌研究院，是这些另类的"70后"、"80后"大展拳脚的舞台。

他们除出版《新诗评论》16辑、新诗研究丛书20多种外，另出版有"三巨头"的皇皇几十卷的个人文集和用"好诗主义"及"时代意义"综合考量编选的10卷本《中国新诗总系》，30卷本的《中国新诗资料汇编》也在紧锣密鼓的编撰中。

"北大新诗学派"的代表作

唐人虞世南有句云："居高声自远，非是藉秋风。"北大诸君子勤于发声，而且又"秋风"劲吹，所以影响自然比其他派大。这影响主要靠自己的代表作。

在这方面，韩山石在那篇名噪一时的《谢冕：叫人怎么敢信你》中说谢冕"职务不低，著述上是差了些，至少没有一本有分量的学术专著"，这未免小看了谢冕。

谢冕自20世纪50年代开始中国新诗史和新诗理论的研究，尤其钟情于中国当代诗的理论批评。他于1980年在《光明日报》发表了分量绝不亚于专著的论文《在新的崛起面前》，引发了关于新诗潮的广泛关注。谢冕对推动中国新诗的发展，产生了积极的影响。谢冕的理论批评建立在深厚的人文关怀基础之上，他坚持社会历史批评的视点，倡导建设型而非爆破式的理论批评立场。

在出成果方面，且不说谢冕领衔主编的12卷本《百年中国文学总系》、10卷本《中国新诗总系》，是"北大派"对文学史的深度把握，国内鲜有出其右者，不愧是北大学人学术实力的漂亮展示，单说个人方面，谢冕坚守严肃认真的学术精神，著有《共和国的星光》、《中国现代诗人论》、《文学的绿色革命》、《地火依然运行》、《新世纪的太阳》、《论二十世纪中国文学》。

"北大新诗学派"的"三驾马车"各有千秋,有着不可重复的精神指归和学术个性。如果说谢冕以创新取胜,那孙玉石就以严谨著称,洪子诚以厚重见长。孙玉石的研究融历史、审美、史料与考据于一体,著有《〈野草〉研究》、《中国初期象征派诗歌研究》、《中国现代主义诗潮史论》、《中国现代解诗学的理论与实践》。重视感受力、想象力、表达力的孙绍振著有《文学创作论》、《当代文学的艺术探险》、《新的美学原则在崛起》。为当代文学学科建设做出了骄人业绩、作文有如老吏断狱的洪子诚,著有《中国当代文学史》,另和刘登翰合著《中国当代新诗史》。以理性反思和诗学考辨为人称道的杨匡汉,著有《中国新诗学》,并主编《20世纪中国文学经验》。上世纪80年代中期以后转向台港和海外研究的刘登翰,已淡出内地诗歌评论圈子,但并未离开诗歌,只是转向台湾和香港诗歌的研究,主编有《台湾文学史》、《香港文学史》。以其智慧和坚韧一路走来的吴思敬,主编《20世纪中国新诗理论史》、《中国诗歌通史·当代卷》,另独著有《心理诗学》、《诗歌基本原理》。

"北大新诗学派"的贡献和局限

"北大新诗学派"成形于新时期,得力于这一时期的思想解放运动。但这一学派形成后,反过来推动新时期文学的发展。谢冕们高扬的"崛起论"、合编的百年文学经典引发争议,"北大新诗学派"对新时期文学有巨大的冲击力由此可见一斑。这一群视文学为庄严使命的学者,为当代新诗的发展做出了下列贡献:

一是他们和其他的诗人、学者一起打破艺术禁锢,开垦出一个多元共生的新诗生态。本来,上世纪80年代初是新旧文学观激烈碰撞的年代,谢冕们这时对抗"左"倾文化专制语境,大力支持朦胧诗的兴起,引领以现实主义一统天下的时代向文学现代化迈出了可喜的第一步。

二是出版了《百年中国新诗史略》一系列的"砖"著。

三是在学科建设和培养新人方面成绩斐然,如谢冕参与了北京大学中国当代文学的学科建设,在他的影响下,建立了北京大学中国当代文学的第一个博士点,他也就成为该校第一位指导当代文学的博士生导师。自1981年起至2000年止,先后有十余届硕士、博士及博士后在他的指导下毕业。在此期间,谢冕还接受了指导国内外的高级进修生和高级访问学者的任务,先后达一百多人。1989年起,谢冕在北大首创"批评家周末",以学术沙龙的形式定期研讨中国文学和文化的重大或热点问题，坚持十年不辍。

四是"北大新诗学派"具有鲜明的新潮意识，在引领新诗变革方面做出了重要成绩，尤其是以"谢氏文体"开创了一代评论新风。

五是"北大新诗学派"坚持精神高地，为年轻的一代树立了人格的典范。如谢冕严于律己，宽以待人，对别人的批评不为文回应，表现了一种宽阔的胸怀。至于对个别人别有用心的辱骂，也不气急败坏，不暴跳如雷，更不对簿公堂。他和余光中一样，面对连天炮火，不搞"巩固国防，扩充军备"，只想"提高品质，增加生产"。

"北大新诗学派"也有局限性，具体表现在《中国新诗总系》有严重的大陆本位主义，一致把台港澳新诗视为"边缘"，在整合分流的两岸四地新诗时就难免捉襟见肘。他们低估了诗文双绝、中西学问皆好的余光中的艺术成就。在《中国新诗总系》第8卷中，台港澳各选一人，这种"边缘"变成"边角料"甚至连"边角料"都算不上的做法，很值得质疑。这种忽略，好在有刘登翰的"补救"，他和洪子诚合著的《中国当代新诗史》，第一版有台湾诗歌一卷，修订版又新增了香港和澳门诗歌。

"北大新诗学派"的驳论

或曰"这是一个理论群体而非学派"。其实理论群体和学派很难分清。经济学的芝加哥学派既是一个群体，也是一个学派。没有群体就没有学派。不过学派比群体更具凝聚力，君不见，上世纪80年代三大新诗理论群体中的"传统派"如今已自行解体：陆续走了丁力、闻山、尹在勤，后是哑了宋垒，李元洛则转向古典诗词研究，"上园派"诸君子也不再在诗坛共进同出而星散，而不仅是群体而且是学派的"崛起派"其幸运就似台湾的"创世纪"诗社一直聚而不散。由于他们具有高度的理论自觉，更有自己的学术主张与特色，所以才能发展成"北大新诗学派"并坚持到今天。

或曰"现有的学术体制不利于建立学派"。的确，在商风像伤风一样劲吹的中国大陆高等学校，显得异常浮躁，常以发表什么级别的刊物来看你的学术水平，以拿到多少个课题作为衡量一所学校是否成为重点大学的标准，还不把编选和资料整理算作学术成果。可逃离体制的北大新诗研究所不实行这一套，且不说他们从不评职称，也不考核，更不玩升等的游戏，单说高等院校的许多规章制度，在他们那里经常行不通。不错，"北大新诗学派"的成员拿国家的工资，其单位也挂靠到中文系，但他们从不靠"国家课题"养活自己。"北大新诗学派"的代表作亦不是按什么"课题指南"做的，清一色属自选项目。他们坚持"知识分子"和"民间"的立场，其学术成果的出版均是自筹经费。关于这方面，他们得到了他们的校友骆英即中坤学术基金会的大力资助。

或曰把臧克家讲的"北大派"引申为"北大新诗学派"，是缩小了谢冕们的成就。其实臧克家致笔者的信中，大前提是诗坛有个"北大派"，故把"北大派"称为"北大新诗学派"并没有违反臧克家的原意，也未缩小谢冕们的贡献，而只不过是突出他们的研究特色罢了。其实，任何一种流派或学派的概括都是跛脚的。比如中国新诗史上的"新月诗派"，其成员并不都是只写新诗，也从事别的文体的创作和理论研究。学派的命名只是从重要方面立论，并不可能面面俱到。

"保谢"和"弃谢"的争论

众所周知，大陆诗坛圈子多，谁也不服谁，可自从谢冕出现以后，由于他一直在全国性的诗歌评奖及诗歌论坛以"主宾"身份出现，再加上他在中国第一高等学府执教多年，春风化雨，高足渐多，一些校内外的诗评家一直视他为精神上的导师、人格上的榜样、学术道路上的带头人。他们常常和谢冕的观点产生"遥感"与"共振"，这就难怪吴思敬、任洪渊、黄子平、程光炜、王光明、刘福春、唐晓渡、陈旭光、吴晓东、臧棣、姜涛、陈超、沈奇、张桃洲等人紧紧围绕在他的周围，以致让人产生谢冕为大陆诗歌论坛盟主的印象。

为此，诗坛或明或暗展开了"保谢"和"弃谢"的争论——

"保谢"者认为：长时期以来，诗坛没有大评论家，现在谢冕来了，给两岸文坛带来巨大的影响，这不就是远在天边、近在眼前的"一代宗师"吗？

"弃谢"者说：现在是一个多元社会，不需要谁来当诗歌论坛盟主，还是让其自由发展为好。就算谢冕对诗坛产生重大影响，也只是影响"谢家军"及其追随者。何况，垂垂老矣的谢冕早已完成了他的使命，有自知之明的话早该下课把位子腾给年轻人（激进者甚至在网上发表《刀劈谢冕和吴思敬》的"檄文"）。

"保谢"者说："宗师"有官封、自封、他封三种。谢冕属"他封"，是大家公认的。现在有谁能像谢冕那样富有号召力、凝聚力和拥有如此众多近乎经典性的成果？当下谁也取代不了他。

这种在网上或饭桌上的争论自然不可能有结果，但必须承认：谢冕的横空出世，对长期缺乏"盟主"的大陆诗歌论坛来说，无疑是一个挑战。

正是在艰难地行进和论辩中，"北大新诗学派"在发展着、壮大着。谢冕们以对缪斯的苦恋、忠诚和歌唱，记录了中国一代知识分子的心路历程。他们不划界限，不呼口号，不事张扬，默默无闻地耕耘着。有道是："有心栽花花不开，无心插柳柳成荫。"谢冕们以自己踏踏实实的研究业绩，开创了中国当代新诗史上横空出世的第一个学派。这是一个看得见摸得着的实体，连斧头也砍不掉呢。

（载古远清《台湾文坛的"实况转播"》，台北：秀威科技公司，2013年）

附：陈卫致古远清

古老师好！

大作拜读，我不大赞同北大派之说。一是臧克家的信不足以证明北大学派。他不过表述方便，代指北大群体而已，并非从史家角度命题；即便是他命题，我也认为没有多少学术依据。二则诗界研究者来往自由，学术交流多，互相影响大，在当今过分倡导规范、标准的要求下，学术研究并没有明显的地域或学校之分。是否与北大研究者接近的都是北大学派或北京学派？我不这样认为。三是文学史写作实质出于认证学科合法性的需要，从版本变化大的当代文学史写作可以看出，很多命名或问题归纳都不够成熟。不成定论的东西一定要定论，这是在抢夺后人的发言权，而不是前瞻。我个人认为这一命名的提出操之过急。

我的意见供您参。即颂春安！

陈卫　2013年3月24日

"北大新诗学派"，有吗？

——复古远清先生信

⊙ 刘登翰

远清兄：

谢谢寄来大作，拜读之后，为先生的有心、用心，十分感佩。关于"北大新诗学派"云云，我有几点想法，遵先生所嘱，草草写下，供你参考：

一、所谓流派或学派，多是后设的，是后来的评论者对某种曾经存在的文学现象或文化现象所作的概括和命名。历史上凡是自打旗号的"派"，往往都是短命的，或者有名无实，或者沦为圈子，很快就被人遗忘了。当年《深圳青年报》上标榜的一百多个诗歌流派，至今有几个被记住、还存在？我更倾向于

刘登翰

把"派"视为是一种文化现象或一道文学风景。特别在诸如大学、刊物、都市等这样文化人较为集中的地方，一些人聚在一起，由于共同的文化环境、追求、兴趣等等，有一些共同的话题，互相启发，互相感染，写了一些文章，产生一些影响，为此被关注了，命名了，这样的事，本属必然和正常，称之为"派"，我以为说说也并非不可，但千万不可当真。特别不要简单地把一群人做相同的或相近的一件事就说成是流派或学派，尤其是学派，更应审慎。它涉及学术环境、学术观念、学科贡献和学术影响。面对历史——文学史和学术史，应当有更确切、严格的定义。讨论流派或学派，更多的应当关注其内在的学术观念、学术行为、学术成果在当时的学术环境中发生了什么，坚持了什么，增添了什么，与学界的其他存在有何不同……

而不仅是外在地把一些人拉在一起就成了"派"。与其轻易地戴个流派或学派的帽子，不如对这一文学现象或文化现象的内涵多做一点切实的观察和分析。记得前些年在华中师大研讨余光中先生的创作，由肯定余先生的艺术影响，你及一些学者提出香港诗坛存在一个"余派"，进而推认在中文大学余先生周围有一个由"沙田七子"（或九子，或五子）而扩展的"沙田帮"或"沙田派"，并且信誓旦旦地开列名单，把凡是从中文大学毕业甚至只居住在沙田的作家，都纳入"沙田派"之中。此论一出，就引人质疑。才几年过去，当年言之凿凿的"沙田派"云云，已经烟消云散，无人再说了。学派之说，还是审慎一些为好。

　　二、大作把"北大新诗学派"的形成，追溯到1958年《新诗发展概况》的写作。其实当时还只是大学二年级、三年级学生的我们，政治上懵懂，学术上也幼稚，整部"概况"反映出当时极"左"的观念，是那个特定时代的产物。作为一种文化现象，重提这部旧作，解剖那个时代，是可以的；但影响，无论正面的还是负面的，都远说不上。参与此一事情，要说必然，只是1958年科研"大跃进"那种鼓吹"大破大立"的极"左"政治氛围；但为什么是我们六人，而不是别的六人，则纯属偶然。不找北大的学生写，也会有南大、复旦的学生来写。在当年大批"个人主义"的重重阴影之下，谁还敢有一点点结"派"的念头？意想不到的是这次写作，使我们五人（殷晋培可惜早逝）此后的学术人生都和诗歌结下不解之缘，但也仅此而已。大学毕业后各走西东，即使留在北大的谢冕、孙玉石、洪子诚，学术方向和重心也不都一样。倒是1978年岁末，一次偶然机会大家劫后重聚，当时徐迟先生尚健在，建议重写"概况"，才又重燃起大学时代的那点激情。但很快进入"文革"反思和朦胧诗论争，这次重写只完成了若干章节就半途而废了。1980年4月在南宁举行全国第一次诗歌研讨会，这是一次带有开创性质后来却很少被人提起的重要会议。上世纪80年代活跃诗坛的许多不同观点的几代诗人和诗评家，都出席了会议。谢冕、孙绍振、洪子诚和我也都参加。谢冕的那篇《在新的崛起面前》，就是在这次会上应《光明日报》编辑之约写的。孙绍振在这次会上也作了一次语惊四座的发言。差不多与这次会议同时，《福建文学》以极大篇幅围绕舒婷的诗歌创作展开一场持续一年的新诗发展问题的讨论，吸引了全国许多评论家和诗人参与。这本来是一次机会：新诗面临变革，各种观点纷纭，论争十分激烈，所谓的"学派"或许将从这样的学术环境中产生。然而好景不长，紧接而来的政治批判代替了学术讨论。特别把三个"崛起"抓做典型，使此后几年时间不仅是"三崛起者"被迫失声，连支持这一观点的人也大都被迫噤声。在彼时中国的政治环境中，是没有流派或学派的生长土壤的。所谓"北大新诗学派"并没有可能形成。

三、讨论学派，最好还是回到学术层面上来。地域、师承、问题等等，还是一些外在的东西。我们在大学毕业之后，各走西东，也各有不同的人生境遇和学术经历，各自学术重心和兴趣也不完全相同。即使留在北大的三位先生，也莫不如此。虽然同在一处，可以参与一些共同的活动，但细察他们的文章，从观念到观点乃至学术风格和行文作风都各有特点，也大异其趣；更何况远在南方的孙绍振和我。要说有点共同性，只是都在北大呼吸过自由的学术空气和受到北大学术精神的感染，但也仅此而已。离开北大之后各自成熟的文化环境都大有区别。所谓"地域性"云云，并不是学派形成的必然。说到"问题性"，上世纪80年代初期的朦胧诗论争倒是一个"问题"，但当学术问题被政治消解之后，就成了另一个"问题"了。此后相关的研究和讨论，已经越过和不再是当年的问题了。至于"师承性"，师生之间，当然会有所继承，但非师、离师或叛师而去的事也常常发生，这都正常。青出于蓝而胜于蓝，所以胜者，不是对师道的不尊，而是对师说在学术上的创新。我以为假如有"派"的话，也不宜说得太宽。从胡适直数到当下的年轻学子，这一"师承"已不是"学派"，而是一部诗评史或诗歌理论发展史了。"派"——尤其是"学派"，是一定文化环境或学术环境的产物，是一个有限性的概念，要有一定的"度"，讲得太泛，反倒是对自己的消解。

四、大作把非北大出身的学者，也放入"北大新诗学派"来讨论，我不知道当事人感觉如何，是否愿意？这好像有点"拉夫"，以壮声威，给人感觉是将之放于"从属"的地位。与其如此，不如另外命名，例如"诗探索"派或别的什么，给人以更多的平等和尊重。

以上几点，仅表示我对"北大新诗学派"和对它论述的存疑。这只是对大作复信的随便谈谈，不是写文章，无法充分表述，不够周全之处请予谅解。

春祺

刘登翰　2013年3月

（本书特约稿）

冤案

请教谢冕教授："沙扬娜拉"是人吗？

⊙ 余云腾

"沙扬娜拉"是人吗？

我从中国青年出版社出版的青年修养通讯丛书之十三的《文艺鉴赏指导（一）》中，读罢著名诗评家、谢冕教授的《通过想象理解诗》一文，产生了这一疑问。

谢教授指导青年学子的是如下一段话：

> ……因此，我以为欣赏是一种再创造。
>
> 为了说明这种再创造，我再举徐志摩短诗《沙扬娜拉》一首为例。
>
> 最是那一低头的温柔，
> 像一朵水莲花不胜凉风的娇羞。
> 道一声珍重，道一声珍重，
> 那一声珍重里有蜜甜的忧愁——
> 沙扬娜拉！

一朵水莲花在凉风中表现着婀娜的娇羞，诗人借此以形容沙扬娜拉这位日本女郎的温柔缠绵。我们欣赏这首诗，首先是从诗人提供的形象上开始我们的想象活动。从这一朵水莲花出发，想象那女郎的美丽，多情，柔情似水又充满了别离的轻愁。为什么说这是再创造？因为诗人并没有告诉我们这位女郎的年龄、容貌

徐志摩

以及互道珍重的两人的关系，但这并不妨碍读者在自己的想象中创造出一个动人的画面来……这种想象活动可以使欣赏者，或由此联想起来的其他人物"转入"那张他所再创造的画面中去——他可以把那一位水莲花似的女郎想象成自己的女友或爱人，他可以在一声充满"蜜甜的忧愁"的"沙扬娜拉"中，寄托着自己与心爱的朋友道别的那一分眷恋。

在上述引文中，谢冕先生言之凿凿地指出："诗人借此以形容沙扬娜拉这位日本女郎的温柔缱绻。"

但是，由钱谷融、吴宏聪先生主编，华东师范大学出版社出版的全国高等教育自学考试教材，汉语言文学专业《中国现代文学作品选读》上册489页关于徐志摩此诗中的"沙扬娜拉"提示为："沙扬娜拉"是日语"再见"的音译。

另有浙江文艺出版社的《徐志摩诗集》和《徐志摩诗作全集》亦均说"沙扬娜拉"是日语"再见"的音译。

于是我纳闷，这到底是钱谷融、吴宏聪先生们日语水准过低、理解有误呢，还是谢冕教授功力非凡、研究徐诗的新成果呢？

不错，诚如谢教授所言，理解诗作应通过想象之途。但是，这个想象是不是就可以望文生义，或兴之所至地指鹿为马呢？

（本文作者系贵州省盘县某中学教师。载《文学自由谈》，1998年第1期）

质问《文学自由谈》

⊙ 谢冕

《文学自由谈》在去年第六期发表了对我不怀好意的署名文章，同时还宣布该文将一稿两投，随后将再在内地某小刊物上发表。尽管该文对我构成了伤害，关心和爱护我的人都劝我发言，但我自己有很多事要做，没有空闲，还是保持一贯的态度，不予理睬。不想该刊意犹未尽，今年第一期又做出动作，再度发表某一边远地区作者的文章。该文把距今十七八年前即1982年中国青年出版社某编辑擅改"沙扬娜拉"为人名的错误，再度强加给我。

中青社《文艺鉴赏指导（一）》中的这件公案，我已多次辩明，崔道怡亦曾撰文述及，那位作者身处僻地不知，难道《文学自由谈》的主编和编辑也不知？若真的不知，事关作者声誉的如此重大的事，作为编辑，为甚么也不向当事人核证一下？以京、津两地之隔，这岂非举手之劳？如此的匆忙，如此的"心切"，让人不能不怀疑《文学自由谈》的动机了！

我期待《文学自由谈》给我一个答复，也希望此文能在《文学自由谈》上发表。

1998年2月9日

《文学自由谈》责编附注：①谢文所涉本刊两篇批评稿件为1997年第6期韩石山撰写的《谢冕：叫人怎么敢信你》及1998年第1期余云腾撰写的《请教谢教授："沙扬娜拉"是人吗？》。②关于余文对谢冕学识与文风的质疑，本刊曾就《中华读书报》记者的电话采访，作过解释和回答。读者如有兴趣，可参阅该报1998年2月18日第5版文章《谢冕不再心太软》。

（载《文学自由谈》，1998年第3期）

附1：徐迎新致谢冕的两封信

谢冕同志：

您好！

来信收到。看过信后，我即去调书的原稿，查阅后发现您的原稿是对的。是我本人对诗理解错了，又没有去请教和查阅一下，我加上了"沙扬娜拉"四字，这是我工作上马虎大意造成的，同时也反映了我知识面不宽，这是我今后当认真加以改正和注意的。我已经给读者郝书伟同志去信，告诉她失误是我们编者造成的，并致谢。

由于我"大笔一挥"，将您的稿改错，我深感歉意。谢谢您回信指出了我的错处。祝好！

徐迎新① 11月15日②

谢冕同志：

您好！

按照您的建议，我们打印了一封复读者的信，寄上10份，请收。

由于我本人的错误，给您造成许多不必要的麻烦，深感内疚。

您还有什么意见和想法，请再来信。此致敬礼！

徐迎新 2月2日③

李晗④信已复。原信遵嘱退上。

---

① 徐迎新为中国青年出版社《文艺鉴赏指导（一）》谢冕文章的责任编辑。

② 该信写于1983年。

③ 该信写于1984年。

④ 李晗系又一位给中国青年出版社指错的读者。

附2：中国青年出版社"青年工作思想修养编辑室"给读者的致歉信

＿＿＿＿＿同志：

您好！您的来信我们已经收到。

近来，我们陆续收到一些读者的来信，对我们出版的《文艺鉴赏指导（一）》一书中所引用的《沙扬娜拉》的解释提出意见，认为"沙扬娜拉"一词不是一位日本女郎的名字，而是日语中"再见"一词的译音。您和其他读者提出的这一意见是正确的。我们查对了原稿，作者谢冕同志原稿中不是这样写的。我们负责此书的责任编辑同志缺乏这方面知识，又没有认真核实，就将原稿作了改动，致使出现了这一错误。您的意见提得很好。我们今后一定要认真仔细地处理稿件，以免再出现类似的错误。

专此函复，感谢您对我们工作的关心和支持。

此致

　敬礼

中国青年出版社

青年工作思想修养编辑室

1983年　月　日

谢冕评说三十年
xiemian pingshuo sanshinian

温 故

《红楼》："山雨欲来"前的青春歌唱

⊙ 钱理群

钱理群

1957年的第一个早晨，北京大学大餐厅前，两张大餐桌上堆满了刚刚出版的大型学生文艺刊物《红楼》的创刊号。参加了通宵狂欢的北大儿女们，晚妆未残，微有倦意，便围购如堵。只见一位衣着淡雅、步态轻盈的女大学生和几位男同学在那里忙碌着。这位女生就是后来以其壮烈之举震撼全国、并终将载入北大史册的林昭，当时她就已经在燕园文坛上颇有诗名，诗友们都亲昵地称她为"林姑娘"。但此时的读者却对她并不注意，他们已经被新出的刊物封面所吸引：这是一幅木刻图案，是一个牧羊人正驱赶着羊群走下山岗，山上草木摇曳，山外浓云翻滚，题名是："山雨欲来"——多年以后，人们才意识到这竟是一句"谶语"。

打开刊物，第二页便刊登着著名的20世纪30年代校园诗人、如今是北大中文系教授的林庚先生的《红楼》。这里响彻的正是这个新诞生的校园刊物给自己定下的旋律：尽情享受着"年轻"的"青年"的"放声歌唱"，这是一种典型的时代与个人的"青春歌唱"。

这可以说是当时北大的"校园心境"。或许读着这期《红楼》，校园里的十七八岁二十来岁的年轻人立刻被这"时代鲜丽而充满朝气的口号迷住了"，如时为北大中文系二年级的学生、《红楼》编委的谢冕所说，"就这样，我们这些如花的生命便集结在'向科学进军'的旗帜下，从此开始了我们的20世纪50年代的理想主义的'进军'"。

在这样的时代风气下，校园里的文学气氛十分浓郁。谢冕的同班同学、也是《红楼》作者、校园诗人的孙玉石有这样的回忆：我们这些不谙世事的年轻人，整天沉醉在喜欢的书本里，新鲜的文学作品中。才华横溢的孙绍振，读的书最多，思想也像跑野马一样自由无羁，他和才女温小珏一起，常常把最先锋的作品的信息传到班上来。于是，我们发现，1956~1957年的中国校园里的年轻人，正处在精神的苏醒之中，内心涌动着对知识、理性、理想的渴求，以及不可扼制的自由创造的冲动。年轻人的创作才情如熔浆般喷发了。《红楼》就是在这样的土壤中拔地而出。

在此之前，已经有了《北大诗刊》，聚集了几乎所有的燕园诗人，后来张元勋作了这样的描述："当时的社长是现代派诗人赵曙光，社员则有古典派诗人崔道怡、哲理诗人马嘶、李任、海滨诗人孙克恒、叙事诗人薛雪、抒情诗人张玲、学者诗人谢冕、大漠诗人任彦芳、唯美诗人王克武等"，当然，也还有林昭和张元勋自己。当年，他和林昭一起负责编辑《北大诗刊——1956年新年专号》的情景，是永远难忘的：那一期的封面用的是粉红色的胶版纸，印着提着灯笼的女孩的刻纸图案，有一种朴素的美感，就是出自林昭的匠心。这一期还刊载了谢冕的一首《一九五六年骑着骏马飞奔而来》，其中有一句"虽然冰霜封冻着大地，可是我的心却燃烧得发烫"，与写在同时的张元勋的诗句"欣喜。冰已消融！春已有了消息"，都是传递着一种心声，以及对时代变迁的信息的某种直觉的把握与敏感的。因此，由《北大诗刊》到《红楼》，是一个自然的延续和发展：从纯诗刊发展成综合性文艺刊物，除这些校园诗人之外，还吸引了更多的校园作者：写小说、散文、评论，以及画画、作曲的……都纳入其中，俨然形成了同学们所戏称的"北大文艺界"。据张元勋回忆，任《红楼》主编的是时为团委宣传部长的中文系助教乐黛云，副主编是康式昭、张钟（中文系四年级学生），编委有马嘶、李任、王克武、林昭、张元勋、谢冕、张炯（按年级自高而低排列）等。人们不难发现，这些作者尽管在反右运动以后有着不同的命运，但当20年后中国开始出现新的复苏，他们就立即显示出新的活力，活跃在20世纪80年代、90年代的中国文学界与学术界：在这个意义上可以说《红楼》是培育"不垮的一代"人才的摇篮。

《红楼》就是这样的意气风发、才华洋溢、充满创造活力的一代人的自我塑像。

2003年12月31日晚

（节选自钱理群《记1957年的三个学生刊物》）

"知情人" 说谢冕

⊙ 洪子诚

在《"严"上还要加"严"》那篇写严家炎先生的文章里，说到在"文革"时期，我起草了有十来个人签名的大字报，批判他追随邵荃麟鼓吹写"中间人物"。"文革"期间，我批判、伤害的人，肯定不只是严先生。

1968年夏秋，军宣队、工宣队开进学校，接着就开展"清理阶级队伍"。那时流行一句话，说北大是"池深王八多"，很多暗藏的阶级敌人都还没有挖出来。中文系所有教员，都被集中到19楼，有家的星期六下午才能回家。白天学习，交代揭发问题，晚上九点在楼道列队，听管理教员的军宣队的训话，难忘的一句是"要把中文系搞得个鸡犬不宁，锅底朝天"。后来教师又都下放到各个班级，接受教育监督。然后，就不断有"反革命"（历史的或现行的）被挖出。周强先生被宣布为"现行反革命"，是因为在学习会上读报纸的时候，紧张慌乱之中，将刘少奇错读为毛泽东。而研究方言的一位老师，听到刘少奇被揪出的消息，在宿舍里说了一句"真是宦海浮沉"，被人告发，立刻就被挂上"现行反革命"的牌子，打上叉叉，拉出去游街。

有一天，又说挖出了一个恶毒攻击毛主席、党中央的"反动小集团"。小集团的成员有严家炎、谢冕、曹先擢、唐沅等。唐沅、严家炎是教现代文学的，曹先擢则研究现代汉语。惊讶之余，纷纷打听他们究竟有什么罪行，却没有一点结果。原因是"恶攻"（"文革"中"恶毒攻击党中央、毛主席"的缩略语）的具体内容要严格保密，不许扩散。这样，便出现了荒诞的一幕：在全系或各班级召开的批判"反动小集团"的会上，发言者义正辞严地批判他们反动，却始终不知道他们"反动"在什么地方。

"小集团"揪出后的一天，工宣队师傅通知我到二院（那时中文系的所在地）

开会，但没有告诉我是什么会。进了楼下中间的会议室，发现里边已经坐着十几个教员。虽然大家都很熟，互相却都不打招呼，空气沉重凝固。接着，工宣队的连长便宣布"知情人学习班"开始。说在座的，都和"反动小集团"的成员关系密切，一定了解他们的情况，要揭发他们的问题，和他们划清界限，不要一起掉进反动泥坑。又说这是一次机会，当机立断不要错过。说如果涉及"恶攻"的言行，具体内容不要在会上说，下来再写书面材料。

"知情人"？"知情人"是什么人？我是谁的"知情人"？这是快速掠过我脑子的问题。我想，和严家炎、曹先擢等先生很少来往，唯一可能的就是谢冕了。谢冕读书时高我一个年级，平常也不认识，但1958年底1959年初，我们六个人在一起编写过《新诗发展概况》。留校后，他在文艺理论教研室，我在现代汉语教研室的写作组。经济困难时期，他还下放到京西的斋堂公社工作一段时间。记得1963年有一次我找过他。那时他是系教师党支部委员，我总在不断地争取入党，却总没有人理睬我，就"靠拢组织"地找他。听完我前言不搭后语的"思想汇报"，他只是说了些"要继续努力"之类的不着边际的鼓励话。但是"文革"发生后，来往却多起来了。学校开始分裂为两大派，我们既不愿如"井冈山兵团"那样激进，也不满意聂元梓一派的那种得势当权者的做派，七八个有点"中间骑墙"立场的教员，便组织了一个"战斗队"；应该是谢冕的主意，起名"平原"，取同情"井冈山"，但又与之有别的含义。在激烈的运动中，这种"中间派"立场，肯定是左右不讨好的。因为是一个"战斗队"，便常在一起开会，讨论问题，写大字报。可是，"战斗队"里有七八个人，为什么就我是"知情人"？想来想去，真的想不明白。

"知情人"的揭发会开了一个下午。断断续续有人发言，也不断有长时间的沉默。但主持人不理会这种沉默，坚决不散会。我是个不坚强，甚且软弱的人，经受不了这种气氛长时间产生的压力，便搜肠刮肚地来想谢冕的"问题"。终于想出了两条。其中的一条，现在已经忘得一干二净。另一条，我说，有一次我们去天安门游行（"文革"中游行是家常便饭），回校的时候，骑自行车从紫竹院公园穿过。天气很热，我们坐在湖边的树荫下休息。凉风吹过来，谢冕说，真好。他说有一种解脱的、身心放松的舒畅。还说，人和自然的关系其实很重要，可是我们不明白这一点……我一边揭发着谢冕，一边心里惴惴不安，便把自己也拉进去，说我和他有同感，赞同他的看法。然后我上纲上线说，这是我们对革命厌倦的情绪的流露，是一种消极的情绪。说完，我注意着会议主持人的反应，看到的是毫无表情，显然离他的期望相距甚远。会议最后他做总结的时候说，不要存在侥幸心理，别以为对你们的底细不了解，别拿些鸡毛蒜皮的事来搪塞！——我想，肯定也将我包括在这些话里面。

我沮丧地走出二院时，在门口，也参加会议却没有说话的另一位工宣队师傅（北京齿轮厂的）走到我身边，用不经意的平淡语气说："没事，不要紧的，别放心上……"这话出自工宣队员之口，当时很出乎我的意料，但也因此让我长时间不忘。

在上世纪60~80年代的政治风云中，谢冕的"反动"、"右倾"、"反马克思主义"，并不止这一次。"文革"中，他担任1972级、1974级的教学工作，与学生关系很好，工作兢兢业业，还带领他们（记得是高红十那个班）到西双版纳体验生活。在"反右倾回潮"等运动中，却多次受到批判。80年代初支持"朦胧诗"，在"清除精神污染"运动中，又受到围攻，指责他的"崛起论"是"系统地背离社会主义文艺方向和道路"的"放肆"的理论，是"对马克思主义、毛泽东思想的严重挑战"。"清污"运动中，工作组进驻北大，中文系的文艺理论、当代文学教研室是运动重点，谢冕又是重点中的重点。他的这些遭遇，经受的困难、打击，我并不是很清楚，因为他很少详细谈过。"清污"运动中，他私下没有诉冤，也没有写文章公开检讨。事情过后，当"反动"、"受难"成为获取"光荣"的资本时，也从不见他拿这些来炫耀。当我试图从他发表的大量文字中，来寻找他对自己这些经历的讲述时，找到的只有下面零星且笼统的片断：

（"文革"）十年中，我曾经数次"打入另册"。随后，一边要我不停地工作，一边又不停地把我当作阶级斗争的对象。我个人和中国所有知识分子一样，无法抗拒那一切……我只能在独自一人时，偷偷吟咏杜甫痛苦的诗句：不眠忧战伐，无力振乾坤！

……《在新的崛起面前》中我为"朦胧诗"辩护……这篇三千字的文章所引起的反响，是我始料所不及的。它从出现之日起，即受到了激烈的、不间断的批判和围攻，其中有一些时候（如"反自由化"和"反精神污染"时期），甚至把这些本来属于学术和艺术层面的论题，拔高到政治批判的高度上来。

20世纪80年代以来，我和谢冕同在一个教研室，我们的教学、研究，又都和新诗有关，所以来往也多起来了。1985年前后，他开设"诗歌导读"和"当代诗歌群落研究"讨论课,都要我去参加,我从这些课中学习了许多东西。1993年从日本回来后,又参加他主持的"批评家周末"的活动,他并让我加入他和孟繁华主持的《百年中国文学总系》著作的编写。他说,本来他是要写1956年这一本的,"我让给你了",并给这本书起了书名:《1956:百花时代》。在和他的交往中,我看到在学识、历史感、艺术感受力和判断力,以及对生活的热爱上与他分明的差距。我知道有些东西是很难学到的,但毕竟也受到某些影响。在对当代历史,对新诗,对人、事的看法上,我们有许多相通的地方。不过,有时也有意见不合的时候。之所以没有引发冲突,是由于他的克制、宽容。在是非上他有明确的标准,但对待朋友,从不把这种标准当做"道德棍棒"随便挥舞。他总说要记住朋友的好处。

　　举几个例子来说。有一次"批评家周末"讨论美国畅销书《廊桥遗梦》,谢冕对这部小说评价很高。现在想起来,他的这个评价,可能和那时他对"人文精神"失落的深切忧虑有关,他把对这个文本的阅读,加入了对时代严重病症的思考。我对《廊桥遗梦》并无好感,觉得它是个俗套,我也从来不喜欢过分感伤的作品。但那时我不是正常地谈我的意见,而是故意往极端上去糟践它:那是在故意显示我与他的区别。谢冕不会不知道我的"诡计",但他没有表现愠怒,照样正常地引导着这个讨论。1997年在武夷山开诗歌研讨会,也发生类似的事情。他出于对新诗现状的关切(他认为20世纪90年代诗歌普遍存在回避现实,走向对个人的"自我抚摸"的情况),提出了"诗正离我们远去"的有名论断。我又一次故意"唱反调"。在他发言后我说,我们总埋怨诗离我们远去,为什么不反省我们在离诗远去,反省我们对诗歌出现的新因素缺乏认识、感受的能力和耐心?我显然是离开具体事物在抽象谈问题。还有一件事是,1992年夏天我在日本东京大学教书的时候,得知当年中文系职称评定,我又没有评上教授。我1990年开始申请,三年了却仍然没有我,不免怒火中烧。那种因面子、虚荣心受挫的"怨恨"情绪,一下子爆发,夜不能寐,便给谢冕和当时任中文系主任的孙玉石先生写信。信究竟写些什么,现在已经记不清楚,但肯定是说了许多"恶狠狠"的,故意想着要冒犯人的话。好在孙、谢两位先生都没有搭理我的怒气,后来我也有了一点反省。因此,1993年秋天回国时,我希望的是最好不要再提起这件事,而且也不需要有什么解释。事情正像我所想的那个样子。对此我很感激他们。

　　谢冕这二十多年来,为学术,为新诗,为新诗的当代变革,为年轻人费了那么多心血,做了那么多事情,自然获得许多人的爱戴、尊敬。但相信他也不会没有体验过"世态炎凉"。举个我亲眼看到的例子。十多年前，我和他到南方的一所大学去，那里系的领导奉他为上宾。再过几年，又到那所学校开学术会议，可能觉得他已经"过气"，没有多大"用处"了（他已经退休），就换了一副面孔，虽客气，但明显将他冷落在一旁，而改为热捧那些掌握着大小政治、学术"资源"的当权者。因为亲眼见到这样鲜明的冷热前后对比，我也不禁忿忿然。但谢冕好像并不介意，仍一如既往地认真参加会议，认真写好发言稿，认真听同行的发言，仍一如既往地和朋友谈天，吃饭仍然胃口很好，仍然将快乐传染给周围的人。我有点惭愧，他的确不像我这样的狭隘。

2005年初的冬日，北大新诗所一行到日本旅行。谢冕兴致很好，吃了不少他酷嗜的海鲜、"刺身"。在东京浅草寺的仲见世通，陈素琰急匆匆地跑来对我们说，快去劝劝谢冕，让他不要买那件衣服了，他也就是一时兴起。一打听，原来是他看中了一件男士的日本传统服装，价格要一两万日元吧。我反过来劝陈素琰，谢冕决定的事情说是没有用的；况且，只要高兴就是值得。后来衣服还是没有买成，原因不是大家的反对，而是谢冕自己改了主意。

回到北京的第二天，谢冕打来电话，让我转告新诗所的会他不能参加了。问原因，说："谢阅病了。""严重吗？""严重。""在家里还是在医院？""在医院。"看到他不愿再多说，也就没有问下去。我就把这个情况告诉了系的领导。

谢冕儿子谢阅我是知道的。小时候还带他到动物园玩。记得是"文革"发生不久出生的。因为生日正好是国庆节，所以起名检阅的"阅"字。后来，另一位教员的女儿也出生在10月1日，谢冕又为她起名周阅。谢阅正是事业有成的盛年，是北京朝阳医院神经外科的骨干医生，很快就知道他患的是恶性的脑部胶质瘤。八年前，他在德国进修的时候检查身体就已经发现，他自己就是从事这方面研究、治疗的医生，自然明白后果的严重。但是他对谢冕、陈素琰一直隐瞒，他不愿意让操劳一生的父母再为他担惊受怕。他知道他在这个世界的日子已经不多，因此，他与他的妻子，细心地为父母的晚年生活作了妥当的安排，这包括在郊区购置一处房子，那种有个小小的院子（这是谢冕多年的期望）的房子；谢冕在里面种了一棵紫玉兰……

直到这次病情严重发作住进医院，谢冕才知道真相。在此后儿子手术、治疗到去世的艰难的时间里，谢冕坚忍地对待这突然的打击。他和陈素琰几乎每天都从昌平北七家，倒几次公共汽车到朝阳医院去陪儿子。他也仍答应、出席不知情的人们要他参加的会议、活动。他同样写好发言稿，在会上认真发言。他在人们面前，从不主动提起家庭发生的变故。朋友问起，回答也只是三言两语。告别谢阅的时候，他一再叮嘱我们不要去。但中文系的领导，他的几个学生，和我们几个朋友，还是赶到朝阳医院。在那间窄小的摆满鲜花的房间里，谢冕拥抱我们每个人，但没有说一句话。他和谢阅一样，独自坚忍地承受生活中的打击。

　　在《北京大学当代学者墨迹选》（北大出版社，1992年）这本书里，收有严家炎、谢冕的墨迹。严先生引录李白诗句"狂风吹我心，西挂咸阳树"。谢冕写的则是培根的语录："幸福所生的德性是节制，厄运所生的德性是坚忍，奇迹多是在厄运中出现的。"——这应该是他所欣赏甚至就是他所奉行的"人生哲学"了。以"节制"和"坚忍"来概括谢冕性格中的重要方面，应该是恰当的。他经历"厄运"。对待厄运他取的态度是"坚忍"；他对自己能够独自承担拥有信心，他也不愿意给别人带来麻烦和负担。他的生活中，又确有许多幸福。他懂得幸福的价值，知道珍惜，但从不夸张这种幸福，不得意忘形，不以幸福自傲和傲人，也乐意于将幸福、快乐与朋友，甚至与看来不相干的人分享。

　　（载《中华读书报》，2008年10月8日）

《诗探索》草创期的流光疏影

◎ 杨匡汉

一

作为《诗探索》创刊的背景的"南宁诗会"，谢冕的《学术述录》、孙绍振的《我与"朦胧诗"论争》两文中已有简略涉及。这次诗会是需要完整的长文去追叙的。这里，我作一些补充。

（一）召开"南宁诗会"，是在1979年8月于长春正式成立国家一级学术社团中国当代文学研究会以后确定的。经会长冯牧、顾问陈荒煤、副会长朱寨、副会长兼秘书长张炯商议，并与广西方面协调，决定由中国社科院文学研究所、中国当代文学研究会、北京大学中文系、中国作家协会广西分会、广西大学中文系和广西民族学院中文系联合主办，名为"全国当代诗歌讨论会"，于1980年4月7日至22日在广西举行。因邀请代表超过百人，故报中国社科院和文化部批准备案。时间长达半月，是包括了去都安县参加壮族传统的"三月三"歌墟活动及游览漓江，即如今所说的"文化考察"。但当时不是纯粹的游山玩水，因为加入了诗人赋诗、与群众对歌、沿途小型沙龙、编辑论文集等会议内容。

（二）"南宁诗会"的议题是：总结当代诗歌的历史经验与教训，探讨诗人的职责和新诗的生命力，研究新形势下诗歌的内容与形式，寻求当代诗歌发展的道路。如此大型的，由诗人、评论家、报刊编辑、教学研究人员集结起来的，以理论问题为中心的学术性会议，在新中国成立以来当属首次。文艺界高层对它的关注与期待也在情理之中。张炯联系贺敬之，得到了指示与贺信；我与冯牧通了二十多分钟的电话，做了记录传达，他要求我们在坚持大方向的原则下"鼓励争鸣，多听听下面同志的声音"；艾青、臧克家都支持会议，臧老（其时75岁）还亲笔写了贺信，提出了会议应有"诗与生活"、"民族形式"、"诗的表现力"、"继承五四传统"、

"理论研究"等五个讨论要点，很具体。邵燕祥因赴滇西而未能赴会，他写了一首《云南云——寄公刘》寄到南宁，转给参加"南宁诗会"的公刘。此诗在会上传开："不管多么艰辛／青春是不会消逝的／它到处留下脚印／白云无恙青春无恙……"不啻是一篇来自远方、为大家鼓劲的诗体发言。会议事先收到了三十多篇论文，公刘、方冰、谢冕、沙鸥、刘登翰、洪子诚、晓雪、易征、闻山、鲁原、孙绍振、唐祈、秦似、李元洛、雁翼、宋垒、丁力、孙光萱等等，都以自己的思考有备而来。

（三）"南宁诗会"组成了会议领导小组。成员（依姓氏笔画）为：公木、公刘、方冰、包玉堂、冯中一、沙鸥、张炯、杨匡汉、晓雪、秦似、梁其彦、雁翼、谢冕。讨论分四个组，召集人分别为晓雪、丁力（一组），雁翼、宋垒（二组），沙鸥、晏明（三组），方冰、闻山（四组）。广西民院的胡树琨、广西大学的鲁原等人承担了繁重的会务工作。讨论会由张炯全盘统筹，并随时将会议进程向时任文学研究所常务副所长、研究会顾问陈荒煤同志通报。

（四）会议代表在诗歌界拨乱反正、解放思想、坚持社会主义诗歌道路等普遍性问题上看法一致。但涉及艺术问题，涉及当时年轻人的创作，尤其是孙绍振在会上放了一炮后，争议就大了起来。谢冕在大会发言中呼吁："年长的同志们，前辈的诗人、编辑和批评家们，关心我们的晚辈吧！给他们以发表有异于众、初看不免有些古怪的作品的权利吧！看不惯的东西，不一定就是坏东西。"丁力坐不住了，称谢冕是在鼓吹"古怪诗"。闻山也火了："诗的领域的下一步，是不是要跳摇摆舞，用硬壳乐队伴奏？"孙绍振丢开讲稿所作的长篇发言，核心是谈新诗的艺术经验和艺术理念，但口无遮拦，称"代工农兵立言"的民歌体，越走越滑坡，如田间那个《赶车传》，最后不是赶到"天堂"，而是"赶到地狱里去了！"这席话激怒了广西民歌手黄勇刹。他是边唱山歌边上台发言的，说像孙绍振这样的"古怪诗理论家"，让他想起了饥饿年代的"小球藻"，是骗人的，不要上当。众人大笑，孙绍振也为黄勇刹鼓了掌。争归争，吵归吵，但气氛还是相当热烈友善的。

（五）"南宁诗会"的南宁阶段在4月10日结束。头天晚上，张炯和我同处一屋，细聊会议总结的内容，议了提纲，长谈至深夜一点半。聊的过程中产生了办一个诗歌理论刊物的想法。次日，张炯为诗会做了全面、周详的总结。下午自由活动，张炯、谢冕、雁翼、白航和我一起同游南宁公园，在椰子树下的林荫路上散步，留下一张并排潇洒前行的合影（存有老照片）。不过，最难忘的是漫步时议论创办诗歌理论刊物及其命名问题。"诗歌理论研究"？"新诗美学"？"中国诗学"？等等，均不理想。还是诗人雁翼灵感飞动："《诗探索》如何？"众口一致称好，就这么在南宁公园定了下来。雁翼答应回四川想办法找出版社。后来，张炯又通过陈荒煤的牵线，和谢冕一起亲赴成都，与时任四川人民出版社社长的李致取得联络，对方痛快地答应了。在成都大学任教的钟文，也主动表示乐意承担刊物在四川的编辑联络与校勘工作。这样，《诗探索》的出版链得以连接起来。

二

1980年7月，在崇文门社科宾馆的一间地下室，张炯召集了《诗探索》筹备会。朱寨参与指导。会议决定组成《诗探索》编委会：丁力、公木、公刘、尹一之、易征、孙绍振、宋垒、沙鸥、杨匡汉、闻山、张炯、唐祈、袁可嘉、晓雪、雁翼、谢冕。这个班子，是学术观点的兼容，老中青的搭配，北京与外省的协调，成员均为乐意推进当代诗歌建设的热心者。谢冕被推举为主编，丁力和我为副。常务工作的担子落到我头上，因为由中国当代文学研究会主办，编辑部设在北京日坛路6号文学研究所，我又在当代文学研究室负责诗歌研究。

根据编委会上大家提出的各种建议，我进行了综合，并和谢冕、丁力分别做了沟通，设计了创刊号的要目和专栏，着手组稿与编辑工作。最初协助我工作的责任编辑有雷业洪、楼肇明、刘士杰、王光明等人（后来又有北京师院即现首都师大的诗歌研究专家吴思敬加盟编辑组稿工作）。文学所林岗、刘福春、李兆忠等几位年轻人也热心跑前跑后。创刊号太重要了。由谢冕执笔以"本刊编辑部"的名义写了《我们需要探索》作为发刊词，申明《诗探索》的主张是：自由争论，多样化，独创性，推动新诗创造性地为人民服务，为社会主义服务。我还去拜访了艾青，通报了创办《诗探索》的设想，请他谈谈对刊物的希望。艾青的意见是："让大家吵。没有吵就发展不了诗歌。希望在刊物上大家都来探索，你探索你的，我探索我的。百家争鸣在一个'争'字。要发展论争。"我把艾青的谈话作了归纳整理，形成《答〈诗探索〉编者问》一文，交给他过目审阅，他同意在创刊号上发表。

落实了发刊词，落实了艾青的文章，可以说撑起了半期江山。接下来的是如何体现刊物保持一种不同意见自由论争的格局。我问谢冕："如果有人向你开火，又是说理的，你敢不敢、同意不同意发表？"谢冕回话："好啊，欢迎！"这样，就在创刊号上重新发表谢冕《在新的崛起面前》（原载《光明日报》，1980年5月7日）一文的同时，选了丁慨然（丁力长子）的《"新的崛起"及其它》、单占生的《新诗的道路越走越窄吗？》两篇来稿，都是"与谢冕同志商榷"的，也讲出些道理。此一举措，表明即使是主编或编委的文章，都只是代表个人在发言，刊物允许并欢迎讨论与批评。这样安排，是希望在《诗探索》上多增加一些学术自由、艺术民主的气氛。此时，筹办《诗探索》的信息不胫而走，尤为年轻的新诗人所关注。有一事可记：借《诗刊》8月份办首届"青春诗会"之风，我们把张学梦、高伐林、徐敬亚、顾城、王小妮、梁小斌、舒婷、江河等八位青年诗人请到文学所来，在二楼会议室开了个小型座谈会。发言争先恐后，会后留下各自简短的笔谈，由编辑部合成《请听听我们的声音》一文。事后有人告诉我："《诗刊》内部有人说，好不容易把他们引导过来了，《诗探索》又把他们引导回去了。"我笑曰："但愿这是流言。大路朝天，各走半边。难道连青年人的声音也不能听吗？"

为了在创刊号上体现多样性，刊物设计了《新诗发展问题探讨》、《新探索》、《新诗品》、《学诗札记》、《名诗欣赏》、《诗通讯》等栏目。《名诗欣赏》一栏，请袁行霈写了《春江花月夜》赏析，请荒芜写了《惠特曼研究散记》。此外，"南宁诗会"上获得"古怪诗理论家"雅号的孙绍振，寄来一篇《我国古典诗歌节奏的历史发展及其它》的长文，我骑单车专程去和平里送丁力处审阅，他一看是讲古典的，很高兴地签了"可以，同意发表"的意见。我和他进而在"探索"上交流看法，在求"新"不弃"典"的问题上达成共识。

冯牧、荒煤、张炯对《诗探索》比较放手。这使得我们更要求自己慎之又慎。同张炯商议后，大致确定了这样的原则：每期开好编前会；每期目录送张炯、谢冕、丁力过目；每期头条，送正、副主编审阅；若有可能引起争议或敏感提法的文章，由张炯阅定。谢冕、丁力在学术观点上"存异"，有时为了一两篇准备发表的文章，我只好"两头跑"，以沟通"求同"。为了刊物的生存与发展，这些都是应该做的事情。

三

《诗探索》创刊号于1980年12月出版。名分为"季刊"。头五期由四川人民出版社承印，第六期起，经时任社科院党组书记梅益同志的特批，交中国社会科学出版社出版，印数逾两万册。著名"九叶"诗人、装帧大家曹辛之精心为刊物做了封面设计。社科出版社接连出了七期后，至1985年秋，因当代文学研究会无力提供3000元的经费支持而暂停，用谢冕的话说："《诗探索》放假。"

从"南宁诗会"到《诗探索》草创期的编务工作，深感离不开上级领导、前辈和广大诗人、诗评家的关心与支持。"众人拾柴火焰高"，没有"众人拾柴"，《诗探索》不可能在诗歌界、理论界产生相当大的影响，可以举一些例子说明。

例一："南宁诗会"搞了一个《全国当代诗歌讨论会纪要》（洪子诚等人起草）送陈荒煤批阅。他看得很细，最后在《纪要》右上角批了"已阅，稍有字句修改"的字样。如其中原文有"极少数作品出现了比较晦涩、情调不够健康的倾向"的表述，荒煤将"倾向"改为"现象"，更见得体；原文中"一篇作品的社会效果的好坏，应该通过时间的考验"，荒煤在"时间"前面添上"一定时间"；《纪要》结尾处，又加上了"文艺战线必须坚决贯彻第四次'文代会'的精神，坚持社会主义方向，坚决贯彻双百方针"一段话，可见他是把诗歌问题放到文艺大环境中去考虑的。《诗探索》创办以后，也每期送贺敬之同志，他专门约见过张炯（仲呈祥作陪并记录），对刊物提出了与时代同步、与人民同心的要求。张炯随后执笔写了《加强诗歌内容的时代性》的专论，以"本刊评论员"名义于总第八期上发表。

例二：特别感念的是卞之琳对刊物的支持。他访美时写有一篇题为《今日新诗面临的艺术问题》的英文讲稿，后来据此又用中文在香港大学讲了一次。我得悉后马上同他联络，希望能赐予《诗探索》刊登，卞老慨然应允，遂将此文发表在第四期的头条。1982年的总第九期上，我们同时发表了他的《读胡乔木〈诗六首〉随想》和胡乔木写的《〈随想〉读后》两文，这是卞老主动为刊物撰写和提供的。卞老事先将文稿清样寄给胡乔木，乔木于4月19日写了《〈随想〉读后》，谦称自己是"业余作者"，"不想在这一点上占《诗探索》的宝贵篇幅。"27日又有改动，乔木写道："请告《诗探索》，在讲到'之'字可以属下的例句中，在'关关雎鸠／在河／之洲'句下，请加'帝高阳／之苗裔／兮／朕皇考／曰伯庸'，'悟已往／之不谏／知来者／之可追'两句。"卞老在"星期五早"即给我写来一短信："胡乔木同志已将校样寄回，并特为写《读后》一文，希望能在《诗探索》同时发表。这篇文章非常重要，不长，约千余字，如能及时发表，对新诗界和《诗探索》声誉与前途都有重大意义。

我今日上午有事，不能来你处面谈，请派同志带我的那一份校样，前来一商为感。"老诗人和政治家如此关心《诗探索》，又如此字斟句酌的严谨学风，令我们感动。

例三：《诗探索》确实体现了"大家都来探索"的编辑理念。在这里，头十二期上先后发表文章的作者，可以列出长长一串名单。这一可观的队列，汇集了上世纪80年代前期活跃于诗歌理论批评前沿的专家们，他们的理论贡献，他们的学术性与知识性并重的真诚探索，不该被诗歌界所忘却。

1994年，经中国当代文学研究会、北京大学中国新诗研究所和首都师范大学共同商定，《诗探索》结束"放假"而以辑刊形式作为书籍出版，并在经济大潮冲击下克服重重困难，一直把这个较高学术品位的诗歌理论刊物坚持至今。尽管谢冕和我挂了主编头衔，但主要编务、大量实际工作，是由另一位主编吴思敬教授及其团队承担的，他的勤勉、他的全身心付出的敬业精神，已令誉于诗界。这里还得记上一笔：在《诗探索》"放假"期间，艾青在逝世前病重的日子里，还与臧克家、李瑛、牛汉、张志民、林庚、金克木、杜运燮、屠岸等人，联名呼吁恢复《诗探索》的正常出版。我们怎能不铭记前辈那颗滚烫的诗心？

2011年1月25日于北京潘家园

（本书特约稿）

诗人的坑道

⊙ 詹澈（台湾）

2010年4月15~22日第一届 "21世纪世界华文文学峰会" 在台北举办，与会的北京大学新诗研究中心主任、诗评家谢冕和诗人痖弦在会后餐聚时谈到两人于两岸冷战对峙时期在厦门与金门筑战壕挖坑道的事，今两岸和解，两人已年近八十，特为此事举杯饮58度金门高粱一干而尽。两人都为中国新诗发展付出重大心力，听后有感以诗记之。

酒杯中的海浪，还听得见那沙与岩的朗诵
盐呀，盐呀，宣统那年的红玉米——
然而这是酒精度58的金门高粱
手不会颤抖，诗情已涟漪又波涛
轻轻一碰，酒杯清脆

海浪差点溢出心中的堤防
还在唇边，一句话还没说完
泪没有蒸馏出来
酒精比盐咸一点点，滑下喉咙
是一种热情催促下的甘甜

酒杯再轻轻一碰，战壕已是观光的城垛
诗人的坑道，已是心灵的通衢
两边都看见黑暗中逐渐放大的光亮
寒雾刚散，朦胧与不再朦胧

这是初春，还是初唐

这是初晓，也是和平

站在地雷上的高粱，摇摆着芒穗

遥望厦门南普陀山，相思树林细密如毫发

鼓浪屿日光岩下生长着——《致橡树》

新时代的观光胜地，还有一首传世的诗

酒已三巡，再轻轻一碰，酒杯中的灯光

仿佛在蛋壳里孵化的蛋，蛋黄含晕

如空弹壳已被装置成吊钟与灯罩

一种和平愿景里的心念

能把钢铁软化为水光

回神再看，水光已如针线缝补酒杯的缺口

酒精度的浓度节节升高，脸色还好

只是体态半醉，心境犹醒

我们还能平衡，在诗人与人之间

在诗与诗人之间，行走如常

〔载（台北）《新地文学》，2011年3月〕

冷 箭

谢冕诸君应有个说法

⊙　艾尚仁

　　我们从1997年11月台湾出版的《创世纪》第113期的内封上知道，这个由台湾所谓"行政院文化建设委员会"提供部分赞助的现代派诗杂志的办刊宗旨，即它的"现代派六大信条"，其中前五条向世人公布的是它的诗主张，即它的现代派诗观。这，我们不去说它。这"六大信条"的最后一条，则是："爱国、反共，拥护自由与民主"。这一条应该说与诗本身并无多少关系，它表明的是这个刊物的反共政治主张，或曰反共政治立场。

　　在台湾办一个刊物，尤其是接受了台湾官方提供部分赞助经费的刊物，公开打出"爱国、反共"的旗帜，我们认为也不是不可理解的。因此，也不去理会它。

　　我们还从这家刊物公布的"本社同仁、社务委员"的名单中，赫然见到九位大陆现代派诗家的名字，其中有大名鼎鼎的北京大学中文系教授、博士生导师、现代派新潮诗歌"崛起"论的魁首，和所谓"百年文学经典"这样大书的主编之一——谢冕先生。此外，还有白桦、任洪渊、李元洛、舒婷、叶坪、刘登翰、龙彼德和欧阳江河等。我们知道这九位大陆诗家中，有的还是中国共产党党员。

　　对于这个情况，我们百思不得其解。为此，特提出以下五问，烦谢冕诸君予以解答，以开茅塞：

　　（一）你们是在何时何地通过什么方式接受了台湾《创世纪》诗杂志社的"社务委员"的？

　　（二）你们在荣任《创世纪》诗杂志社的"社务委员"时，是否知道它是一个公开"反共"的刊物？

　　（三）你们在荣任《创世纪》诗杂志社的"社务委员"之前和之后，为这家以

"反共"为办刊宗旨的诗杂志提供了哪些服务？或者是在它上面发表过哪些作品？获得过哪些奖励？

（四）你们作为堂堂大陆的文艺工作者，特别是你们当中还是中共党员的文艺工作者，请你们自己说说，你们是否认为充当台湾一家"反共"杂志的"社务委员"是心安理得，是与政治无关，完全是你们个人的私事？

（五）你们是否还要继续充当这家"反共"刊物的"社务委员"？如果不，你们将作出何种表示？

我们以为，谢冕诸君对此应有个说法。希望你们能坦诚地毫无掩饰地向世人说说个中的真实情况，也就是讲讲你们的真心话。这样，兴许我们还会增长见识，眼界顿开，就会不仅知其然、而且知其所以然了。有劳了，谢冕教授诸君！

（载《文艺理论与批评》，1998年9月第5期）

更正启事

⊙　《创世纪》编辑部（台湾）

　　本刊113期所刊《现代派的六大信条》，为1956年"现代派"成立时宣言，非本社创刊宗旨，113期予以转载，主要为引述当时（六十年代）台湾现代诗与现代艺术发展的时代背景。

〔载（台湾）《创世纪》，1998年春季号，总第114期〕

将重拳击在棉花上

—— 代谢冕诸君作答

⊙ 古远清

有人怀疑《谢冕诸君应有个说法》的作者"艾尚仁"，可能是与谢冕激辩过朦胧诗问题的周良沛先生。笔者有一次碰到周兄，他斩钉截铁地说："我行不改名，坐不改姓。我从来不写这种人身攻击的文章。"

在大陆开展的历次政治运动中，大批判文章的作者均喜欢用笔名。这篇《谢冕诸君应有个说法》的作者，也可能用的是假名。是真名还是假名用该文的说法我们"也不去理会它"，最重要的是此文传达的信息虚假：《创世纪》诗刊在上世纪90年代并不是反共刊物，而是认同"一个中国"的杂志；谢冕诸君从来没有为所谓"反共、刊物"做过不利于两岸同胞"相逢一笑泯恩仇"的工作，相反为整合分流的两岸文学作出了贡献。

对"艾尚仁"提出的五问，笔者替"诸君"的带头羊谢冕就前三个问题作答如下：

一、谢冕是从1991年1月份开始担任《创世纪》社务委员的。在此之前已有大陆的李元洛、吕进等人和国外的许世旭、王润华加入该社。所谓"加入"，事先不一定都征得本人同意，更没有发证书，只是在杂志的同仁录上刊布。担任《创世纪》社务委员后，"诸君"也从未参加过该社在台湾举行的内部活动，对他们刊登的稿件更未"审查"过。2001年春，该社不再让挂名的大陆社务委员出现，同样事先没有通知谢冕等人。设置大陆社务委员，本是该社从事两岸文学交流的一种方式。任何支持两岸化解敌意的人，都不会反对吧？

二、谢冕担任《创世纪》社务委员时，只知道该刊创办者曾是军人，他们办的刊物却甚少火药味，其同仁对大陆非常友善，热衷于开展两岸文学交流。还在1988年8月，该刊就不怕"深蓝"诗人说"向共匪文人暗送秋波"而制作《两岸诗论专号》，后又多次开辟《大陆诗页》专栏，刊登所谓"共匪作家"的作品。现在大部分的台湾作家都不认为自己是"中国台湾诗人"，可《创世纪》的主要成员在国族认同问题上，均理直气壮承认自己是中国人，是在台湾的中国作家。

三、谢冕"荣任"《创世纪》社务委员后，先后不分派别接待过洛夫、余光中、叶维廉、文晓村、台客、金筑、高准等众多爱国诗人。不妨"坦白地毫无掩饰地交待"，谢冕和台湾诗人第一次"亲密接触"是在1988年9月9日。那时台湾刚解除戒严开放大陆探亲，但严禁公职人员和大陆文化单位及人士接触，可坚信"谁先偷跑谁就赢"的"外省诗人"张默、辛郁、洛夫、管管、碧果、张堃等六位《创世纪》同仁，冒着回台后被处分被开除的风险，到北京大学和谢冕等人"密谈"，谈完后在北大门口个个笑逐颜开合影留念。这些"阿兵哥"回去后，只好向当局"谎报"是在北京旅游时偶然碰上谢冕的。同样，谢冕接待他们，也是冒着被人举报"和反共诗人眉来眼去"的风险。

"艾尚仁"的文章一开头便是"我们"二字，其文章似乎有来头，也有可能代表某刊编辑部，或曰是代表着一群不赞成改革开放的政治势力。《谢冕诸君应有个说法》发表在某刊《自由论坛》，可文风酷似当年北大、清华大批判组"梁效"："党性"是那样强，动不动就抛出"政审表"，查人家的政治身份。执笔者也很可能是资深"专案组"成员——至少是中共党员吧，他总该知道邓小平对台政策的一项叫"爱国不分先后"。"四项基本原则"只对内，它从来没有强求台湾同胞要拥护社会主义和拥护共产党。现在的两岸关系不再是建立在国共两党斗争的基础上，两岸最危险的敌人不是别的而是台独势力。这是一个寻求和谐、和解、和谈、和平统一的时代。正如王德威所说：汉"贼"不再势不两立，"敌"我正在握手言欢。君不见，连原中共中央总书记胡锦涛都和国民党荣誉主席连战在北京"拥抱"呢，而谢冕和过去的反共诗人交流，让彼此化解敌意，何罪之有？

"艾尚仁"的政治常识不及格，台湾文学的知识也等于零。即使《创世纪》不登更正启事，稍有台湾文学常识的人都知道那含有"爱国、反共，拥护自由与民主"内容的"六大信条"是纪弦创办《现代诗》的办刊宗旨。"艾尚仁"的前提大错特错，再加上他标点符号知识不过关，把反共打上引号其效果是不反共，还把传统派李元洛打成"现代派诗家"，所以他那近乎告密式的文章，无疑是将重拳击在棉花上了。

最后要交待的是，谢冕诸君当年对类似武侠片中血滴子的讨伐以沉默作答，而"艾尚仁"也从此不见。"艾尚仁"自动消失了，但其所代表的极"左"思潮仍然存在。《谢冕诸君应有个说法》这张"大字报"在北京某权威刊物出现，可让我们知道当年从事两岸文学交流是何其艰难，谢冕诸君登陆宝岛文坛又需要何等的勇气啊。

〔载（台北）《世界论坛报》，2013年4月18日；（美国）《红杉林》，2013年第1期〕

开 卷

为黑夜之魔送葬

——谢冕早期散文诗三首赏析

⊙ 马相武

谢冕是当代中国的一位文学评论家、理论家，享誉海内外。但是，谢冕曾经是一位诗人，而且是一位相当出色的诗人——却在中国现代诗歌史研究者和同龄诗人以外鲜有人知。四十年代的报刊曾发表过谢冕创作的许多诗歌，还有一些深沉激昂隽永的散文诗。我们在这里选取和诵读他的《公园之秋》①、《墓地》和《死域》三首散文诗，既是对现代诗歌尤其是散文诗艺术的鉴赏，也是对昨日的诗人谢冕的身影的追寻，更是转换一个侧面对今天的学者谢冕的另一番打量。

枫叶红似榴火，我不想作一首华丽的赞美诗——《公园之秋》

在各种文学体裁中，散文诗可说是极为偏于主观和内向的了。读了《公园之秋》，你可以发现，这种在表现形式上最为自由的文学体裁，恐怕是特别适合于有着一颗躁动的心的少年谢冕的。

诗人当时十六岁，已经写过一些诗，但散文诗还是初次问世。那次少年诗人写成命题作文《公园之秋》，博得中央大学国文系毕业的中学国文教员的高分和赞赏，鼓舞之下，擅自投稿，竟获刊载于《中央日报》（1948年11月25日）。时迁四十余年，诗人回忆起当时的情形仍感慨系之：看到当日报纸却身无分文，只得遏住欣喜的冲动，熬至报栏上的报纸过期弃置才用刀片割下自己的那一方铅字"惠

---

① 《公园之秋》1948年11月25日发表于《中央日报》，而不是《六十年散文诗选》（江西人民出版社）一书所注的《星闽日报》。此据作者谢冕更正。

存"起来。

这篇处女作散文诗还是经得起后人细读的。初览之后会感受到一种强力的冲击——少年诗人特有的雅朴的执着和激荡的血性。当你思绪的触角延伸至：作为少年诗人的艺术师承，"雨巷诗人"戴望舒，与李广田并称为"汉园三诗人"的何其芳、卞之琳，以及丽尼、陆蠡等，虽然分属不同流派、风格，造诣和影响也各有差异，却一齐受着时代和现实的推动，靠拢人民和革命，从抒写个人悒郁怅惘的情怀转变到放声高歌民族的未来、人民的解放。然而，在这汇入人民革命洪流的大合唱中，这些歌手的歌声并不比这位少年诗人更加圆熟。由此你便会不禁重新打量这首诗作，这是一位以自己年轻的歌喉、全身心的真挚和冲决一切的生命力唱出时代最强音的诗人。

这首诗都像这样涂抹着浓重的主观色块："枫叶红似榴火，我不想作一首华丽的赞美诗"，"忧郁的山河啊！你皱着眉，屹立在对面，泉水潺潺地从山凹中流下来了，是孤独者的泪啊！"如果细读全诗，又别有感触。你看，开头一节，先作客观记述，"黄昏，我走进公园"，其实，这同时又是可以看作抒写情怀的，因为这毕竟是"我"在述说"黄昏"的"我"。紧接上："我没有闲情来享受这绮丽的秋之景色！"这一句也具有同样的双重功能。此外，前后两句还构成交错状态。我们容易把握的是后句的急转直下造成的气势和力度，以及语言功力上的得分，但不好捕捉的是句间的微妙造成的心理空间。整首诗各节之间都有类似首节的艺术特点，语调和句势的跌宕，景为情倚，以景铺情，以情为主，景情对比，园内景与园外景对比，使得一首短短的散文诗，在特定的张力中，充分展示了一颗不平静的心灵。身在园内，心在园外，绮丽的秋景环绕的是一位不安分的少年，"公园之秋"的命题说来也忒难为了少年诗人。

我们可以用来对散文诗的一般理解或定义作一个否定的是：至少这首诗不完全是主观和内向的。作为一位激进的革命少年，诗人眼里的山是那么忧郁，看到的泉水也是孤独者的泪，因为"风，像一把利刃，刺向人民的咽喉"，因为"人民哭了，哭声恰像秋的风，飒飒地响"。"红似榴火"的枫叶，进入诗人的视野幻化成了"苦难大众的血迹"，"在黎明未降临之时，他们被黑夜之魔缚套去了，血，斑斑地染在枫树叶子上。"这是黎明前最黑暗的时分，人民的敌人在垂死时疯狂地反扑，血腥地屠杀。在诗人耳畔，"山河呜咽着"。"绮丽的秋之景色"，一旦具体到诗人的笔下，却是"像纸币"一样，是"秋风中飘零的枯叶"，占满少年诗人胸膛的是"血和火"。当时的华南之大,已经放不下一张书桌了。"赤化"的思想,反抗的意志,贫微的家境,身边的"血和火",都在推动着少年诗人直接投身革命斗争。不久诗人便投笔从戎。这里没有旁观的同情和大潮的裹挟,也不是"相看两不厌",更说不上"感时花溅泪"或罗曼蒂克。我们可以满有把握地说:少年诗人是带着一种自觉的反抗、强悍的性格和澎湃的激情穿起军装的。诗人本人当然不是主观和内向的:他的心连着那"公园外,一片广漠的田地"。他的热血和脉搏只受着绿色和金色的刺激,因为"绿色,是大地母亲的胸脯;金色,是血汗付出的代价"。末节复沓的旋律是"明天,又将是收获的季节"。在绿色和金色的晖映下,一个忧国忧民、舍身投入、性格倔强的少年从狭小而绮丽的"公园"中走了出来。在这里,散文诗内向的品格同诗人外向的人格已经很自然地化合在一起了。

在第三次国内革命战争连天炮火的背景下,倘若你愿意以最严峻的目光审视这首散文诗的话,还是不难察觉到那种在当时还是"非无产阶级的情调",但实际上这已经完全限于艺术范畴了。你可以指出汉园诗人和丽尼、陆蠡等诗人的影响,但你找不到如何其芳的《预言集》等早期诗歌中冷艳的色彩、感伤的情调、精致的词汇,你也找不到曾经是"小处敏感,大处茫然"的卞之琳在《数行集》、《音尘集》、《鱼目集》中着力的诗的"欧化"、"古化"或"化欧"、"化古"。找不到那种汉园诗人喜欢的传统的意境与西方的"境遇"的交融,那种传统的含蓄与西方的"暗示性"、"亲切感"的融汇,那种平淡中出奇的风格,那种克制感情的自我表现,而追求思辩美的"非个性"倾向。自然,更找不到"为艺术而艺术"和"纯自我表现"。少年诗人的难能可贵在于虽借鉴前辈诗人的艺术却以我为主,强化艺术个性,即便是表现充满战斗性的大主题,也是将一切别人的艺术经验和景物具象融入性格化的抒情过程,从而展现出一种自然而错落有致的结构和豪放雄浑的战斗风格。作为诗歌爱好者,你可能不难感受到那些他所喜欢过的大诗人的诗歌中曾经出现过的意象,但得承认,这首散文诗完全属于少年诗人自己的创造——用诗人自己的"术语"可谓之为"瞎马"。创造成功的原因主要得力于东西方诗歌影响的交汇,而这种交汇可能更直接地还得归结于少年诗人所师承的诗人本身就是西方文学与中国文学结合后的"宁馨儿"。

　　　这是一个送葬的世纪,让生者倔强地爆裂开土地,让死者埋下去填补他的
　　空位——《墓地》

墓地意味着死亡，也是死亡的直观再现。而死亡却是个奇怪的命题：它是人类任何一个种族、民族、群体最大的禁忌，但它又是一个反常的禁忌，因为它同爱情、性一样，又是人类最永恒的主题。谢冕的散文诗《墓地》以一个青年诗人特有的敏锐和深沉，加入了古往今来人类寻求揭示死亡真谛的行列。

有人说，"给每一座坟墓一个小小的世界，一条小路，一个安静的角落，在这个角落里，人们可以坐下来。按照习惯，这就是圣地。"这首散文诗透过墓地这个独特的世界，寻觅死亡与生命、死亡与时代的关系。在这位青年诗人的眼中，死亡既不是极乐世界的天堂，也不是黑暗罪恶的地狱，更不是驶向来世彼岸的摆渡，而是一种充裕的生命的自然延续，而生命又是对死亡的进击和否定。死亡是人类社会进步的阶梯。死亡是生命的代价，而生命又是死亡的代价。

在这首诗中，青年诗人眼中的墓地是实实在在的客观存在，墓地的场景也是白描下的现世的世俗生活的一部分，墓地是青年诗人思考死亡与生命、死亡与时代等重大命题的一块圣地。全诗从空间视觉上自然划为三部分：第一部分勾勒丛林深处的墓地的形象，第二部分自白墓地上的"我"，第三部分白描墓地上的场景并集中阐发对死亡的议论。各部分共载统一的主题：我和墓地。三个部分的首句分别是："我时常一个人徘徊在丛林深处的墓地上"、"我时常走到那里去"、"时常，当我在这里的时候……"三部分的主题在变调中上升到："这是送葬的世纪"。实际上，我们完全可以把它看作全诗的主旋律。

只要用心，我们可以读出青年诗人对死亡的思考的独特性：首先是结合现实生活场景勇敢地正视和思考死亡，"不论是清晨，午夜，每当我的心感到激动时，我便毫无犹豫地走向那里。"其次是坚持"我"的思考，既排除诸如宗教和反动势力的宣传，也不囿于前人和世人已有的关于死亡的认识。这种对人生基本命题的思考又具有经常性，"时常"一词在每部分首句出现。另外，紧扣生命以及时代来思考死亡的主题，充满着坚定彻底的革命的和进化的方法论和辩证法。青年诗人目睹缓缓走来的"穿着白色的丧服"的"出殡的行列"，感慨"好热闹的浩浩荡荡的队伍"！"我想，这就像迎娶一样呢！"不能说这是幸灾乐祸的阴暗心理，而实在是对死亡和送葬的辩证思考，正如中国的黎民百姓历来信奉的"红白喜事"说一样。诗人从墓地回去的时候"蓦地记起了何其芳说的'这是送葬的世纪'这句话米"绝非偶然，他是把墓地当社会在观察，在思考。然而这又是一个非常特殊的社会。这是一块圣地，肃杀、静穆、阴暗、残败、凄凉，然而超凡、脱俗、绝对，并且以人与墓的最简洁的图景构成生与死的哲学关系，便于诗人作深入的抽象思考。最后，诗人把"我"置身于"送葬"的时代洪流，发出"旧的决没有被人留恋的价值，要死的让它死去，正如抛弃了无用的废物一样，活着的人一定要坚强地活下去"的呐喊。这里已经透视出诗人革命的人生观、价值观，以及那种坚决埋葬旧世界、同旧的反动的传统势力彻底决裂的叛逆精神。为了迎接新的更人道、更公正的社会诞生，迎接人的新生和光明的普照，诗人用诗句描述他的生死观和社会历史观："让生者倔强地爆裂开土地／让死者埋下去填补他的空位。"诗中的墓地给人的总体印象仿佛有鲁易斯达尔的油画《犹太人之墓》的氛围、勃鲁威尔的油画《月出的景色》的自然景观，然而，当阴郁的墓地由诗人的灵性之光射穿，当我们联想到生者已经倔强地爆裂开土地，而死者不得不埋下去填补他的空位时，我们的眼前马上仿佛又展现出生机盎然的庚斯波罗的油画《饮水池》和罗梭的油画《橡树》的景色。

> 一群生活在死水中的鱼，他们正在寻找着活的源头
>
> 沉默并不可怕，沉默地死去，那才是更可怖的事呵
>
> ——《死域》

散文诗《死域》很像一首精致的朗诵诗，读来朗朗上口。它具有一种内在的节律感。这首先与句式有关。全篇基本上是由对仗对称句和排比句组成的。如"在霓虹灯强烈的光线下；在黄沙滚滚的沙漠中：人和兽分不清，把敌人认做朋友，把野兽认做人"、"阳光下，狼犬狐狸满街跑；夜里，蝙蝠出来了，而善良的人性，却永远被囚在暗室。没有阳光，没有灯，而有的是：黑暗，黑暗，无边的黑暗呵！"又如连续三个"分不清"的排比句。节律感强跟诗中有意无意地出现错落分布的合辙的韵脚也不无关联。节律感的内在性更主要是由于诗人在凝炼的篇幅中，大量使用成对反差强烈的意象和对比鲜明的概念有关：如霓虹灯光—沙漠黄沙、人—兽、敌人—朋友、阳光—黑暗、白日—黑夜、真理—虚伪、哭—笑、死水—活源、沉默—爆发、沉默—死亡等。

内在的节律感给全诗带来了一种明晰畅晓的哲理性，这种哲理性与其说是发人深思，不如说是催人奋起。它鼓舞人们拥抱崭新的生活，埋葬昏暗的死域。因为它来源于逻辑的简洁明快、思想的清澈道劲。当人们深恶痛绝黑暗的时候，必然奔向光明；当人们看到曙光初露的时候，必定再次获得斗争的勇气和力量。诗中先后出

现的六处"这里"或"这里……"强化了爱憎的烈度，在间离中诅咒了死域及其人兽不分的生活，表现了诗人身处死域而与之决绝、彻底批判的态度。明朗的哲理性的获得还同诗人注意运用象征手法有关。比如"死域"的整体象征，"狼犬狐狸"、"蝙蝠"、"暗室"、"死水"和"鱼"等的具体象征，都丰富和加强了全诗所要表达的诅咒黑暗的死域、渴望在沉默中爆发、迎接光明和生机勃勃的自新大陆的主题。

细读《死域》，可以读出闻一多乃至丽尼、陆蠡和何其芳。正如诗人自述："那时我写诗是这里学一点，那里学一点。"闻一多的名诗《死水》"这是一沟绝望的死水……"自不必说。就散文诗而言，陆蠡的《黑夜》，丽尼的《黎明》、《黄昏之献》、《红夜》、《长夜》和《鹰之歌》，何其芳的《独语》、《黄昏》和《梦后》，都有着同《死域》类似的意象和氛围。除何其芳那搜寻和描画"梦神"流露出来的格调明显偏于闲适、冲淡和含蓄之外，在情感取向上，谢冕同其他几位诗人大体一致，不同主要在于谢冕的散文诗比上述任何一位的在情感上都要强烈得多，激愤得多，特别是赋予全诗以彻底的批判性格和昂扬的战斗气质。在所举各篇中，从对"黑暗"、"黑夜"的刻画所占篇幅按比例来看，《死域》算是大的了，然而它的理想色彩和"亮色"也是最强烈的，这恐怕是由于十七岁的谢冕正在以自己的抗争迎接神州黎明的缘故。就印象而言，谢冕的散文诗偏向于诗，而其他几位的借重于散文。但是无论你怎么读，却找不出因袭和模仿的痕迹，青年谢冕的"消化"能力是足够强的。即便在语言技巧上，《死域》也未必逊色。在谢冕的散文诗里，有意象的跳跃，但却没有由此带来的晦涩和神秘感。这与西方现代派诗歌以及戴望舒等人所创造的具有民族特色的现代象征诗很不一样。他的散文诗里跃动着明快的贴近生活的情绪节奏。但不像上述一些诗人在散文诗中采用日常对话的形式和现代口语，也不喜欢大量插入内心独白。另外，他只是偶尔使用通感的手法，这同多数散文诗作者的习惯不太一样。这首《死域》可以证明诗人是深谙散文诗之于散文的优势的，诗人避免了人们在散文创作中容易出现的内容的繁杂和节奏的迟缓等通病。

以鲁迅的《野草》为先导，闻一多、何其芳、丽尼、陆蠡等一大批作家诗人的散文和散文诗创作都经历过"曾经想要写，但是不能写，无从写"（鲁迅：《三闲集·怎么写》）的内心苦闷时期，创作中的那种迷茫、感伤和苍老，"正象征了一个时代的苦闷"（阿英：《现代十六家小品·茅盾小品序》）。黑暗曾笼罩和压迫着散文诗的氛围，描写黑暗的沉闷，抒发反抗黑暗的无能为力感也曾是散文诗共同的主题。散文和散文诗到了谢冕创作的年头，已经升华到"啊，中国，我们真值得为你战斗"（田一文：《向天野·向天野》）的总主题。进步诗人们齐声吹响了埋葬黑暗的号角，这里头当然有着《死域》那不同凡响的声音。

（载《名作欣赏》，1991年第1期）

《依依柳岸》序言

◎　张志忠

　　本世纪初，有一个冬日的下午，黄子平、季红真和我，在毕业离校多年以后，再一次聚会在谢冕老师家。畅春园的书房里，堆积得到处都是的书刊报纸，抢夺着有限的空间，却也让氛围更为紧凑。温馨的灯光，融融的暖气，师生数人促膝而谈，时间和空间的阻隔（黄子平此番是从香港而来，而我们从先生门下毕业已经20年），全无踪影。那天都说了些什么，我几乎都忘记了。师母陈素琰说的一句话，却

张志忠

让我怦然心动——这还是你们当年跟着谢老师读书时的样子啊。是的，回想起来，1982年的春天，我和季红真，在黄子平师兄的带领下，出北大西门，作为新入门的弟子，到蔚秀园拜见先生，陈老师亲自主厨，设家宴招待我们。其中一道菜，是把一大盘小河虾去壳，烹制而成，陈老师和季红真两个人操持了很长时间，也让我这个北方佬大吃一惊，做菜也有这样费时费力，这样精细。时光荏苒，谢老师的爽朗依旧，洪亮的笑声依旧，我们几个弟子，对谢老师和陈师母的爱戴依旧。

　　遗憾的是，我们几个弟子，后来都没有在北大落足。子平走得更远，先是北美，后是香港。于是，我们对北大的依恋之情，更多地是从先生那里感染到的，也折射到先生身上。百年北大，先生亲历其半，落在笔下，有上世纪50年代中期那短暂的春暖时节，有历经沧桑的先辈学人，有作为后生晚辈的诗人海子，有未名湖和依依垂柳，有百年庆典的祝词和回望，也有一次次的中文系1955级同学相会的现场，有对北京大学与中国新诗萌生成长的关系的热情阐释。地处三湘，草木犹香。

诚如先生所言，"燕园其实不大，未名不过一勺水，水边一塔，并不可登，水中一岛，绕岛仅可百余步；另有楼台百十座，仅此而已。但这小小校园却让所有在这里住过的人终生梦绕魂牵。"（《永远的校园》）但是，与眼前的具象相比照，还有一座精神的校园，或者直接称之为"精神家园"更为合适："其实北大人说到校园，潜意识中并不单指眼下的西郊燕园。他们大都无意间扩展了北大特有的校园的观念：从未名湖到红楼，从蔡元培先生铜像到民主广场。或者说，北大人的校园观念既是现实的存在，也是历史的和精神的存在。在北大人的心目中，校园既具体又抽象，他们似乎更乐于承认象征性的校园的精魂。"（《永远的校园》）《永远的校园》作为散文名篇，入选中学语文课本，不但是给中学生们提供了一篇文情并茂的散文，更会激起多少年轻的心灵对北大这片学术圣地的向往啊。

先生对燕园的咏赞，见出其生命的投入。不过，谢老师只是突出了北大的一个侧面。北大从来都是多元的混合体，有多副面相。从当年的"一堂两院"的恶名，到"文革"风云中的示范作用，再到市场化时代对本来就不平静的校园的冲击，都历历在目。有一年春节到先生家拜年，我愤愤然地说，北大的教授们都成什么样了，睁着眼睛说胡话，有人说中国人到了一套住房加一套度假房的时代了；在所谓"郎顾论战"中，有的教授不顾脸皮力挺某个老板，不料那个老板很快就因为经济犯罪成为"阶下囚"……先生默然不语。或许是他看到的此类事情，比我要多得多；也还可以说，先生有洁癖，不愿意谈论那些为他所不齿的人和事。即便把话题缩小到学术领域，中国当代文学学科，似乎也是难免遭受别的学科歧视和排斥的"弱势群体"。先生作为中国当代文学学科的创建者之一，在国内众多高校中，参与建立第一个当代文学教研室，第一批担任中国当代文学的硕士生导师，主建全国第一个当代文学博士点，第一个被批准为本学科的博士生导师，有着许多的"第一个"的记录，谢老师应该是足以自豪的。但是，有一次我和他说起一些学人感受到的学科歧视，先生也坦陈，这种压力，他也未曾幸免。其实，那些自以为自己的专业领域比现当代文学学科"有学问"、"级别高"的学人们，不过是五十步笑百步，是秦人不自哀而后人哀之。先生是个有心人，他注意过每逢高考招生时，北大招收的各省市高考状元的专业选择，中文系怎样从学生们的首选逐渐黯然隐退，为那些高分考生纷纷流向经济、法律类专业感到心痛，他认为第一流的人才，应该从事人类精神的宝塔尖的人文科学的探索和创造。这在当下，显然会被看作是不识时务，不过，精神的追求，当然不应该是随波逐流，任意变换的。而且，现实越是变异，越是看得出他对北大精神的坚执和反复强调，越是看得出他对现当代文学、现当代诗歌研究的念兹在兹。

先生对北大精神的赞扬，主要集中在三个阶段：作为戊戌变法唯一保留下来的成果和命脉余存而建立的京师大学堂；"五四"时期作为新文化运动的主要推动者的蔡元培主政时期的北京大学；1955年入学至1957年初夏，马寅初校长治下的宽松而良好的学习氛围、校园情景。前两者是对未曾经历的既往的追思，后者是谢老师的亲历。入世与治学，社会使命与术业专攻，两者兼顾，在实用技能和精神探寻的两难中则取舍分明。先生说：

> 北大人是入世的，他们读书思考，却始终不曾须臾脱离中国的历史和现实。他们坚定地站在自己的位置上，作为知识者，他们有一种能力，可以把现世关怀和焦虑转化而为文化和学术的革新和建设。五四新文化运动即是一例，那时北大师生为抗议丧权辱国的怒吼有如雷电，但最终转化而为新文化和新文学的划时代的变革，却更为显示出北大人的胆识和才智。当日新文化革命的前驱者中，北大师生齐刷刷站成了雄壮的队列。而《新青年》和《新潮》这两面飘扬在中国上空的崭新的文化旗帜，依然是北大师生所高举。

这里见得出先生的一种智慧。北京大学，在民族危亡的关头，也曾经有过振臂一呼、天下响应的豪迈，拍案而起、舍身成仁的英勇；但是，在更多的时候，有能力运用自己的学识和决断能力，"把现世关怀和焦虑转化而为文化和学术的革新和建设"，和那种直斥时弊、奋力呐喊的热血文字，具有同等重要的作用，如果不是更加富有历史的和现实的意义的话。而且，先生自己的作为，就证明了这一点。新时期之初，正是一个思想解放潮流奔涌、众声喧哗的时代，痛诉各自遭受的苦难和惨痛，成为时风；敢于挺身而出，以为民请命的姿态，揭露和批判"文革"遗留下来的和新出现的丑陋和不公，以大无畏精神挑

挥毫的谢冕

战势力庞大的极"左"思潮，都是受到时人的尊重的。先生有那么丰富的阅历，有那么多的思考，他的选择却是以对文学的言说为度，并不直接去"干预现实"、"干预政治"，而是凭借敏锐的审美感悟力，为诗歌的突破僵化模式的创新精神，为艺术的多元化的价值取向鼓吹呐喊。这又不仅仅是为艺术而艺术。在那个迅速转型、高度过敏的时期，艺术问题往往被视作政治问题，艺术领域的论争往往被来自政治的超强力量所左右。反过来，对艺术成规的冒犯，也变成了对社会成规、政治成规的冒犯。它同样需要极大的勇气和良知。我也曾经目睹过在时势骤变中先生所承受的巨大压力。时光流逝，先生对新诗潮的推助和张目，其积极的建设性意义日渐彰显，用自己充满艰辛的实践，证明了北大精神的魅力。经过了雨雪霏霏，才更能领略依依柳岸的风骨吧。

（载谢冕《依依柳岸》，天津：百花文艺出版社，2011年）

《红楼钟声燕园柳》代序

⊙　高秀芹

一

今天我决定放下所有的事情重写这篇文章，还是用原来素描的方式，而舍弃以前不断知识化的叙述，还是用我的感觉来写片段的素描。《谢冕先生素描（一）》，用在谢先生的散文集《红楼钟声燕园柳》作为代序，学生为老师的书写序是谢门的传统，当年谢先生的重要著作是大师兄黄子平写的序。

这是一篇写了又写的文章，不停地被催促，阎纯德老师总是温柔敦厚地电我，我总是不断地被各种事情侵占、打扰、分隔，原来文章结构被破坏得支离破碎，我自己也被分隔成一个言不及义无法履行诺言的人，尤其是对我导师谢冕先生，我感到了无言的压力，这样的压力在这个冬天显得尤其让人难受。

本来这是一件让人愉快的事情。为谢冕先生编选一本散文选，是我的夙愿，先生也希望我能来做这件事，正好有了阎纯德老师和长春出版社的好意，自然就是天作之合了。我领受这份美意时带着自己质朴的感情，就像十几年前从山东来北大求学的那个小心翼翼又意气风发的小女生，我好像又回到了1995年的北大，回到畅春园，回到未名湖畔，回到先生每周一次的"批评家周末"。五院的紫藤花刚刚如薄雾一样初开，先生的笑声把花瓣震得在春风里摇晃。

散文集编选好了，叫《咖啡或者茶》，这是用先生一篇文章做的书名。他把人生分了两个境界，咖啡境界或者茶的境界，现实的或者浪漫的，他善于在极短的文字里表达自己对世界和人生的看法，艺术的却是哲学的。其实，他的人生境界比这要阔大得多，丰富得多，不仅是咖啡或者茶，而是咖啡和茶、红酒、白酒、鸡尾酒，人生各种不同的层面都在他那里有所折射融合。只要是美的、合乎人性的、带

谢冕

来愉悦和欢欣的，他都喜欢。

　　其实，编选谢先生散文集的过程中，我才感觉他文章的多样性和丰富性，恰恰应了那句著名的话"文如其人"。我还有一个观点就是，在文章这件事情上一个人的境界有多大，文章的境界就有多大。纵观一个人的文章是丝毫做不得假的，尤其是散文这种文体，一下子可以看到底的。谢冕先生散文的多样性和丰富性让我在编选中有些难以下手，不知道如何能呈现他文体的多样性。我给他的好友洪子诚先生写信，希望能获得帮助，洪老师回信说：

　　谢老师的文章大多质量很平均，选择有时候有点为难。总的说，能增加一点"沉重"的东西较好：因为他不仅是林语堂，也还可能是鲁迅；虽然他自己在极力向林语堂转化。

　　"林语堂化"或者"鲁迅化"，还有没有"梁实秋化"或者其他的什么？也许在他文章里都有影子，仅仅也就是影子，他更多的是他自己，可以用"谢冕体"来描述他的文章。一种文体会因为一个写作者而获得重新的认识和发现，我这里要说的是谢冕先生和他的散文。

　　编选一本能代表"谢冕体"的谢冕散文集有些难度，这个难度来自于谢冕先生的散文自成一体，同时又富有无限多面的旨趣，这都意味着很难以一种标准来编选他的文章。本来我以为自己对谢先生的文章已经很了解了，但是，在重读他的散文时，我又一次获得了新鲜的体验，再次感觉文章与人的气息、性情、境界内在的关联。

　　"谢冕体"的关键词是：大气磅礴，情绪饱满，词采繁茂，诗意盎然。不管是短文小品，或者长篇巨制，他驾驭轻松自如，他是用诗人的感觉来写文章。

　　有的人写诗生活中却是一个俗人。

　　有的人不写诗生活中却是一个诗人。

　　谢冕先生就是生活中的诗人，他的内心深处时刻萌发着西湖的春天。

二

　　谢冕先生生于1932年，80岁的人了，比我们都年轻气盛。除了他头发比我们白些，他走得比我们快，笑声比我们响，皮肤比我们舒展，眼睛比我们透亮，心比我们年轻。我们都是一些未老先衰的人，谢先生却是盛唐气象，少年精神，他的心里永远昂扬着诗意，他是北大精神的继承者和发扬者。

谢老师很少写字，也不题字，跟他求字比什么都难。我知道他有许多知名人士的墨宝，包括于右任先生的墨宝，他对书法有自己独到的见解，我只看到他写过两幅字，一幅是给为了理想在北大求学的师姐陈顺馨："无悔青春"。一幅是给成功攀登珠峰的师兄黄怒波："绝顶"。谢先生的书法如同他的人，气质不俗，不拘一格。我们问他要字，他就大笑："我的字那么臭，怎么好意思呢？"他好像羞于示人，其实是一种回避，他给的人是他对于精神的一种表达，他看重的是对人生极致境界的不懈追求。

我经常想自己活到80岁会怎么样，谢先生超越年龄的诗人气度让人还是有些向往——对人生，对将来。他的悲苦喜乐人生里有那么多醇厚的人生经验，从容地融化到他的文字里。我不忍心触及他的悲哀，他的大悲哀，那是一种肝胆俱烈的悲哀，他度过去了。那个冬天，他每天坐着公共汽车从郊区到朝阳医院，路有多长，他的哀愁就有多长，早出晚归，一个近80岁的人穿越城市的拥挤哀愁，他要陪伴唯一的儿子度过最后的日子，那是一个无法测量的悲哀。天不亮他就上路天黑了他回来，悲哀比冬天凄苦漫长，他知道运命的不可挽回。他的儿子谢阅，一个出色的外科大夫还是先于他走了。第二天我的师兄韩毓海给我电话，我们跟翟晓光一起去看望这对相依为命的老人，那时，我就想我们这些学生都是您的儿女。谢阅三周年，我跟师兄孙民乐、刘圣宇陪着导师、师母、儿媳妇、孙女一起去看谢阅。后来先生写了《天寿山安魂曲》，也收在这个集子里了。经历了人生的大悲哀后，谢先生又开始了坚韧的生活。他是怎么度过那些悲哀的日子，怎么把悲伤清理储存到人生的经验库里，我不得而知，我只看到他的脸色从暗淡的灰色慢慢恢复到了亮色，他又开始写作，开会，接待各式各样的人。

三

谢先生越来越好玩了。这个表述有两层意思，一层是他这个人越来越好（好，去声，喜欢）玩了，一层是他这个人对于大家来说越来越好（好，三声，有意思）玩了。他自己好玩，就满世界飞着玩了，他在天空飞翔的时间越来越多了；他让大家觉得好玩，大家都喜欢跟他在一起，跟他一起玩，我们越来越把他当朋友，而不是一个老人，一个导师了。有一次去杭州开会，谢老师对大家宣布："会可开可不开，书可读可不读，谢老师的话可听可不听，杭州这么美的地方，大家要吃好玩好。"他喜欢杭州，我也喜欢杭州，我们对杭州的感觉惊人地相似，相约同跑西湖，听说谢先生已经跑了，我还没有开始自己的行动，真的希望能在烟花三月我们同跑在西子湖畔。

谢先生经常会说一些诸如此类惊世骇俗的话，他跟大家在一起总是快活的，他是快乐的中心点，我们围在他身边，吃喝玩乐。他带领大家喝酒，他的酒量大得让我们吃惊，"三盅全会"在他面前齐开。他的食量也大得惊人，他对美食美酒的兴趣让人感到生命的无畏和盎然。有一次诗人骆英请他去香格里拉吃自助餐，他一气吃了十几只生蚝，骆英有些担心，劝他不要吃了，他说好吃，还要再吃。以后我在不同的场合听到骆英讲述这件事情，这个三次攀登"珠峰"的诗人好像讲着不可抵达的人生境界。

谢先生喜欢人生极致的东西，他喜欢动的不喜欢静的，所以他喜欢跑步而不喜欢太极。一些类似慢动作的活动，都很难引发他的兴趣，包括气功和瑜伽，包括垂钓和下棋，他喜欢快节奏的运动。喝咖啡他一定要放很多糖，吃月饼他一定不吃无糖的，他不喜欢"乏味"的人生。他从来不检查身体，不吃保健品，他顺应自己内在的感觉，他有一套自以为是的道理。他是一个人间趣味的享乐主义者，他自己说是悲观主义者，他以悲悯之心积极地应对人生的酸甜苦辣。

对于人世，他看得越来越通脱了，他对我说过，谢老师对学问越来越不自信了，但是对看人看世越来越自信了。他从来不看重自己的得失，他心知肚明，却又从容通达，喜乐无边。先生的爱玩、寻求快乐，看起来是他对人生的豪放态度，其实，他比我们这些学生要努力得多。我们经常读他刚刚写的文章感到自己的羞愧，每次会议他始终如一地写出发言稿，去年他主编的《中国新诗大系》出版，他像个孩子一样兴奋着，这是他多年的夙愿。但是，对于自己的"文集"他却荒疏着，我知道他是怕给我增加压力。两年前我们启动《谢冕编年文集》的编选工作，有一次路上遇到著名师兄韩毓海教授，问我"胡适文存"进行如何（"谢冕文集"被他篡改成"胡适文存"了）。我把这个笑话告诉了谢先生，谢先生大笑。于是"胡适文存"成了我们的暗语，我们用"胡适文存"来指代这件事情，语词的弹性和隐秘带给我们无限的快乐。每次要碰面讨论，我们就通知"胡适文存"要开会了，谢先生问编辑："胡适文存"大约多少字了？谢先生劝我："胡适文存"早出晚出无所谓，你不要过于焦虑。

　　我怎么能不着急呢？给三个老师出文集是中坤集团黄怒波师兄的美意。洪老师、孙老师的文集都出版了，只有谢冕先生的文集了，我心急如焚。谢先生劝慰我，让我把这件事作为一件好玩的事来做就是了。他这么一说，我们好像获得了某些神示，再大的事情再累的事情换位看就是好玩快乐的事情。看谢老师早些的文章，用难以辨认的"谢冕体"写在日记本上，密密麻麻的，他的助手兼好友刘福春说：出版完《谢冕编年文集》，我们就出版"谢冕日记"。谢先生大笑："那要发生很大震动的。"谢老师从少年时期到现在一直坚持写日记，就像他几十年一直坚持跑步、洗冷水澡，他是一个坚韧的人，我们却从来看不到他的紧张，他把习惯变成自己美好而快乐的享受。

　　当然，我还是希望《谢冕编年文集》早点出版，我想，这也是谢先生自己内心的愿望，是所有热爱他的学生们的愿望。

　　（载谢冕《红楼钟声燕园柳》，北京：北京大学出版社，2008年）

速写

"祝你永远健康"

——谢冕印象

⊙ 李红真

季红真

从1982年春入北大算起，认识谢老师已有六七年了。说来惭愧，一向埋头功课，不太理会文坛的风潮、闲时便与同学胡玩乱闹。虽说谢老师早已名满文坛，我竟不知何许人也。直到报考研究生的前夕，才听到这个名字，大约是得力于他的学生们的介绍，知道谢老师为人极热情。

那一年我报考的专业，因名额已满，成绩又在录取线内，便被转到了张钟、谢冕老师的名下。在某种意义上说，我是被谢老师收容的，联想到谢老师当时带着四个博士生，私下与同学交谈，都笑谢老师带博士生的数量也可以算是全国之最了。

北大每年要招收几百名研究生，一个学生的录取与专业方面问题，当然是区区小事。但谢老师的随和却影响了我一生的命运与专业方向，对于个人来说，实在是一件很大的事情，难以忘怀。记得接到学校协商调换专业的电报时，我是极费踌躇的。读还是来年再考？急于改换环境的愿望胜过对专业的向往。此外，也甚觉劳累，怀疑自己是否还有心力再参加一次折磨人的考试。犹豫再三，决定还是上，读北大毕竟是我童年一个遥远的梦。消息传开后，便有人劝我慎重，说谢冕这些年捧的诗人太多，在北京很不得烟抽。至此，我才多少意识到，谢老师在文坛是一个敏感的人物，然而，并不改变主意。根据经验，"不得烟抽"的倒往往是一些正直善良的人。

传说与判断都还准确，不仅谢老师已被规定在诗界新潮的角色上。在我读书其间就被迫作了一次检查，张钟老师的敏感度也不亚于谢老师，被点名，以至于学生的分配也受影响。这是后话了。

　　第一次与学生见面，两位老师就说起"文革"中当"反革命"的经历。言语中并没有多少感伤，彼时人们还沉浸在灾难过后的喜悦中。谢老师神态兴奋、动作夸张，大约有些伤风，时不时揩着鼻子，完全是一个天真的大孩子样。张钟老师鹤发童颜，端坐在椅子上，愤然抱怨：早知如此，不如一直在东北的草甸子里放马更浪漫。我听得想笑，在他们超脱于人世的牢骚中，品出了为师者不泯的童心。或许由于此，这两位老师都极受同学爱戴。同期的大师兄黄子平，毕业于本校，就是由于尊敬两位老师的为人与性情才报考当代文学专业的。这许多年来，风潮起落，两位老师沉沉浮浮，却终没有一个学生反水卖师求爵，怕也与老师们自身人格的魅力有着极大关系，而并不是要作什么"孝子状"。

　　起初，被谢老师开的长长的书单压得喘不过气来，每日需读一摞当代诗歌集，直读得天昏地暗，说话也变得颠三倒四，全是倒装句。偶然到谢老师寓中，那唯一一间稍宽敞点的居室中，便常常挤了许多造访者，同辈与青年人居多，高朋满座，多在讨论诗歌。也时有外界的消息传来，常与谢老师不利，不是被某要人点了名，就是被某泰斗哂笑。然而，又总是见谢老师坐在那里笑，情况越严重，他的笑声越响亮。或是习惯了，谢老师是很懂得自嘲的艺术的。只是苦了师母陈素琰，狭小的居住空间、琐碎的家务、频繁的外界刺激，使原来瘦弱多病的陈老师，越发显得疲惫不堪。陈老师亦本色，不擅矫饰。熟悉了，曾笑她像一个纯情少女。两个人都本色，这日子就很难过了。好在儿子省心，极少给家里添麻烦。

　　这一代知识分子，政治上、经济上、精神上，都负担过重，常常显露出未老先衰的麻木神情。难得有谢老师这样开朗的精神风采。抑或是北大特殊的人文精神陶冶所致，我在北大遇见的老师，平易近人，善言笑、喜调侃者居多。谢老师虽然喜说笑，有时又会显得很羞怯，特别是在异性面前。记得某次宴会，席间一位女士，漫不经心地说了一句粗话，我听了觉得并无伤大雅，但坐在女士身侧的谢老师，竟羞得捂着脸，将头扭在一旁，嘴里还断断续续地嘟哝着："呦——这——"显得很狼狈。在座的人都笑了，不是笑那位女士的孟浪，而是笑谢老师极度单纯的书生斯文。近年来许多人因呼吁社会伦理观念的进步而徒遭骂名。殊不知，说的不干，干的不说，伪君子是极容易转变为真恶人的。像谢老师这样纯粹的真君子怕是越来越少了。这毕竟是最后一代真正的浪漫主义者，人道的精神使他们将开放的观念与自律的操守和谐自然地体现为一种宽容的精神。

正由于谢老师的宽容，我们在他面前从来都无拘无束，想到什么就说什么，以至于进入文坛之后，好长时间，也难以适应等级秩序。谢老师不甚拘老师的礼数，他也不勉强学生一定要接受自己的观点、沿袭自己的治学路子。自知谢老师的才气是学不来的，我一开始就有意识地探索适合自己的路子。谢老师对此予以充分的理解，除了定期检查学习情况外，并不多加干涉。谢老师做人虽潇洒，做事却极认真。我的毕业论文，他提了60多条意见，16开纸足足写满了七八页。连书写格式上的疏忽也不肯放过。以出世的态度做人、以入世的态度做事，这大概是谢老师处于风浪中而能荣辱不惊有所创造的重要原因。

毕业了，一年也难得见到谢老师几次。他的日子好像比前些年好过些。陆续传来的都是好消息：谢老师晋升为教授，获得了带博士生的资格；谢老师上了美国名人大辞典；谢老师受命为北大中文系文学研究所的所长；谢老师当选为作协北京分会的副主席……而且，谢老师分到了房子，他终于可以从一大一小加起来不足30平方米的蜗居中搬出来了。一连串的头衔意味着日益繁重的工作。然而他的文章竟也越写越好，这简直太不可思议了。在这个认知无限增长的时代，学术上的淘汰率是极高的，谁都无成可守。难为谢老师以年过五旬之躯，处如牛负重之境，还能赶上学术更生的时代步伐，追踪瞬息万变的诗歌潮汛。即使有些疲惫吧，也在情理之中。

是什么使谢老师整个生命如此富于才情与创造力？或许要归功他和谐的家庭，坚持不懈的锻炼，还有单纯开朗的性情。难怪中文系全体老师体检后，谢老师的身体状况最好，医生要在他的体格检查表上写道：

"祝你永远健康！"

1989年1月10日

（载《文学角》，1989年第三期，总第九期）

咏谢冕

⊙ 王一桃（香港）

一口谢绝了缪斯那顶荣耀桂冠
却为她去找寻那遗失了的光芒
从这恒河沙石堆积的漫长河滩
到那混珠鱼目浮沉的浩瀚海洋

世上有人不断追求皇帝的新衣
唯你从来不屑一顾反成无冕王
你的真诚感动得天地双双跪拜
你的执着激动得缪斯热泪盈眶

〔选自（香港）王一桃《诗的纪念册》，香港：雅苑出版社，1996年〕

在帆影下、在风涛里的谢冕

⊙ 沈奇

面识谢冕先生，算起来，已有多年了，其间还以访问学者的身份，做了一年先生的学生。近几年里，更因学术会议等各种机缘，年年得见先生几面。绵延的师生情谊，绵延的精神激励，绵延的珍贵记忆，常常如潮水般拍打着我有些未老先衰的心地，使之得以鲜活和拓展。

做过学生，又做了老师，我教出的学生也已做了老师……半生坎坷，一肩风雨，生来命硬，生冷不忌，我似乎很少敬畏过什么。直到见了先生，做了他的学生，方解"敬畏"的意味。

1

无论谁初见谢冕先生，都会为他的"年轻"而惊异。就先生的思维与语感"年龄"而言，好似夏日的晨风，一位青年女作家曾感佩地称先生为"20岁的教授"；心理"年龄"，则如初秋的晴空，回应着春天出发时的梦想与追求；外表看去，也就五十出头，而实际上，先生已是六十好几的"老前辈"了！

然后你会惊异于先生十分宽展开阔的额头。眉骨很高，浓黑的眉毛下，一双眼睛时时会闪动起爽利的光亮，生动而坦诚。鼻子短促有力。更有力的是下颚，咬肌发达。嘴角的法线很深，一直延伸至崛起的下巴根，隐隐透着一种自信，一些矜持。

你还会惊异于先生不足170厘米的个头，却总是在每一种"集合"中显示出具有压倒优势的挺拔——那是神采与活力的作用。尤其当先生说话时，那是用整个身体在言说，且很容易被自己激动起来，感染得四周火花迸溅。

于是你惊异于对一个常用词的重新理解——精神！

在北大访学期间，一次去比较文学研究所，听美籍华人、著名学者李欧梵的学术报告，当介绍到谢冕时，主持人、比较文学所所长乐黛云教授在介绍完先生的头衔后紧接着说："我们北大中文系的精神旗帜！"绝非随意，且从同样著名的学者口中说出，使我第一次感受到对先生的现场的敬畏，精神的敬畏！

2

与先生交往，没听说也没见过他有什么病，只听说无论春夏秋冬、居家在外、本土洋地，每天早晨的长跑是几十年从未中断过的，跑完洗冷水浴，然后开始一天的忙碌。

我未能有幸目睹先生跑步的风采，却经历过大冬天与先生对面聚谈的尴尬：中年初度的我里三层外三层的冬装，先生只一件暖棉衬衣，还高挽着袖子露半截胳膊随说话挥动着……那次出了先生家门，好一阵儿都没好意思裹上大衣，任寒风吹拂着心头扑闪扑闪的小火苗。

百年折磨，中国的知识分子，大多是杂病百出、身心交瘁。执著需要健康的体魄，宽容需要健康的心理——走近谢冕，方朗然重识"健康"一词的重要。

3

1995年初春。周六，午后，两周一次的北大"批评家周末"在五院中文系照例举行，谢冕、洪子诚二位先生主持，他们的弟子（博士研究生、访问学者及临时到会者）参加。

习惯睡午觉的我，那天中午因和师兄杨鼎川、师弟徐文海一起聚餐喝酒，时间晚了，不敢再返回宿舍休息，便提前到了五院，坐在草坪上说话。响晴响晴的天，阳光下的草芽散发着清香，风轻如呢喃……想着不久就得离开这块净土圣地，便有在故乡的怀中再睡个懒觉的诱惑——真就睡着了，枕着笔记本，在北大的草坪上，像一个累极而至目的地的香客，睡了多少年来最香最沉的一个午觉。醒来，已是下午3时，早过了点，慌忙奔进聚会的屋子，未及解释，先生笑着说："没事，讨论开始不久。我进院子时看你在那睡得很香，鼎川要叫你，我说别叫，叫他好好睡吧，也难得，就没叫你。你还能自己醒来？哈，快坐吧！"

那一刻，我很感动，中年人的孩童般的感动。座位都占满了，只有先生旁边还有空位，我便坦然地坐在了先生的身旁，品啜着那个叫"北大传统"的词的深意，心里有无尽的波澜层层翻滚着。

4

"我所从属的这一代人，中年的好时光是不知其所以地被剥夺了，及至我们振作于一番人生的事业，生命的黄昏陡然降临了。"（谢冕《世纪留言》）

这黄昏的光阴，真是比金子还稀贵，得用分钟去计量去安排。就说邮件吧，我每见先生到系办公室取邮件，总是一大包。以先生的声名，几乎全世界华文诗人、作家、学者以及文学青年都在给他寄书、寄刊、写信、求证、索稿。而先生又天生是位不愿摆架子、说出拒绝的人，便将自己苦在其中。

我最终理解了先生偶尔的烦乱和无置可否，当一个人正陷入某种要紧的思考和写作中时，即或是最亲近的人打搅了进来，也是心不在焉、很烦的事。北大访学期间，我曾遭遇几次这样的窘境，便生了"敬畏"。及至设身处地地理解之后，方觉着自己的可笑。

也有碰上"运气"的时候。1996年11月，在京参加由先生牵头、春风文艺出版社召集的《中国女性诗歌文库》编选会。会后打电话给先生辞行，先生竟邀我吃饭，且为我一个人设家宴聚餐。几位尚在校的谢门弟子闻讯惊呼："这可是难得的最高规格哟！"

惶然赴约。先生亲自冲寒到外面买来下酒凉菜，师母精心做了几道热菜，聊天叙旧，一桌菜、一瓶酒、一种轻松、一阵阵笑声里，方识先生另一番风貌、另一种情怀。

5

谢冕先生的"名头"很大，公认的北大中文系的一面旗帜。奔赴这面旗帜下的学子们，求学之外，更多一份"精神"的熏陶——诗的精神、文学的精神、理想的精神、道义的精神、求真向善创造美的精神——北大的精神！

走近先生，"以往死水一般停滞的肌体，顿时血脉流通，充盈着活力"（借用谢冕《世纪留言》书中语）；离开先生，弟子们个个似乎都沾染了些谢冕式的激扬、热忱、坦荡而执著，一种理想主义的殉道精神，一种不乏魅力的健康人格。

包括国内外访问学者在内，聚集在这面旗帜下的，何止一个排的"兵力"，且大多已成为当代文坛有影响、有成就的学者、批评家。或许他们之中，将来有比先生的学问做得更大、更深者，但在精神的脉息中，却永远承传着先生的"基因"、北大的"基因"。对于这脉"基因"的余泽，他们永怀敬仰之情。

6

先生人真，心善，胸怀宽广。于诗于文学，或许先生也暗自抱有他个人性的审美趣味，但就一位有影响力的大学者而言，先生从未疏忘全面的观察和明锐的涵括。

于坚的长诗《0档案》在《大家》创刊号发出后，一年多时间里批评界无人发言。在"批评家周末"的讨论中，我几次提及此事，以至于干扰到正常的计划进程。先生不仅不为怪罪，最终还破例中断计划安排，特别辟出一次讨论，对《0档案》发言。适逢于坚在京，同邀共论，争辩得很热烈。对于这部90年代颇为重要而又显得有些"另类"的作品，先生在细读之后给予了很高的评价，我为此非常震动。而至今，那次讨论依然是对《0档案》惟一的集约性发言。

匡正时谬，重铸诗魂。以良知与信念，肩起艺术惰性与传统偏见的闸门，"放他们过去"——"谢冕的意义不在于劳绩的赡富，而主要是，他在历史转折后的文学新时期，属于最先觉醒并义无反顾地驰突在文学与艺术自觉的前沿，决不退缩和让步，韧性地为从劫难中复苏的新文学争取着创造的自由和艺术上的现代性，集诗人气质与知识分子责任感于一身的拓创性批评家。"（毕光明《文学复兴十年》）

7

有关谢冕先生的传闻很多，其中两则很有些特别的意味。

一则真实而感人。先生早起长跑，总要奔美丽的未名湖跑一圈，久而久之，熟悉和习惯了湖畔的一草一木，割舍不得。几年前，园林工人不知何故将湖畔一株很漂亮的树移去（一说伐去），先生竟痛不忍睹，愤然再不打那里过，改了跑步的路线。这份情感，先生在许多文章中都有难以抑制的表露。

另一则可能纯属编排，说先生收弟子有两个附加条件：男生要会喝酒，女生要会抽烟。曾几何时，此说传得沸沸扬扬，据说还惊动前任某教育官员，信以为真，大发雷霆曰："这样的人怎么还能做北大博导？"最后传到先生耳中，朗笑喷饭而已。或者编排者原始创意，似是在猜度性地夸张先生的"新潮"或"前卫"，只是不着穴位，离谱了些。

不过先生济世扶弱的情怀倒真是处处见的。这么多年，迫于名累，更出于关爱，先生为不少成名不成名的青年诗人、学子写序作评，一时被不在其位不解其苦衷者讥为"序言评论家"，其实那内里的责任感与敬业精神，又有谁可分担可解得？

1997年9月，为举办已故青年诗人胡宽的诗歌研讨会，我赴京去先生家中。事情谈完，先生问我："听说你孩子考上北京电影学院了，这下该松心了。"我说进了这种高消费、高诱惑的学校，反而悬上了心呢，并自以为是地说起我给孩子规定了三条，首先是不能谈恋爱，其次是……话未说完，先生大笑我迂，说别的不说，单这谈恋爱一事，你能管得了吗？忽而话头一转，很严肃地说："不过有一点我当年倒是挺认真地给我儿子讲过，不能与显贵人家攀亲，咱平民老百姓攀不起那份亲！"这话说出，我一时愕然，未想到豁达开放的先生，于红尘中事，心底里还藏着这份传统观念、平民意识，却又咀嚼出这说法深含着的一些什么意味。

8

人们习惯尊称谢冕是当代中国新诗当之无愧的首席评论家，我则更乐意称先生是"摆渡者"——在这个艰难曲折的过渡时期里，从朦胧诗、第三代诗，到九十年代诗歌，所有代表中国新诗之未来、希望和纯正立场的诗人们，尤其是那些受压制、受排斥、受阻遏的年轻诗人们，无不经由先生或直接、或间接、或实际性的、或精神性的"摆渡"，由艰生的此岸，走向复兴的彼岸。

"我不是诗人，我没法加入诗人们噙着泪花的狂欢式的歌唱。但我爱诗，也爱写诗的人们，我要为他们贡献微薄的心力。"（谢冕《北京书简·后记》）

二十余年的风雨兼程，跨越年代最长最坚毅执著的诗之摆渡者，绝非"微薄"的心力，已化为凝重深厚的历史——其间的苦涩艰辛，恐只有先生自己默然而对。

1997年仲夏，美丽的武夷山，由谢冕先生的第一位访问学者、著名青年评论家王光明教授发起，福建师范大学、中国社科院文学所主办的首届现代汉诗诗学国际研讨会隆重召开。会间最引人注目的，是"三个崛起"的历史性聚首（谢冕《在新的崛起面前》、孙绍振《新的美学原则在崛起》、徐敬亚《崛起的诗群》）。人们发现，十多年的风雨洗礼，只是漂白了他们的几丝青发，那"崛起"的身姿依然故我，更显沧桑后的超脱之神韵。海内外，老中青，同道知友，师生伯仲，置身其中，谢冕先生显得格外欣悦、格外精神。当然，先生的发言依然是那样激越。但整个会议期间，先生似乎更乐意享受一段轻松的快慰，寄情山水，留恋友情，富有感染力的朗笑时时溅落……

<h1 style="text-align:center">9</h1>

"深愿这个黄昏是纯净的，不再为一己的荣辱，而是将渺小的生命投进于伟大的再生。"读着先生这样的表白，我似乎终于觉着走进了先生的精神世界，并由衷地想到普希金的一段诗句，或可作这篇散漫之速写的结尾——

> 我多么羡慕你，大海的勇敢的舟子，
>
> 你在帆影下、在风涛里，直到年老。
>
> 已经花白了头，或许，你早已想到
>
> 平静的港湾，享受一刻安恬的慰藉，
>
> 然而，那诱人的波涛又在把你喊叫……

（载《文友》，1998年第8期；另载沈奇《文本与肉身》，西安：太白文艺出版社，2007年）

谢冕的书斋和童话

⊙　孙绍振

　　谢冕教授家的书迅猛地膨胀。当我来到他那显得窒息的书房的时候，不由得笑了起来。向来号称整饬的谢冕连过道里都堆着高及胸口的杂志。而他那书房则成了书堆的峡谷，我只能像海底的鱼一样侧着身子进去。

　　就在前不久，我听说，他宣布拒绝买书了。这究竟是幽默还是愤激，我没有细想。

　　倒是想起来他在香港的报纸上的文章，说是他需要一个书斋。当时我正在香港。觉得很是奇怪。内地的教授固然比较贫寒，但是北京大学中文系的教授多多少少有一点例外。因为他们得天独厚地可以轮到日本或者澳门大学讲学。只要出去一两年，就有足够的钱买下一套比较像样的房子。又听说，有一次，北大中文系已经安排他去澳门大学中文系当系主任了。可是人们说，谢冕觉得这么长的时间，离开内地的诗坛，是不负责任的。那时，正好他的弟子张颐武先生在我这里。我就对他说，这个人真是个书呆子。一边叫着要一个书斋，一边又不肯出访。张颐武先生说："为这个事，谢老师还认真考虑了两天两夜。"我说："活该，谁让他傻乎乎！"

　　这次到北京参加一个博士论文的答辩会，顺便就去谢冕家里去玩玩。看到他那越发变得狭小的书房，不由得嘲笑他的糊涂。既然要书房，就该去日本或者澳门一行。考虑什么

谢冕（左）与孙绍振

在国内的影响，又不是毛泽东，当年他组织别人去法国勤工俭学，他自己却不去。说是中国的事情还没有弄清楚，暂时不去外国。

他哈哈大笑，说："谢冕真是太重要了，中国简直一天都离不开他。"听这口气我才感到传言有误。便把张颐武先生如何说的，告诉了他。他更是大笑不已，说："这简直是一个童话，绝妙的童话。"

在北京大学中文系，教授不说，就是年轻的副教授都已经有百分之七八十去过日本、澳门等地，有的已经去了两次。从来也没有任何一个人来和他商量过出访。谢冕夫人是我们当年的同学，她也笑着说，前几天倒是有一个北大中文系的老师向系里领导打了个电话，说是除了他和谢冕以外大都出去当过教授了。我听了不由得愤慨起来，谢冕却哈哈大笑。对于这件谁也说不清的事，当中的阴差阳错，他显得相当超然。看他的神态，好像说的完全不是他的事，而是别人的事。

他似乎并不为空间的狭窄而过分烦恼，也许那些书们，都是他亲密的朋友或者臣民，早已和他一样乐天知命了。这使他引以为自豪，但是他最为自豪的倒并不是他相依为命的书，而是他养在三只笼子中的六只小鸟。他兴致勃勃地告诉我，每一只小鸟都有一个"故事"。我知道他不管什么鸡毛蒜皮的事，永远都是兴致勃勃，永远着迷。完全不像个六十多岁的权威教授。我顾不上去听他的"鸟故事"。那些被他当作珍禽的鸟们，虽然羽毛上有颇为可观的花纹，我却一眼看出来，不过是花鸟市场上十块钱就可以买到一只的虎皮鹦鹉。其叫声以粗厉为特点，却一个个不识相，聒噪不已。我故意扫他的兴，说，这些虽然好看的鸟说起话来，老是像你一样兴奋，令我想起来阁下年轻时那个雅号——鸭子。他就跑到鸟笼面前大声呵斥那些虎皮鹦鹉："你看看，客人都怪罪了，你们还吵个没完！"说着把其中吵得最凶的一只轻轻地捉起来，抚弄一番。还一定要我也摸摸它的头。我不好扫他的兴，只好照他的吩咐敷衍一番。

他越发兴奋地说起鸟的故事来：其中一只是个花花公子，硬是把一只路过的妙龄小鸟勾引了进来。他说了那只鸟的样子和颜色，我只好装着记住了的样子。另一只鸟的传奇是，有一点特异功能，能把门栅用嘴巴提起来。有一次就这

坐拥书城的谢冕

么自由散漫地溜掉了。停在门前的树上，他用笼子去引，它岿然不动。等到他靠近一点时，它就飞得更高。这时，黄昏降临，谢冕的心都碎了，这只负心的鸟却绝情地飞走了。谢冕知道，它这一飞，就意味着死亡。因为家养的鸟是没有觅食的能力的。用不了多久，它们就会饿死。望着那消失的鸟影，谢冕体验到了一场真正的生离死别。当夜风雨大作，为失去的鸟的忧伤之情，使得他和夫人一夜无话可说。第二天，夫人仍然不死心，说是出去看看，谢冕反正不抱希望，也就由她去了。

没想到，不久以后，夫人惊喜地大叫而回。手中捧着的正是那只丢失的小冤家。原来夫人走出去以后不久就听到一声熟悉的鸟叫。循声找寻了一番，在一株小树底下，正是他们家丢失的那个顽皮鬼。

我说这是因为它的羽毛淋湿了，不能飞了，而谢冕却说，鸟的羽毛是不会淋湿的，是它调皮地在等待夫人去找它。

这可真是童话了。

谢冕又一次把鸟拿出来让我抚摸的时候，显然进入了童话的境界。现实世界的住房的狭窄，早已消失得无影无踪。什么是他的感觉，什么是童话的幻想早已分不清楚了。

我想起了已故的中国作家协会常务副主席鲍昌先生的一句话："谢冕永远是个儿童团长。"

但是，这只是他的一个方面，在另一个方面，他又怀着深深的忧思。他为新诗当前陷入对西方现代和后现代派的幼稚模仿而感到十分忧虑。他告诉我，他已经写了一篇《新诗已经离我们远去》表达他对于新诗失去了使命感而感到忧虑。这一段文字将在《诗刊》上发表出来。我说，我早有这种感觉了。我也为《星星》诗刊写了意思差不多同样的一段话。临别时，我们紧紧地握手。

这时，我第一次非常明晰地感到，在他的心灵中跳动着两根弦：一根弹奏着充满了孩子气的童话色彩的变奏，而另一根上奏响着的则是充满了使命感的、成熟的学者的深思熟虑的主题。

（载孙绍振《灵魂的喜剧》，沈阳：辽宁大学出版社，2000年）

谢冕的诗意

⊙ 邱景华

　　近几年，常读蔡其矫诗歌，并把心得写成诗评。蔡老看了我的文章，经常点拨：要多向谢冕学习，在当代诗评家中，谢冕的文字最有文采！

　　其实，我心仪谢冕诗评，久矣！只是学不来"谢家枪法"。好多年前，我刚学写评论，就喜欢李健吾、唐湜、谢冕这一路的写法，还有闻一多的《唐诗杂论》。也想写这种在感悟中思辨的美文，但收获甚微。也曾反复研读谢冕诗评，却不得要领。

　　没想到，2004年福建连续有三个诗会，我有机会和谢冕先生在一起，呼吸他身上的仙气。最先是在晋江的"蔡其矫诗歌研讨会"，谢冕作"时间是最公正的"的发言。年过七旬的他，用一种令人惊诧的激情，和发自心灵充满智慧的语言，感动了所有与会者。这篇千字的发言稿，没有高深晦涩的理论，但把蔡其矫诗歌深藏的内涵，说得那么透彻、充满着灵光："蔡先生是特别的，也是独特的。他是神仙一般的人，云游天下，看美丽的山川，也看美丽的女人，写美丽的诗。他经历了苦难，他感受压迫，但他把一切的丑恶和不幸转化为美丽。"

　　随后，在宁德参加"闽东诗群研讨会"。会上他对青年诗人的文本作现场点评，那种敏锐的艺术直觉，充满穿透力的解读，令人折服。会后，游览南漈山公园。他一路兴致勃勃、观赏树林，倾听流泉，沉醉在山光水色之中。同行还有一个诗人与一个诗评家，一路讨论诗歌，对美丽的景致视而不见。谢冕有些不满，说：出来还谈什么诗歌？后来，坐在树荫下的石凳上休憩，谢冕回头又看见那两人还站在岩石旁争论。他很是不满地告诉我们，有一次外出开诗会，一上火车，一些青年学者就没完没了地谈诗，到了开会的宾馆，还争论到下半夜。"简直让人无法忍受！"谢冕气恼地说，最后他不得不"下命令"：会外一律不准谈诗歌！

　　这，大大出乎我的意料！

原想借同游的机会，向谢冕先生讨教几个诗歌问题。可盼来的却是他的"禁令"，我只好闭嘴。但心中略有所悟，想起严羽"诗有别才，非关学也"。诗评家研究的是诗歌，但有诗意的诗评家却极少。这本是无解的悖论，但没有诗意的诗评家（学者）却有解决的办法：他们有能力把诗意盎然的诗歌，变成一种没有诗意的知识和学问。

谢冕那种在感悟中思辨的美文，我们之所以学不来，首先，是学不来他那种充满诗意的生存方式。学者的生活，多数是沉溺于书斋，局限于讲坛，长年在抽象概念的迷宫里辛勤劳作，很容易成为老学究。这种封闭式的苦行僧生活，也是一种偏执，会逐渐丧失对美的感觉，激情和血性也会不断消退，生命慢慢地干枯。这是不是一种生命的异化？这种畸形的生存方式，不值得提倡。因为它不仅导致了学者们的早衰和早逝；而且纯粹用概念的思辨，也无法感悟诗歌的美。

普希金说过：批评家的第一要素，是对美的敏感。谢冕身上散发的仙气，正是来自于他能脱越书斋，对自然、对社会、对一切美都能欣赏和吸纳，滋润他那博大而丰满的生命。这是很多学者难以做到的。对他们而言，是书卷气易求而仙气难得。

李健吾曾说："一个批评家是学者和艺术家的化合，有颗创造的心灵运用死的知识。"谢冕就是这样的批评家。学术专著，通常有一种庄严的枯燥，令人望而生畏。但翻开谢冕《新世纪的太阳》，看到他以《女神们的创造日》为题来描述郭沫若的早期创作，便会有一种心灵的愉悦在心中盈盈荡开。更绝的是，书中有大量的引文，但所抄的不是在诗史中已成为僵尸的死知识，而是精选那些依然鲜活的性灵文字。这些引文，一下子就让读者强烈地感悟到当年诗人所处的时代环境和独特氛围，并与谢冕充满妙悟而深味的文字，共同构成整部著作灵动的诗意。

谢冕诗评的灵性、感悟、激情和文采，都来自于一个诗意盎然的生命。我明白：诗评的文采，不仅是修辞，而是源自诗评家心中永远青葱的诗意。但这些，在谢冕数十年的粉笔生涯中，似乎很难传授给他的学生。令人羡慕的谢门弟子，皆是当代的青年才俊，各有各的学术建树。然而，他们却难以师承乃师的"谢家枪法"（似乎只有早年的黄子平，得过谢冕真传，写过一批意气生发、文采飞扬的评论，曾轰动一时。但后来到海外，也只能"按国际惯例"搞学术研究了）。也就是说，学问可以传授，知识可以师承，但那种源于生命的创造性思维，那种充满灵性的创作式的诗评，却只能像禅宗的"拈花微笑"：悟者自悟。特别是当今的大学，那种种的学术规范、定量化的管理、对可操作性和可复制性的强调，导致了学术研究的

"流水线"生产。创造性研究中不可重复的直觉、想象和悟性，既不受重视，也难以生存。"学院批评"纵然有种种不可替代的长处，但缺少诗意，却是致命伤。

然而，谢冕半个世纪都在北大，却始终不受学院的异化，成为"博导"中的一个"异类"。这也许与北大的传统有关。未名湖畔，有宗白华先生的"美学散步"，有金克木先生那种奇思妙想的随笔；博雅塔下，走过年过九旬、却始终保持着"盛唐气象和少年精神"的林庚先生。林庚和谢冕，这两位来自福州的教授，生命中始终流淌着闽江清亮亮的水波。此外，还有华东师大的钱谷融先生、台湾中山大学的余光中先生……他们以生命的诗意，与那种泯灭艺术创造力的学术规范化相抗衡，"绿化"着大学的精神园地。

近日读谢冕散文《郁金香的拒绝》，那种对名花之美的倾心和迷恋，在学者中是罕见的。这让我想起蔡其矫曾在一次开会回程的途中，抛下一车友人的欢笑，独自下车，孤零零地到深山去探访一个小村庄，那里种植着各种奇异的百合花……这让同行的文友们难以理解：欣赏名花不失为一件美事，但要付出如此艰辛的代价，值得吗？对很多文化人来说，与美"擦肩而过"，并不重要，重要的是守住自己的书斋。但对于追求美、表现美的艺术家来说，却是头等大事！

谢冕对那种忽视自然美和社会美、脱离生命诗意、老是学究式谈诗的反感乃至愤怒，是源于对诗歌、对诗评的真知！与学者不同，诗评家应该永远保持与自然万物的交流能力，生命才能永远青葱，才不会丧失对美的敏感。

在福州开完"海峡诗会"，与谢冕先生道别。他对我说了几句鼓励的话，眼睛突然明亮异常，第一次见到古稀老者的眼睛，这样光彩照人，那是一种充满诗意的生命之光！

像蔡其矫先生一样，谢冕先生也是懂得生命真谛和诗歌真谛的智者。也许，这是他们相互欣赏的原因吧？

（选自新浪网谢华的博文［blog.sina.com.cn／s／blog-4b347d3b010007cy.html］，2006年10月27日）

调戏谢冕

⊙ 孙绍振

　　谢冕教授和我是老同学。年轻时，一起浪漫，一起读诗、写诗，一起以发不正统的歪论为乐，还一起骂人，不过他骂得比较文雅，而我骂得比较恶毒。例如对那些思想比较僵化的同学，他最多说"那些清教徒"，而我就不过瘾，一定要接着说："什么清教徒，混教徒还差不多，一个个地瓜脑袋，只配到'伪满洲国'去当国民。"

孙绍振

　　眼睛一眨，老母鸡变鸭，他成了诗坛权威了，又是北京大学的博士生导师，桃李满天下。有一次我在美国大学里遇到一个系主任，一个老美，好斗的女权主义者，泼辣（aggressive）得很，可以说辣气逼人，居然是他的学生，还对他敬礼有加。

　　他为人、做事、做学问都热情。六十岁不改当年的诗人气质。对诗的迷恋使得他比较天真。连到一个不起眼的地方去旅游都兴致勃勃，令人想到小女子散文家。

　　一帮子很有才华的戴着博士帽的门徒簇拥着他，用崇敬的目光织成光环的网络围困着他。虽然，我知道那些狡猾甚于聪明的博士们的真诚，是要打折扣的，但是，谢冕以大度雍容服众，如孔夫子一般，垂拱而治。开学术会议，有谢冕在场，气氛是自由的，但是又多了一份神圣和肃穆，没有什么人敢于像日常生活中那样以胡言乱语为荣，博士生们的黄色幽默笑话一概暂时储入内存。

　　进入谢冕的家就等于进入了诗的境界，博士生们情不自禁地把脚尖提起来。

　　唯一的敢于大大咧咧、嘻嘻哈哈、咋咋唬唬的，就是鄙人。只有我敢于告诉他，人家背后称他为"文坛儿童团长"。

适逢他主编的十本一套的《百年中国文学总系》出版。第一本就是他自己写的，关于1907年中国文学的，这是一本相当学术化的书。比起他过去以才情取胜的书，这本带着更强的学术意味。其中有许多第一手鲜为人知的学术信息，书中有抒情性地描述他在空旷无人的图书馆中读《清议报》的情景，尤其动人。在这套书出版的讨论会上，我说，此乃谢冕从以才华取胜转化为以学问取胜的里程碑。

他把才拿到的泛着油墨清香的样书展示在我面前；先不翻开内页，而是把封套里面的相片供我欣赏。说是比之书他更为满意的就是这张相片。得意之色溢于言表。我觉得，这的确是谢冕最好的一张相片。但是，我不想过分奉承他。我故意作异常认真的样子，把眼镜拿下来，端详了一番，点了点头。

他说：不错吧？

我又点了点头，说：端的不差。

他说：好在有思想深度，是吧？

我说：言之有理。这张相片有点像严复，又有点像郭沫若。但是，严复有思想而没有浪漫情调，郭沫若有浪漫情调而缺乏思想。

谢冕满脸发出青春的光彩，期待我说出他二美兼备的话来。

我让他等了一分钟，才说：你呀，既没有思想，又没有浪漫情调。

谢冕大笑。

第二天开会后吃饭，他在隔壁一桌。几个年轻人发表挑拨性的高论：孙绍振比之谢冕更有诗人的激情。

谢冕很谦虚，说：我不是诗人，孙绍振才是。

我听了连忙走了过去，扶着他的肩膀说：谢冕什么都比我强，就是有四点不如我。

这一下子大家，包括谢冕，都感兴趣了。

我清理了一下喉咙，慢条斯理地说：第一，吹牛。

满座欢笑。

众人问：这第二呢？

我清理了两下喉咙，慢条斯理地说：放炮。

又是欢声四起。问第三是什么。

我更加从容地说：这第三嘛，就是骂人。

在欢笑声中，连谢冕也表示，在这方面他的确自愧不如。

大家催我讲最后一条。

我十分爽快地说：第四就是：造——谣。

全场热烈鼓掌。

我做了一个手势，请大家"雅静"，说：我什么都比谢冕强，就是一点不如他。

众人问：什么？

我说，这方面的差距是十万八千里。

众人催：快！

我说：艳遇。

所有的人都热烈鼓掌，背朝着谢冕的都转过身来。

谢冕也鼓掌，说：这个猴子。

饭后，会还没有完，我有事，要先走。

北大洪子诚教授，也是我们老同学，对我说，你这一走，我们的会就只能光开会，而不能开心了。

我说，要开心也容易，只要像我一样敢于调戏调戏谢冕。

（载《福州晚报》，2007年7月24日）

谢冕：崇拜青春的热火

⊙　韩毓海

多年前，导师谢冕先生著作重版，我出差在外，无法参加出版座谈会，只能提交书面发言到会场，其中写道：

　　在欢庆盛大节日归来的队伍里，不谙世事的天真的孩子接过了您手中的鲜花，而那就是我们——您的学生。您把五月的鲜花交给四面八方的孩子，是因为鲜花不仅应该种在校园里，也应该开放在中国辽阔的土地上，正像您当年的选择，好男儿志在四方。而这就是您不竭的事业，它如此博大："只要胸中落下了无边的天空，你就将看到明早的太阳在大海上发红。"

有时想来，描述以全部心血培育了自己的导师，任何语言都是苍白的。对我来说，每到工作上有一点小小的进步，首先想到的总是我的导师谢先生会为此而由衷地感到高兴；每到自己懈怠或向困难妥协之时，又总会想到先生明澈、温和的眼神的凝视，正是这凝视使我往往怵然警醒、改过自新。

说起谢先生，不得不说到他参与创建的中国当代文学学科的建设。

谢先生尝言：中国古代文学数千年传统，现代文学30年传统，当代文学迄今60年传统，这三个部分是有机联系的整体。我们所说的变革，总是在传统基础上的变革，离开了历史经验的深刻总结，所谓"创新"就成为空中楼阁，那就将迷失学术研究的方向，甚至沦为哗众取宠。我想，正是因为有这种对传统的深刻理解，谢先生才真正成为学术创新和思想创新的代表者、鼓吹者吧。

遥想新中国成立之初，学术界尚自争论着"中国当代文学是否可以写史"，当时还是北大中文系1955级学生的谢冕，与他的五位同学已经一起撰写了《新诗发展概况》，这也是第一部中国当代诗歌史。其实，对当时的谢冕和他的同学来说，他们所从事的研究和写作，并非书斋里的沉思默想，而是改造自我与发展自我，更是通过文学活动改造现实的社会实践的重要组成部分；大而言之，这也是新生的人民共和国建立自己的学术谱系、站起来的中国人民争夺文化领导权的自觉活动的组成部分。后来，谢冕先生将自己这个时期的作品集命名为《共和国的星光》，或许原因正在于此。

实际上，文学活动与发展自我、改造社会相统一，正是中国当代文学开创期的最鲜明特征。从丁玲的《太阳照在桑干河上》、贺敬之的新歌剧《白毛女》，到赵树理的《李家庄的变迁》、柳青的《创业史》，他们笔下一个村庄的变迁，乃是一个民族、一个国家历史巨变的缩影。这也构成了中国当代文学的基本传统。从贾平凹《秦腔》的世界，到张承志讲述的西北农村，都是这一传统的延续。正如谢先生所说：文学不再是文人的专利，因为文学是一个信仰；文学也不再是一个职业，因为她是一项事业。从事中国当代文学写作和研究者，应该与国家和人民共忧患、同悲欢，应该在中国人民改造世界、改造命运的伟大实践中，不断改造和创造我们自己。

这也是为什么作为当代文学的研究者，谢先生始终把社会科学研究作为对文学研究者的基本学术训练。犹记得在先生门下求学的时代，他即推荐我研读刚刚出版的《万历十五年》，借以详细体会黄仁宇倡导的"大历史"视野。后来，谢先生再推荐我进一步研读《十六世纪明代中国之财政与税收》等更为专业的著作，以培养我严谨治学的专业能力。在他看来，人文研究只有将自己置于社会科学研究的坚实基础之上，才拥有直指人心的力量。

谢先生做了一辈子普普通通的教师，他和师母陈素琰几乎把全部精力耗费在自己的学生身上，因而竟不能把更多的时间留给自己和家人。两年前，谢冕先生的儿子去世了，谢先生的儿子是我国优秀的脑外科专家，这位白求恩式的大夫，生前默默地为病人垫付过十几万元的医疗费。在他的葬礼上，医院外排起了长长的送别队伍，一直蜿蜒到外面的马路上。有一次，袁行霈先生这样对我说：你的导师是这样的一位好人，所以他会有这样一位好儿子，你们都要好好学习他的品格。

我想：谢冕先生的品格首先是无私的大爱：爱祖国、爱人民、爱学术；谢冕先生的品格又是不懈地为真理而斗争，在新的崛起面前，在妥协与斗争面前，在规范与创造面前，谢冕先生以一棵大树的形象，选择与后者站在一起。

而这也许就是我师的事业和品格：不崇拜青年，但崇拜青春的热火；长沟流月，寂然无声，但流向远方的水希望有不竭的后续。

（载《人民日报》，2010年6月3日）

激情与智慧

◎　张立群

　　自2005年参加"中国新诗一百年国际学术研讨会"，第一次现场感受谢冕老师在大会发言时的大气磅礴、中气十足，"激情"的印象便与此前阅读中的谢冕"重叠"到一起。以后，每次与谢冕先生相遇，总会为其激情所感染。这是一股胜似年轻人的激情，饱有坚定的理想、信念和使不完的劲儿：2009年武夷山诗歌研讨会，谢老师第一个登上天游峰顶，让我们这些后辈深感汗颜；2010年在北京"新世纪十年的回顾与反思"会上，谢老师又以理想主义和浪漫主义的情怀，呼吁将新诗的"理想留给未来"；而在文章中，谢老师也常常喜欢以"青春的激情"、"文学和作家的骄傲"、"理想的召唤"、"追求与期待"一类的词语为题……

　　拜读与谢冕相关的文字，方知他很早就被人称为"20岁的教授"。正如已故的学者程文超先生在《在历史的关节点上——谢冕与他的文学批评》中，记录"这位从16岁就开始写诗作文的理论家、批评家，心理年龄似乎永不衰老，他的心态与'龙钟'无缘……"谢冕老师的"年轻"与"童心"是有目共睹的。"年轻"不仅使其举手投足都充满青春活力，且使其文字神采飞扬、灵动飘逸；"童心"不仅使其灵台澄澈、幽默风趣，且使其在生活中既无拘无束又平易近人。而两者的"交融"，又使谢老师在激情之余，永葆天真、理想和学术的智慧。

　　若要从当代学者中找一个"文如其人"的个案，那么，谢冕先生无疑是一个典型。以青春的激情、理想和智慧为内在的动力，谢冕的文章视野广阔、饱含深情，且常常以独到的发现、奇思妙想引领学术研究与批评的潮头。"新的崛起"、"朦胧诗"、"新诗潮"、"后新诗潮"、"后新时期"、"大转型"、"丰富又贫乏的年代"等等，都是谢冕带给新时期以来中国学界的重要命名或话题。同样地，阅读谢老师的《新世纪的太阳》、《浪漫星云》、《百年忧患》、《论二十世纪中国文学》等论著，总会为其诗意的叙述、纵横历史的能力和气势所折服。"谢老师开阔的视域和恢弘的气势，使我反思自己在问学的道程中所最为匮缺的精神和气质"，吴晓东先生在其诗论集《二十世纪的诗心》后记中的这段话，应当说道出了后辈学人的心声。至于谢老师曾以"文学的绿色革命"论述中国当代文学，以"拼盘式"、"手风琴式"、"大文学"的原则主编令人瞩目的《百年中国文学总系》，更是凸显了其作为顶级理论家的高瞻远瞩与洞察历史的敏锐意识。

　　每次一个会议或者活动即将结束时，谢老师便又奔赴另一个地方，其精力和热情由此可见一斑。年逾古稀，依然活跃于一线，这既是一种幸福，同时又是一种激励。和先生同行，我们无法停歇，而将理想留给未来，一生为人为文都不会寂寞……

　　（本书特约稿）

北国的白桦

——致谢冕教授

⊙　林明理（台湾）

北国的白桦
矗立崖上，
群雁亲近
向它丈量。

如星光照影
在疾风中，——
昂首而歌
让夜惊叹。

谢冕漫画像

人们钟爱它
面容安详，
我却欣赏它
诵读的音响。

（本书特约稿）

与谢冕先生一起圆梦

⊙ 吴思敬

吴思敬

谢冕先生在2010年两岸四地第三届诗学论坛上曾说过一句话:"诗歌是做梦的事业,我们的工作是做梦。"而编选一套《中国新诗总系》,就是谢冕先生的一个梦想。我有幸应谢冕先生的邀请参加了《中国新诗总系·理论卷》的编选工作,历时近五年,感慨良多。

中国新诗的出现,如谢冕所说,"这是中国历史上规模最大、影响最深的一次诗学挑战,这也是对中国传统诗学质疑最深切、反抗最为彻底的一次诗歌革命。"(《论中国新诗——〈中国新诗总系〉总序》)《中国新诗总系》的编选出版,就是力图在世纪之交,为这一场伟大的诗学挑战和彻底的诗歌革命,从诗歌创作到理论史料做一系统的梳理和总结。它不单纯是作品选和理论史料文选,每位分卷主编通过长篇序文展示了对这一阶段诗歌的观察和剖析,因此又带有某种诗歌史的意味。这是功在当代、利在千秋的大工程。这是谢冕的一个梦想,也是参与《总系》编辑的同仁的一个梦想。如今十卷大书摆在面前了,尽管这套书必然会有这样那样的局限与不足,但它毕竟为当下读者和子孙后代展示了20世纪中国新诗的整体风貌,向社会提供了一套结构恢宏、内容厚重的选本。作为分卷主编,我与谢老师一起共同圆了梦,尽管我们为这套书能否经得住历史的检验而惴惴不安,但还是为有机会参加这样一个世纪的大工程感到欣慰和自豪。

在谢冕领导下的《中国新诗总系》编选工作班子,是个既有严肃的学术追求、又有自由的工作氛围的团队。我深深感到,编选工作的过程是学习的过程,也是提高的过程。谢冕是位有民主精神的好领导,他放手让各分卷主编去干,不加干涉。

当然，作为总主编，为了保障学术质量和
全书风格的统一，必要时他还会做出"独
断"。从2006年开始，在谢冕主持下开过多
次编辑工作会议，会上大家围绕编选的原
则、体例、新诗的选目、鉴赏与批评、新诗
的批评标准、诗人在诗歌史中的定位、新诗
史写作等进行了热烈的探讨，实际是开了多
次的学术研讨会。在这一过程中，大家密切
合作、互相切磋、互相交流、取长补短，应

谈笑风生的谢冕

当说每位编选者不光是对自己所编选的那一段诗歌史有了较充分的把握，而且在这
一过程中，对整个20世纪的中国新诗史也有了较为深切的理解。

　　这里要特别提到总主编谢冕先生，他不仅是这一工程的首倡者和总设计者，而
且事必躬亲，经常用邮件传达指示，并且像个总监工头，不时地对各位分卷主编提
醒甚至敲打。正是在他的督促与严格要求之下，《中国新诗总系》才能按时并保证
质量地完成。

　　下面从谢冕在编选工作中给各分卷主编发出的电子信函中选取几封公布一下，
这里有的是他直接下达的，有的是通过吴晓东、姜涛传达的。

　　　谢冕老师通知《中国新诗总系》如下事项：

　　　1. 利用暑期加紧进行，力争9月完成选目及导言初稿。希望2007年10月在
某地定稿。

　　　2. 总的要求不变，即按照先前发出的通知要求，以及洪著《朦胧诗新
编》序言的精神去做。请大家再次细读上述两文件。

　　　3. 强调《总系》要有大体一致的标准、范式和风格。现在看来，各卷是
各有主张，这样不利于形成比较统一的格局——因为毕竟是一套书。

　　　4. 我在湖景宾馆的最后陈述仍然有效，即充分尊重各位主编对本卷的处
理安排。但希望彼此协调。这种协调以维护整体风格的形成为目标。

　　　以上为谢老师6月16日发来的通知。

　　　　　　　　　　　　　　　　　　　　　　　　　　吴晓东敬拜

　　　　　　　　　　　　　　　　　　　　　　　　　　2007-6-18

各位主编：接近年关，我向各位"催债"来了。请大家多多包涵！进入秋季以后，会议频频，加上教学及各项工作，大家在应付日常事务外，仍然不忘我们的《总系》。据我所知，工作是在进展中，但情况并不理想。原来我们设想在明年的校庆时完成出版，现在看来不现实了。为此，建议大家下决心"锁定"2007年！即在今年年底之前基本完成：1. 导言的写作；2. 初定篇目。我们相约明年春暖花开时节，在杭州或江南某地与诸位共饮一杯！

谢冕拜托　2007.11.16

各位老师：

谢冕老师让我转达他的通知：《中国新诗总系》完成时间为今年3月（包括篇目和导言），并计划4月召开定稿会议。关于编选的原则，谢老师重申了两点：一、坚持"好诗"主义；二、兼顾"历史"的呈现。在体例上，尽量统一，建议以诗人群落、流派为编目方式，如80年代诗歌可以"归来的诗人"、"朦胧诗"、"后朦胧诗"等为线索。请老师们考虑。

姜涛　2008-1-13

各位先生：

8月末完稿之前，想到的琐事再向各位作一通报：

1. 导言要有题目，正文要分小标题。

2. 注释要按洪老师最早发出的规范做。

3. 一定要写后记。后记涉及各卷的体例、问题、过程等导言不能容纳的内容。

4. 主编工作完成后，要在目录中分别注明行数，并最后统计行数。我们的篇幅要求是每卷600页左右，15000~18000行。

5. 8月下旬开始将定稿按照出版"齐、清、定"的原则，送交吴晓东或姜涛处。

天气实在太热，各位辛苦了！

谢冕拜托　2008.7.23

从以上所选谢冕的指示信件，可以看出谢冕从宏观构架到具体细目，都过细地关注，各分卷主编也尽量地贯彻谢冕的意图，才保障了编选工作的成功。

　　编选过程中，我们每个人都经历了许多难忘的情境。对于我来说，最难忘的是2008年4月杭州西湖的《总系》定稿会，这时候每卷都拿出了初选篇目，会场就在当年湖畔诗社的纪念馆——湖畔居。那里有湖畔诗人冯雪峰、应修人、潘漠华、汪静之的照片，有他们的诗集和文物。开会的时候，仿佛感到当年的新诗的先驱就在我们旁边，在注视着我们。会议结束的那天，谢冕也圆了他围西湖跑一圈的梦。当天午后，他从我们所住的柳浪闻莺出发，沿着西湖往北经断桥到白堤，再到苏堤，最后从雷峰塔往东，返回柳浪闻莺。这时的谢冕已是76岁的高龄，对他来说，这不是一般的体育活动，而是非常有象征意义的，象征着谢冕一生在诗歌研究道路上的不停的跋涉，这一形象是感人至深的。在谢冕围西湖长跑的时候，我和洪子诚先生则沿着与谢冕跑步相反的方向步行，由柳浪闻莺往西，经雷峰夕照往北，沿着苏堤，一直走到白堤北侧的楼外楼，本还可以继续走下去的，只是此时接到电话，要吃饭了，只好结束了我们绕西湖半圈的步行之旅。我没有谢冕先生的体格与毅力，只围西湖走了半圈，但这也算是对谢冕先生精神的一种追随吧。

　　（载《中华读书报》，2011年4月27日）

后记
亦友亦师的谢冕

古远清

　　"大跃进"的1958年我读高二，正值"大炼钢铁"。为减轻劳累，我借了一本杨沫描写北大学生运动的长篇小说《青春之歌》，被里面所写的红楼、沙滩所吸引，并许愿要是到红楼上了北大中文系，我一定要买下这本书作为纪念。当时我还托在北大读书的校友陈木桦帮我寄《北大青年》、《红楼》，我从后一本杂志中，第一次看到谢冕的名字。

　　高考发榜，我录取的是第三志愿武汉大学，心里很不是滋味。不过，回头一想：武大也是一所被毛泽东称为"哲学界的鲁迅"李达任校长的名校。在文学方面，那里有还在读大学时就在《人民文学》上接连发表长篇抒情诗论文的叶橹、《生活的牧歌——论艾青的诗》的作者晓雪、在《长江文艺》上发表长诗《百鸟衣》的韦麒麟，另还有和秦兆阳一起被姚文元打棍子的周勃，可这些"武大郎"不是被打成右派就是成了准右派，也难得再看到他们的新作。这时，我正好用稿费订了《诗刊》，发现刚从北大毕业的谢冕常在上面发表文笔清丽的诗评和诗话，这满足了我无法再读叶橹们文章的饥渴。记得我的同窗、后分配到《北京文艺》，当评论编辑的高进贤，也很喜欢谢冕的文章，当他一发现时便以第一时间给我分享。

右起：谢冕、古远清、晓雪，2001年于湖州

　　"文革"结束后，谢冕开始出书，他每出版一本书我都会购买。他的第一本评论集《湖岸诗评》当我在汉口一家民营小书店购得时，其感觉可用惊艳来形容。《共和国的星光》内的文章，结集前我大部

分都读过，有的还不止读一遍。当我得知这本书出版时，到武汉三镇各书店搜寻，最终从武昌新华书店的库存样书中"抢"到。

1984年我参加中国作家协会新诗评奖"读书班"，住在上园饭店。那时我和朱子庆一起到北大去看望谢冕。这是我唯一一次到他家访问。只记得当时朱子庆就当前诗歌创作问题和他谈得很投机。我印象最深的是谢冕的住房狭窄，自行车被绑在楼梯扶手上。

淘书真不容易，当我买谢冕别的书无法如愿时，便向谢冕写了第一封信：

谢冕同志：

华中师范大学青年教师程文超立志要成为你的第一个博士生，在考试前他要我"辅导"并向我借你的大著。我说："我有'谢冕全集'。"他眼睛为之一亮："真有'全集'的出版吗？""我是说我有谢冕的全部著作。哪怕他的第一本书《湖岸诗评》印得很少，我也拥有。你过来取吧。"

听说你最近又将出版不少著作，希望能赐读，使我成为名符其实的"谢冕全集"拥有者。

祝文安！

古远清　1988年9月28日

程文超博士毕生后在广州中山大学工作，已英年早逝。惜乎！

在老一辈作家中，梁实秋对读者来信有信必复。而梁实秋的高足余光中却不同，他交游千万，每个人差不多都可"检举"出他"不堪信托"即不回信的"前科"。当时谢冕还不似余光中那样忙碌得成千手观音，他很快给我回信云：

远清同志：

10.1函悉。"谢冕全集"的工作我一定全力支持。去年以来，我先后发稿四本书。它们是：

一、诗人的创造　三联（北京）
二、地火依然运行　上海三联
三、文学的绿色革命　贵州人民
四、秩序的理解　浙江文艺
前三本已见清样，但均未出书，很可能贵州这本会后来居上——编者抓得紧。

　　你所得到的信息，全是广告。出版社目前对此类书都不积极。书出来了，我会给你的——你也可来信催要。

　　你那本"诗论50家"，重庆出版社托我转交参加中国当代文学研究会评奖。我已作了推荐，但不一定有用。

　　匆祝好！

谢冕　1988年10月12日

　　正因为我跟踪谢冕的学术研究，有时还模仿他的文笔写诗评，故山西《批评家》于1985年创刊时，我写了《谢冕的评论道路》在该刊发表。这虽然是第一篇综合论述谢冕的文章，但由于我受臧克家的影响，不敢轻易赞同他颇有锋芒的"崛起论"，因而受到丁东的反弹。臧克家及其得力助手丁力生怕我被谢冕拉过去，经常写信敲打我，下面是臧克家于1987年4月18日写给我的长信中的一段：

　　你的《中国当代诗论50家》，总的看来，我一直肯定而且认为较好。但也不够理想。因为立场不够鲜明。你搞文论，光凭材料不行，要懂得文坛上的各派情况，由此才可以看出那些诗人、评论家的倾向所在，他们在扬什么，抑谁个。我希望你参加诗歌创作、理论方面的反自由化的斗争。

　　正是在这封信中，他对我作"诗坛路线斗争"交底，说有一个以谢冕为首的北大派，要我提高警惕。1990年7月4日臧老又来信云："近二三年来，你的某些文艺观点（如理论三家），许多人很有意见，还有写台湾朦胧诗论，迎合时髦，我以为可以不在这些方面花精力。"这里讲的"理论三家"，系指我在江苏淮阴《崛起》杂志1988年3～4期"全国新诗研讨会诗论专辑"上摘登出的《当代诗论三大群体透视》（全文另发表在《中外诗歌交流与研究》1989年第2～3期）。"三家"是我当时对诗论界所作的归纳：传统派、崛起派、上园派。其中传统派以李元洛为代表，崛起派以谢冕为翘楚，上园派以吕进为龙头。臧克家当时很看中李元洛、吕进和我，而对"崛起派"可用"深恶痛绝"来形容。我在这篇文章中将三派平分秋色，自然触怒了臧老。

　　1989年我应花城出版社之约，编著了《台港朦胧诗赏析》，臧老说的"台湾朦胧诗论"便是指这本发行量高达10多万册的小书。眼看我受谢冕的影响越来越大，臧老又于1991年11月30日写信表达他对我的失望："我看了你的一本书名为《台湾朦胧诗选》，我心里不是味，认为你是在逐热潮、求小名小利，不是老老实实，努力研究学问（诗学），从心里隔你远了。"臧老所说的"台湾朦胧诗选"即《台港朦胧诗赏析》。臧老对我和吕进到香港作学术访问很有意见，也不赞成李元洛研究台港新诗，我觉得他老人家与时代脱节，自然与他疏远了，也就和鼓吹朦胧诗的谢冕靠近了。

在1993年初夏，我和严家炎、谢冕一起被香港岭南学院现代中文文学研究中心聘为客座研究员。谢冕先到香港，我在司徒拔道和他一起相处了一个多月。我们一起购物，一起下山买菜，一起观赏太平山麓活蹦乱跳的小松鼠，当然也一起交流香港文坛信息，成了无话不谈的好友。"客座"结束时，每人要交一份"作业"，其中严家炎写的是《大时代的悲喜剧——香港"九七"题材小说散论》，谢冕写的是《现代文化形态的诗意重铸——香港学者诗综论》，我写的是《论一位香港学院派评论家的"实际批评"》，这三篇论文同时刊在梁锡华主编的《现代中文文学评论》1994年6月创刊号上。听该刊责任编辑说，谢冕的论文当时被打回票，主编很不以为然地对谢冕说："你这篇论文长达两万多字，却没有一个注解。这种没有注解的文章我们海外叫读后感。希望你回去后再补注解来。"这是被曹文轩称作的"谢氏文体"在学术界不被认可的又一例证。这使我想起香港大学中文系另一位副教授，邀请谢冕和我等内地学者写论文时，规定注解要有多少条，其中国外文献不少于多少条，对内地学者则可以"优待"少些国外文献注释。这些所谓"海外"学者要求言必有据，作文必须符合学术规范，这自然有它的道理，可他们只看有无注释或注释的多寡来衡量论文的质量，并以"海外"的优越感来贬低内地学者，这就显得不够"学术"了。

某些海外人士常称大陆的共产党人为"土共"。作为参加过人民解放军的调干生，谢冕也属"土共"。可这回站在香港大学、岭南学院"海外"学者面前的谢冕，西装革履，神采奕奕，一点也不似"土共"。当然，更重要的是谢冕思想观念的变化。他在引领文艺创作新潮流方面，丝毫不输于港台学者。正因为他前卫，所以我很喜欢和他一起出席香港文学的活动，如到刘以鬯主编的《香港文学》杂志社座谈。那时到会的内地学者有严家炎、李元洛、徐志啸和我，香港有陶然、王一桃、汉闻等多人。研究金庸的严家炎当场给刘主编送了一篇论金庸的稿件，刘氏看都不看就当面退还给他，我和谢冕由此尝到香港严肃文学与通俗文学是如何水火不容的滋味。

　　香港回归前夕，我和谢冕一起应港英政府之邀作为中国的两名代表，以主讲嘉宾身份出席首届香港文学节。这是香港文化界票选的结果。那时被提名的内地作家和学者有20多名，谢冕得票第一，我第二。美国的张错、台湾中山大学的余光中和时在浸会学院任教的黄子平，则是指名邀请的。谢冕这次提交的论文是《论香港新诗的特质》，认为香港新诗是一个不可忽视的存在，它包容和综合的品质，和作为中国城市诗的前锋，都是内地新诗所缺乏的。由于北京下大雪，谢冕迟到一天，论文由香港著名诗人张诗剑代为宣读，后来这篇论文被张氏收入《香港文学精品丛书·诗歌卷》作序言。

　　在2002年"余秋雨要不要忏悔"的讨论中，我和余秋雨发生的论战，被新加坡《联合早报》称为"在全球华人世界引起巨大的轰动与关注，被认为近来华文文化界最火爆的一件事"。当时《中华读书报》记者采访汤一介等北大众多名人，个个都不表态，只有谢冕站出来支持我，说我的文章是说理的，而不是余秋雨讲的是"诽谤"，使我深受感动。上海的诗评家孙光萱也支持我，并为我提供在清查"四人帮"余党期间余秋雨所写的有关炮制大批判文章的检查交代，余秋雨由此称孙光萱为"金牙齿"，并说他是"给我一生带来灾难的人"。这时孙氏压力很大，还接到过匿名恐吓电话，余氏还扬言要把他告上法庭。谢冕闻之后给这位与他诗学观不同，且还打过"笔仗"商榷过现实主义问题的学者，写了一封词恳情切的慰问信，并说明他会关注官司进展，同时表示了他对余秋雨的不屑。

　　2003年8月，"余古官司"以余秋雨自动放弃侵权的指控和索赔而告终，后来我出版了《庭外"审判"余秋雨》寄给谢冕。我还写有一本《中国当代文学理论批评史》，在出台湾版后由山东文艺出版社出简体字本，我为此向谢冕索序。下面是他的回信：

　　远清：

　　　　关于《庭外"审判"余秋雨》那本书，已拜收，很有兴趣地读了一些。此书材料十分丰富，我也注意到李美皆《余秋雨事件分析》的文章及她在《文学自由谈》上的声明。

　　　　兄的大著《中国当代文学理论批评史》修订本清样已收，尚未拜读。近忙，若要写序，恐怕要待一些时日，不知能等否？

夏日长暑，望多珍摄。

谢冕　2005.7.7

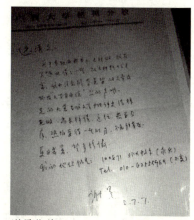

谢冕信件

我是一个容易激动而不容易被感动的人，可在2009年澳门大学开会时，谢冕一点架子都没有和我说："你送给我的大作《台湾当代新诗史》我带在身边随时看，了解了许多我不知道的情况。"这回我真的感动了，为他"吾生也有涯，而知也无涯"这种不分辈分的好学精神所感动。想起新千年在湖州参加现代诗研讨会时，他对晓雪说："你和武大的另一位叶橹的诗评文章，我在大学时就读过，你是我的启蒙老师。"

我和谢冕的交往可称为书来书往。《谢冕文集》2012年由北京大学出版社出版后，谢冕送了一套给我，我却"恩将仇报"，写了一篇挑错的文章登在《文学报》上。他看了以后，不似那种"因为嫉妒而心生敌意，因为被批评而耿耿于怀"的小人，他反而肯定我。

对这位温和谦逊、襟怀坦白、宽容大度、亦友亦师的老友，我决定为他编一本《谢冕评说三十年》，他称之为"勇气可嘉"，并要"静候佳音"。这本书收了关于"北大派"的争鸣文章，他给我回了信。

谢冕是一位不可多得的长者和朋友。我利用春节编出"三十年"初稿，他看后提出很好的建议：

远清兄：

你的行动这么快啊！看了《谢冕评说三十年》初目，觉得挺好的。你是主编，你拿主意即可。我一般不会干预你的编辑主张，你放手做去即可。

1. 可读性和史料性兼顾，以后者为重，当然是正反方都收的。

2. 关于韩石山，我有回应吗？好像没有的。

顺告：孟繁华编了一本《谢冕的意义》，是偏重于学术和印象记的。此书未出来，也快了，希望二者有分工。

关于沙扬娜拉，我收藏有当年中青社为我专门印制的承担责任的说明，如能影印在《谢冕评说三十年》书中，则更具说服力。材料前些时见过，我再找找。

道声辛苦！

谢冕　2013年1月17日

　　1998年9月，有人化名在北京的一家权威理论刊物上发表《谢冕诸君应有个说法》，向谢冕、舒婷、白桦、李元洛、欧阳江河、刘登翰等人抛出类似武侠片中血滴子置人于死地的文章。为编《谢冕评说三十年》，我补写了一篇"代答"文章请他指正，他很快回信说：

远清兄：

　　看了《将重拳击在棉花上——代谢冕诸君作答》一文，义正词严，钦佩。

　　韩石山先生当年攻我，我决心一如以往，一般不做争论性的回答，相信事久就会分辨，留给人以机会。当年朦胧诗论战，我亦持此态度。你见到的"回应"，确是我访问山西时，有记者问我的，是唯一被问及的一次，也未作正面回答。……

　　又，尊著《余光中评说五十年》，我处未有，便时寄我。再，昨天回北大，找到了当年"沙扬娜拉"文案的有关文件，已复印，伺时奉上，以为《谢冕评说三十年》附录之用。

谢冕　2013年1月19日

　　"韩石山先生当年攻我"，是指韩石山上世纪90年代写的讨伐谢冕编百年文学经典的檄文《谢冕：叫人怎么敢信你》。"'沙扬娜拉'文案"，是指中学教师余云腾在1998年第1期《文学自由谈》上发表的《请教谢冕教授："沙扬娜拉"是人吗？》。

　　我经常想：如果中国当代诗坛乃至当代文论界少了谢冕的"崛起"创新精神，那我们将会成为平庸守旧的一群，就像余光中当年讽刺的僵化派那样"踏着平平仄仄的步法，手持哭丧棒，身穿黄麻衣，浩浩荡荡排着传统的出殡行列，去阻止铁路局在他们的祖坟上铺设轨道"。酷评家韩石山称"谢冕：叫人怎么敢信你"，而我的感觉和他相反：谢冕刷新当代文学的贡献，叫我们无法抗拒你，无法不跟随你一起去诗国寻梦、圆梦，无法不跟随你一起去"迎接新世纪的太阳"！

　　〔载《天津文学》，2013年5月；（香港）《城市文艺》，2013年6月〕